2판

다문화사회의 이해

김경식 김춘경 이광석 이채문 이현철 임지영 정정희 조현미 공저

SJ 신정

머리말

우리나라는 역사적으로 오랫동안 동일한 언어와 문화, 단일혈통을 가진 민족임을 자랑스럽게 여기며 살아왔다. 이는 역사적으로 수많은 외침에서 우리의 단일민족 개념이 국가를 존속시키고 삶을 영위해 나가기 위한 민족적 단결의 과정에서 강하게 나타났기 때문이다. 그 결과 우리나라는 하나됨을 강조하는 한민족의 단일의식을 바탕으로 어떤 나라와도 비교가 되지 않을 정도로 강한 민족성을 띠게 되었다.

하지만 우리 사회는 세계화와 개방화의 물결 속에 다인종 · 다민족 · 다문화사회로 급속하게 진입하고 있다. 그에 따라 유럽의 이민족 간의 갈등에서 보듯 이전에 우리가 경험하지 못했던 다양한 수준의 갈등의 씨앗을 잉태하고 있기에 급속하게 다가온 다문화사회적 물결에 적극적으로 대응할 수 있는 잰 발걸음이 요구되고 있다. 특히 한국적인 상황은 급격한 경제발전과 개방화된 사회 분위기 전환으로 인해 성큼 다가선 다문화사회를 인정할 수밖에 없으며, 그에 따른 즉각적이고 지속적 · 체계적인 프로그램이 절실하게 요구되고 있다. 또한 다문화사회에서 사회구성원들로 하여금 상호 존중과 상호 공존이 중요한 사회적 과제로 떠오르고 있는 만큼 다문화사회에 대한 인식 전환 역시 지속적인 교육을 통해 준비되어야 할 것이다.

다문화사회로의 진입에 따른 사회통합과 교육의 필요성에 공감하는 경북대학교 내 여러 분야의 몇몇 교수님들이 함께 모여 간학문 콜로키움을 계기로 경북대학교 다문화사회통합연구회라는 스터디 그룹을 만들어 비정기적인 모임을 갖게 되었다. 서로의 학문 분야는 다르지만 다문화사회로의 관심 때문에 만나 정보를 교환하고 함께 공부한 지 여러 해가 흘렀다.

그동안 경북대학교 다문화사회통합연구회는 대학 내 연구지원사업을 모태로 하여, 활발한 학술 연구활동의 결과 한국연구재단 연구자 네트워킹 지원사업, 인문대학 국제대학원 국제문화학과 내 다문화학 전공 신설, 경북대학교 SSK 다문화와 디아스포라 연구단을 결성(다문화와 한국인의 정체성)하는 등 가시적인 성과를 낳았다. 또한 이 책의 집필에 결정적 계기가 된 경북대학교 내 2011년 학제 간 융복합 교양교과목 개발 지원사업(다문화사회의 새로운 이해: 현실과 쟁점)에 참여하게 되었다.

교양강좌를 하면서 이 강좌에 부합하는 교양과정의 다문화 교재의 필요성을 공감하게 되었고, 대학생들로 하여금 한국 다문화사회에 대한 올바른 이해와 사회통합을 위한 교양을 넓히는 데 조금이라도 도움을 줄 수 있기를 바라는 마음으로 이 책을 준비하게 되었다. 2012년 처음으로 책을 출간한 후, 한국의 다문화적 상황에는 많은 변화가 있었고 더디지만 꾸준한 발전이 이어졌다. 이에 집필진들은 최신 자료의 수정 · 보완이 필요하다고 여겨 개정작업을 진행하게 되었다.

각 장의 집필을 맡은 분들을 소개하면 다음과 같다.

1장 다문화사회의 이해는 조현미 교수, 2장 다문화가정의 이해는 정정희 교수, 3장 다문화가정의 위기와 다문화가정 상담은 김춘경 교수, 4장 다문화가정의 아동과 청소년은 임지영 교수, 5장 다문화교육은 이현철 교수, 6장 다문화교육의 현황과 과제는 김경식 교수, 7장 다문화사회와 행정은 이광석 교수, 8장 다문화시대와 전문가집단의 문화적 역량은 정정희 교수, 9장 외국의 다문화정책은 이현철 · 이채문 · 임지영 · 조현미 교수가 집필하였다.

몇 차례에 걸친 수정보완을 꼼꼼하게 해주시고 출판을 너그럽게 기다려 주신 도서출판 신정의 사장님을 비롯한 편집자님께 심심한 감사를 드린다. 끝으로 집필에 참여해 주신 여러분께 감사의 마음을 전하며, 앞으로 이 책을 처음 집필하고자 했을 때의 기본적인 입장을 견지하여 이 점을 보완하는 노력을 게을리 하지 않을 것을 약속드리며, 여러 독자들의 많은 지도편달을 부탁드린다.

2017년 8월

저자 일동

차 례

understanding of
multicultural society

Chapter 01

다문화사회의 이해

understanding of multicultural society

Chapter 01
다문화사회의 이해

인구와 자본, 상품, 문화의 초국가적인 이동은 교통수단 및 정보통신의 발달과 함께 날로 가속화되고 있다. 국경을 초월한 활발한 인적교류는 서로 다른 문화적 · 사회적 배경을 가진 집단 간의 교류를 가능하게 하였고, 특정지역 내 이민족의 유입은 기존의 지역경관과 지역주민의 정체성 변화에도 크게 영향을 미치게 되었다. 전 세계적으로 확대된 상호관계 속에서 복잡하게 연계되어 끊임없이 변화하고 있는 한 국가 내의 특정지역은 더 이상 고립된 실체로서가 아니라 초국가적인 차원에서 역동적으로 변화해 가는 한 부분으로 인식되어야 할 것이다.

우리나라도 88올림픽을 전후로 외국인 노동자가 급증하여 한때 사회문제로 부각되기도 하였다. 최근에는 급격히 증가하기 시작한 국제결혼이주여성에 대한 관심이 높다. 1990년대까지만 하더라도 외국인과의 결혼은 주로 한국인 여성과 외국인 남성과의 결혼이 대부분이었고 그 숫자도 사회적인 주목을 끌만큼 많지 않았으나, 2000년대 접어들면서 한국인 남성과 외국인 여성과의 결혼이 급격하게 증가하면서 자연스럽게 다문화가정에 대한 관심도 높아지게 되었다.

그런데 2002년 이후 매년 28% 이상의 높은 증가율을 보이던 국제결혼은 2010년 이후 점차 그 비율이 감소하는 경향을 보이고 있다. 이는 2007년부터 국제결혼이주여성의 출신국 중 가장 높은 비율을 차지했던 한국계 중국인(조선족)에게도 합법적인 체류 및 취업을 허가하는 체류자격인 방문취업제(H2)가 시행되었고, 국제결혼의 증가로 인한 다양한 사회문제의 주요한 원인으로 지적되었던 결혼중개업체에 대한 제재의 강화 등에서 그 이유를 찾을 수 있다.

여성가족부가 실시한 전국 다문화가족 실태조사에 의하면, 2015년 기준 전국의 다문화가구는 278,036가구로 우리나라 전체 가구 중 1.3%를 차지하고 있으며, 결혼이민자 · 귀화자는 304,516명으로 추정된다. 그리고 만 9~24세의 다문화가구의 자녀 수는 82,476명으로 2012년 66,536명에서 24% 증가하였으며, 그 수는 앞으로도 계속하여 늘어날 것으로 예상된다.

한편, 국제결혼이주여성들의 출신국적을 보면 중국(한국계)이 30.7%로 가장 많고, 다음으로 중국 22.4%, 베트남 20.8%순으로 나타났다. 이렇게 국민의 배우자와 그들의 자녀, 장기체류 외국인, 귀화자, 외국인 자녀들이 우리 국민과 함께 생활하고 있으며, 이제 전국 어디를 가더라도 외국인과의 만남이 자연스러운 시대가 왔다. 그러나 그럼에도 불구하고 그들을 향한 우리 사회의 시선은 여전히 많은 부분이 왜곡되어 있다. 오랜 역사를 통하여 '단일민족'이라는 믿음을 유지해 온 한국 사회에 산업현장뿐 아니라 지역공동체의 구성원으로서, 그리고 가족의 일원으로서 자리 잡게 된 다양한 국적을 가진 이주자의 증가는 국제화시대에 발맞춘 결과로 당연한 사실로 받아들이면서도 다른 한편으로는 그들을 우리의 일원으로 받아들일 충분한 준비가 되지 못한 까닭에 조급함과 당혹감마저도 느끼게 한다.

이에 본 장에서는 '다문화'와 '다문화사회'에 대한 개념을 정립하고, 국내의 현황 및 문제점을 파악함으로써 바람직한 다문화사회로 나아가기 위한 방향을 제시하고자 한다.

1. 다문화사회와 다문화주의

다문화사회란 다양한 문화적 배경을 가진 민족집단들이 하나의 국가 혹은 지역사회에 함께 거주함으로써 형성되는 사회를 의미한다. 이때 이질적인 문화로 간주되어 주변화되어 있는 여성문화, 소수파문화, 비서양문화 등과 같은 여러 유형의 소수민족집단을 주류문화의 제도권 안으로 수용하자는 입장을 다문화주의라고 한다. 다문화주의는 언어, 문화, 종교적인 차이를 가지고 있는 인종/민족집단들이 처한 경제적, 정치적 격차라는 구조적인 불평등을 방치하게 되면 차별당하고 있는 사람들 간의 불만을 증대시켜 사회불안을 발생시킬 가능성이 크므로 각 민족집단들의 다양성을 있는 그대로 인정해 가면서 사회통합이 이루어지도록 하기 위하여 발생하였다. 즉, 다문화주의는 이문화(異文化), 이언어집단(異言語集團)으로 인하여 국가가 분열하지 않도록, 국민국가로서 살아남기 위한 하나의 국민통합정책 이데올로기라고 할 수 있다.

세계 최초로 다문화주의(multiculturalism)를 국시로 정한 캐나다의 경우, 전체 인구의 1.5% 정도인 47만여 명이 캐나다 원주민이고 나머지는 이민자로 구성되어 있으며, 지금도 세계 각국에서 매년 약 20만 명의 이민자들이 들어오는 이민국가이다. 캐나다 정부는 각국에서 밀려드는 수십 종류의 문화를 단 하나의 문화로 통합하기보다는 각 민족 고유의 문화를 인정하고 계승 발전시켜 캐나다 문화의 한 부분으로 만들고자 하였다. 정부의 다문화정책은 여러 가지 방면으로 전개되었고, 특히 대학 및 여러 기관에서 세계 각국의 문화에 대한 연구 및 자료수집을 통해 여러 민족의 고유문화를 유지 · 발전시켜 나가고 있다. 그 한 가지 예로 Indian과 Inuit들을 위한 학교가 설립되었고, 소수민족에 대한 자국 언어를 장려하고 있다. 그로 인해 같은 이민국가인 미국을 '인종의 도가니(Melting Pot)'라고 하는 반면 캐나다는 '인종의 모자이크(Mosaic)'라고 한다.

다문화주의는 다원주의(pluralism)에서 발전한 이론이다. 다원주의가 각 문화를 인정하되 각 문화가 알아서 스스로를 존중하라는 다소 방관자적인 태도를 취한다면, 다문화주의는 다양한 문화들을 적극적으로 존중한다는 점에서 차이가 있다. 결국 다문화주의의 채택은 집단 간의 구조적인 불평등을 방치하게 되면 피차별 집단구성원의 불만을 증대시켜 사회불안을 발생시키게 될 우려가 있으므로 국가가 분열하지 않도록 각 민족집단의 다양성을 있는 그대로 인정하면서 사회통합이 이루어지도록 하는, 국민국가로서 살아남기 위한 하나의 국민통합정책 이데올로기라고 할 수 있다(関根, 1994).

2. 다문화주의와 문화다원주의

1) 다문화주의

다문화주의는 1970년대 후반에 새로운 형태의 문화다원주의를 설명하기 위한 개념으로 정리되었다. 원래는 교육의 기회균등을 위해 다양성이 존중되어야 한다는 논리에서 출발했지만 오늘날에는 사회생활 전반에서 다원적 견해와 소수의 권리를 보장하기 위한 논리로 설명되고 있다.

다문화주의는 언어, 문화, 민족, 종교 등의 차이를 초월하여 서로의 정체성을 인정하고 함께 어우러질 수 있는 사회를 추구하는 이념으로, 국가란 하나의 언어, 하나의 문화, 하나의 민족으로 구성되어야 한다는 동화주의와 대조되는 개념이다. 동화주의는 국민통합 또는 사회통합을 원리로 하여 소수의 사회참여를 유도하지만 다양성을 강제적으로 억제함으로써 사회적 갈등과 분열을 초래할 수 있다. 그런 점에서 볼 때 이문화, 이언어, 이교도집단의 정체성을 인정함으로써 분열과 갈등을 예방할 수 있다는 점에서 다문화주의는 국민통합을 위한 이데올로기가 될 수 있다(関根, 1994: 199-202). 그러므로 다문화주의를 정책화하기 위해서는 국민 전체를 대상으로 소수민족집단의 사회 · 경제 · 정치적인 입장과 상황을 인식시킴으로써 이문화나 이언어에 대한 관용성을 키우고, 나아가 사회제도나 조직을 변경시킬 필요가 있음을 이해시켜야 한다. 사회제도와 조직의 변경은 특정 민족집단뿐만 아니라 주류집단을 포함한 모든 국민을 위한 것이기 때문이다.

하지만 사회적으로 다문화주의를 채택하고 있다 하더라도 주류사회와의 상호작용이 없다면 개개의 소수민족집단은 어쩔 수 없이 폐쇄적이면서 배타적인 성향을 띠게 될 것이며, 결과적으로 사회의 분리와 분열을 초래할 우려가 있으므로 균형 잡힌 다문화주의의 보급이 필요하다.

2) 문화다원주의

문화다원주의(Cultural Pluralism)는 20세기 후반 대량으로 발생한 이민으로 인하여 미국에서 출발한 이론이며, 소수가 존중되는 것은 바람직하지만 그렇다고 해서 분리나 격리를 전제로 해서는 안 된다는 것이다. 문화다원주의는 다음과 같은 개념들을 고려해야 한다.

(1) 자유주의적 다원주의(Liberal Pluralism)

자유주의적 입장에서 다문화주의를 가장 정교하고 체계적으로 정리한 사람은 킴리카(Will Kymlicka)이다. 자유주의적 다원주의의 경우, 사회통합에서는 문화적인 다양성을 허용하고, 소수민족집단 혹은 민족의 존재를 인정하지만, 시민생활이나 공적생활면에서는 주류사회의 문화, 언어, 사회습관에 따라야 한다. 즉, 사적생활 영역에서는 문화적인 다양성을 인정하지만 공적생활 영역에서는 인정하지 않는다는 생각이다.

자유주의적 다원주의를 완전한 의미로서의 다문화주의라고 보기는 어려우나 동화주의를 극복하고자 하는 하나의 방법이라고 볼 수 있다. 하지만 이슬람의 경우와 같이 '공적 공간 · 사적 공간'의 구분만으로 문제를 해결하기가 어려운 경우도 있다.

(2) 조합적 다원주의(Corporate Pluralism)

자유주의적 다원주의는 기회균등을 보증할 뿐이지만, 조합적 다원주의는 차별을 금지한 것과 함께 피차별자가 경쟁에서 불리하다는 점을 인정하고, 소수자의 사회참가를 위하여 적극적인 재정적, 법적인 원조를 인정한다. 조합적 다원주의는 '결과의 평등(equality of result)'을 추구하기 때문이다. 언어나 문화적인 면에서 불리한 사람들이 필연적으로 사회참가 면에서도 불리해진다는 것은 누구라도 알 수 있는 사실이다.

공적인 영역으로서는 다언어방송, 다언어 커뮤니케이션 문서, 다언어 · 다문화교육의 발전과 같은 방법을 통하여 정부가 소수민족집단의 언어나 문화의 유지를 위한 활동을 원조하기 때문에 그들의 영속적인 존속이 보증된다. 즉, 소수민족에게 법인격(法人格)을 부여하여 정부원조의 대상이 되도록 하는 것이다.

일반적으로 다문화주의라 할 때에는 자유주의적 다원주의와 조합적 다원주의의 양 요소를 포함한 넓은 의미로 사용되지만, 자유주의적인 요소가 강한 다문화주의와 조합적인 요소가 강한 다문화주의 등 다문화주의의 실시 국가에 따라 그 내용은 달라진다. 이 두 가지 다원주의적인 요소를 병합하여 적용하는 다문화주의를 안정적인 다문화주의(stable multiculturalism)라고 하며, 경우에 따라서는 중용적인 다문화주의(moderate multiculturalism)라고 할 수도 있다.

하지만 언어나 문화와 생활양식이 평등하게 이루어지는 사회는 현실적으로는 거의 불가능하므로 어떻게 해도 이문화 · 이언어집단은 불만을 가지기 쉽다. 그 결과, 혼주형의 다민족, 다문화사회가 완전히 주류사회의 문화, 언어, 생활양식을 부정하고 독자적인 생활방식을 추구하고자 하는 움직임도 나타난다. 이를 급진적 다원주의적 관계(radical pluralist approach), 혹은 분단적 다원주의적 관계(fragmented pluralist approach)라고 한다(関根, 1994).

3. 한국의 다문화주의와 현황

한국은 한반도의 지정학적인 특성상 오래전부터 중국과 일본을 비롯한 주변국가와 다양한 인적교류가 있었고, 취업 혹은 결혼 등을 목적으로 한 해외로의 이주는 물론 국내로의 이주도 끊임없이 이어졌다. 특히 그중에서도 88올림픽을 전후하여 주로 동남아에서 취업을 위하여 입국한 외국인 노동자의 증가로 인하여 국내의 외국인 거주자가 급증하게 되었다. 하지만 이들은 법적으로 국내에서 정주가 허용되지 않았기 때문에 외국인 노동자문제는 인권침해나 차별, 노동시장의 인력수급이라는 차원에서 주로 다루어졌다.

그러나 국제결혼이주자의 증대는 이와는 다른 성격을 가지고 있다. 국제결혼이주자는 '한국인의 배우자로서 국적을 취득하고 정주하게 될 것이며 국제결혼가정에서 태어난 아동은 한국 국민으로 살아가야 하기 때문에, 이들의 사회통합문제는 일정 기간이 지나면 본국으로 귀환해야 하는 외국인 노동자와는 전혀 다른 차원에서 받아들여지기 시작한 것'이다(한국여성정책연구원, 2007). 즉, 정책적인 관점에서의 다문화가정에 대한 관심은 다양한 국가 출신의 외국인 이주자가, 그리고 그 가정에서 태어난 자녀들이 한국 국민으로서 함께 더불어 살아가야 하는 시대가 도래했음에 대한 자각과 그들과의 조화로운 생활을 위한 대응방안의 필요성에서 유래되었다고 볼 수 있다. 농촌지역의 지속적인 인구유출과 고령화 및 저출산문제를 고민해 온 지방자치단체가 앞다투어 국제결혼가정과 그 자녀들을 위한 정책지원사업의 필요성을 주장하고, 중앙정부에서도 최근 들어 여성가족부, 보건복지부, 행정안전부, 교육부, 문화체육관광부 등 다수의 부처에서 국제결혼가정을 위한 상담, 한글교육, 자녀교육 등 다양한 사업과 프로그램을 서둘러 도입하고 있다는 점에서도 그러한 사실을 알 수 있으며, 문제의 긴급성과 심각성을 유추할 수 있다.

결국, 한국에서의 다문화주의는 서로 다른 문화와 가치관을 가지고 있는 다양한 민족들이 서로의 차이를 인정하고 존중하면서 더불어 살아가고자 하는 이념이라기보다는 조화로운 한국인 사회를 지향하는 동화주의적인 양상을 띠고 있음을 부정할 수 없다.

4. 외국인정책에서 나타나는 포용과 배제

복지국가의 개입은 포용과 배제의 이분법적인 구조를 만들어 낸다. 재한 외국인 정책에 의한 국가의 개입은 정책의 범주에 포용되는 개인과 배제되는 개인을 동시에 생산한다. 외국으로부터 유입되는 인력은 고급 전문인력과 미숙련 노동자로 구별된다. 출신국도 전자는 북미, 일본 등 선진국이 주류를 이루는 반면, 후자는 필리핀, 베트남, 인도네시아, 스리랑카 등 동남아시아의 후진국이 대부분을 차지하고 있다. 그런데 고급 전문인력 외국인에게는 정부가 영주권 혹은 국적 취득 신청에서 우선권을 부여하는 등 법적 · 제도적 개선을 통한 한국 사회로의 포용을 추진하는 반면에, 미숙련 노동자들은 외국인 노동자 정책에 의해 정주화가 차단되어 있다. 초기의 외국인 노동자 도입정책인 산업연수생제도는 끊임없는 송출비리와 인권침해로 인한 사회적 문제를 야기하였고, 이를 보완하기 위하여 고용허가제가 도입되었다. 그럼에도 불구하고 외국인 노동자의 경제적 기대와 그들에 대한 법적 제한의 충돌은 직장에서 이탈하여 스스로 배제를 선택하는 불법체류자를 양산하는 결과를 초래했다.

법적인 보호망에서 배제된 불법체류자들은 직장 상실과 강제추방의 위험을 회피하기 위해 그들 간의 사적 연결망을 더욱 강화하는 경향이 있다. 그에 따라 공적으로 포용된 당사자가 형성하는 사회적 연결망은 배제된 당사자가 형성하는 사회적 연결망과는 다를 수밖에 없다. 자연히 양자의 삶의 양식에는 커다란 격차가 발생하게 되지만 포용에서 배제로의 빈번한 전회는 포용된 당사자들에게도 공적제도에 대한 신뢰감 약화를 가져와 사적 신뢰의 연결망이 강화될 가능성을 높인다.

결혼이주여성의 경우는 더욱 복잡하다. 주로 농촌의 노총각이나 도시의 경제적 ·

사회적으로 중하층 계층의 남성들이 국제결혼을 선택하면서, 결혼이주는 경제적 빈곤에서 탈출하려는 후진국 여성들에게 새로운 삶과 경제적 기회를 잡기 위한 기회로 작동하게 되었다. 동기가 어떠하든 혼인이라는 특수한 과정을 통해 가정을 이루고 있는 결혼이주여성들은 중앙정부의 정책에 포용되어야만 한다. 하지만 그들이 일정한 조건을 갖추어 내국인의 지위를 합법적으로 획득했다 하더라도, 배제된 제3자로서 그들 자녀가 공교육제도 안에서 받는 구조적 차별이 사회질서 해체의 위험으로 불거지기 전까지 그들은 중앙정부로부터 철저히 외면당하였다. 국가는 그들을 정책적 배려의 대상에서 배제하였다. 정부는 그들의 내국인으로의 수용을 한국 사회에의 동화를 전제하는 것으로 받아들였고, 적응과정상의 문제는 가족이 해결하여야 할 사적인 과제로 간주하였다. 2006년 하반기부터 정부가 본격적으로 실시하기 시작한 결혼이주여성 정책의 동기는 그들의 자녀가 받는 구조적 차별과 인권침해가 파리와 오스트레일리아에서 일어났던 것 같은 '인종폭동'을 일으킬 수도 있다는 사회적 불안에서 비롯되었다고 볼 수 있다. 그런 가운데 결혼이주여성은 가족 해체, 나아가 지역사회 해체의 유발요인으로 간주되는 경향마저 보였다. 그들은 어머니, 부인 등 가정 내 역할에 충실한 경우에 한하여 정부에 의해 보호받고 교육받으며, 복지지원을 받을 수 있는 대상이 된다. 즉 결혼이주여성은 가족관계를 유지하는 한 법적 · 사회적 제도 안으로 포용되지만 결혼과 가족관계를 벗어나면 배제되는 제한적인 포용정책의 대상인 것이다. 이러한 자민족 중심주의적인 다문화정책은 결국 당사자의 요구와 관심을 공공과제로서 정책에 반영시키려 노력하기보다는 이들을 통제대상으로 관리하는 데 치중하는 결과를 초래하였다. 결혼이주여성들은 시부모 · 남편 · 자녀 등 가족구성적 맥락, 가족관계에 종속되는 경우에만 보장받을 수 있는 제한적 시민권을 부여받게 되었다. 남편과의 모순적 계급관계, 정체성 혼란, 성차별 등 당사자가 일상생활에서 체험하는 사회적, 문화적 갈등이나 대도시와 농촌과 같은 지역사회의 공간적 맥락은 이 경우에 무시되었다.

더욱이 경험적인 연구에 따르면 정책의 당사자가 인식하는 위험은 정책결정자가 인식하는 위험과는 다르다. 수많은 결혼이주여성들이 위장결혼이나 가출을 통해 가정으로부터 스스로 이탈하는 현상은 기존의 정책이나 법제도, 지역사회가 당사자에게 배제를 강요하고 있음을 암시한다. 이들 이주여성들은 지역사회에 통합되고자 하지만 여전히 지역사회에서 이방인, 주변인으로 간주되고 공공활동에 부분적으로만 참여가 허용된다. 이들에게는 다른 외국인 노동자들과는 달리 공적 신뢰나 사적 신뢰가 형성될 기회조차 주어지지 않았으며, 지금도 그런 경우가 많다. 나아가 한국인의 아내라는 역할은 전통적인 가족문화가 강요하는 폐쇄적인 관습으로 인해 다른 외국인들과의 접촉을 막는 장애물로 작동하며, 그들의 정체성의 기초를 이루던 자국의 문화는 일상생활에서도 일방적으로 무시된다. 이주여성은 과거 자신의 생활세계를 구성하던 가치, 습관, 관습, 문화 등을 공유하는 자국민들과의 교류를 차단당한 채 홀로 가족의 섬에 갇혀 있다. 이러한 고립된 존재는 이주여성의 심리상태에도 강한 영향을 미친다.

5. 다문화사회와 사회적 인식

여성가족부가 실시한 2015년도 다문화가족 전국 실태조사의 결과에 따르면 결혼이주여성들이 차별을 당한 경험이 있다고 응답한 비율은 40.7%로, 2012년의 41.3%에 비해서 감소하였지만 상당수의 이주자들이 아직도 차별을 당하고 있다고 느끼고 있었다. 그런데 만 9~24세 자녀들의 경우 차별을 당한 비율이 9.4%로 2012년도에 비해 4.4% 감소하였음과 동시에 차별을 경험하였을 때 부모님이나 선생님에게 알리는 등 적극적인 대응을 한다는 응답이 증가(2012년 38.3%에서 2015년 50.6%)하였고, 학교폭력을 경험한 자녀의 비율이 5.0%로 2012년보다 3.7% 감소함과 동시에 고등학교와 고등교육으로의 진학률도 상승하고 있는 것으로 나타났다. 2001년도 다문화가정 자녀의 초등학교 미진학 또는 중도탈락률이 9.4%, 중학교 미진학 또는 중도탈락률은 17.5%(일반 학생의 중학교 미진학 또는 중도탈락률 1.1%)에 이르렀던 점(오성배, 2005)과 비교한다면 당시보다 사회적 환경이 상당히 개선되었다고 볼 수 있겠지만 그럼에도 불구하고 다문화가정은 아직도 해결해야 할 많은 문제점을 안고 있다. 그리고 그러한 문제점의 책임을 다문화가정의 구성원들에게 모두 돌릴 수는 없다. 엄마의 모습이 백인이었다면, 그리고 엄마가 이른바 선진국에서 온 여성이었다면 주변의 시선은 달라졌을 것이고, 자녀들의 부적응문제도 나타나지 않았을지 모른다. 그렇다면 다문화가정 자녀들의 부적응에 대한 책임은 누구에게 있는 것인지 '우리' 스스로에게 물어보아야 할 것이다. 이제는 다문화가정의 가족들의 입장에서가 아니라 한국인들이 생각하는 외국인 거주자와 다문화가정에 대한 인식에 대해서도 다시 한 번 생각해야 할 때이다.

1) 한국인의 세계화 정도와 외국인에 대한 인식

2008년 한국종합사회조사(KGSS)에 따르면, 한국인은 자신이 거주하고 있는 시 · 군 · 구에 대해서는 친밀감을 느끼고 있으며, 국가에 대해서는 자신의 지역보다 더 강한 친밀감을 느끼고 있지만, 우리나라와 인접한 동아시아 국가들에 대해서는 그다지 친밀감을 느끼지 못하는 것으로 나타났다.

표 1-1 지역에 대한 친밀감 정도 (단위: %)

지역	아주 친밀하다	다소 친밀하다	별로 친밀하지 않다	전혀 친밀하지 않다	선택할 수 없음
시 · 군 · 구	24.5	53.6	19.1	2.3	0.5
한국	34.7	53.0	11.1	0.7	0.5
동아시아	3.5	36.4	46.9	11.5	1.5

출처: 2008년 한국종합사회조사(KGSS). 총수: 1,508명.

또한 외국인에 대한 수용 정도를 볼 때 자신과 직접적으로 접촉할 가능성이 많아질수록 수용도가 낮아지는 경향을 보였다. 즉, 자신과의 관계가 깊어질수록, 직접적인 대면기회가 많아질수록 외국인에 대한 호감도는 떨어졌다. 이는 출신국에 따라서도 다르게 나타났는데, 전반적으로 일본, 미국, 캐나다, 유럽인 등 이른바 선진국에 대한 수용의사는 대만, 중국, 동남아시아인에 비해 상대적으로 높았다.

그렇다면 한국인들은 우리 주변에서 우리와 함께 살고 있는 외국인 이주자들의 어떠한 면을 보고 그들을 진정한 한국 사람이라고 생각하게 되고, 진정한 한국 사람이 되기 위한 조건으로 어떤 것들에 중점을 두고 있을까? 이에 대하여 2003년과

표 1-2 진정한 한국 사람의 조건 (단위: %)

조건 (연도)	매우 중요		다소 중요		별로 중요하지 않다		전혀 중요하지 않다		모르겠다 /무응답	
	2003	2010	2003	2010	2003	2010	2003	2010	2003	2010
한국에서 태어나는 것	42.0	39.4	38.3	37.5	18.0	19.7	1.4	2.9	0.3	0.4
한국국적을 갖는 것	47.8	50.8	39.3	37.5	11.4	9.9	0.8	0.9	0.7	0.9
한국에서 사는 것	31.9	28.2	36.3	34.8	28.1	31.5	3.3	4.6	0.4	0.9
한국어를 할 수 있는 것	50.1	43.7	37.3	37.2	11.1	14.9	1.1	3.6	0.4	0.6
문화적 전통을 따르는 것	＼	34.5	＼	41.9	＼	19.6	＼	3.2	＼	0.8
정치제도와 법 존중	27.7	39.1	49.2	46.3	18.6	11.1	3.5	2.7	1.0	0.8
한국인임을 느끼는 것	56.4	58.2	35.4	34.9	7.4	5.1	0.6	1.0	0.2	0.8
한국인 조상을 가지고 있는것	35.9	31.2	37.0	32.8	23.1	30.1	3.5	5.0	0.5	0.9
유창한 한국어	＼	26.0	＼	34.5	＼	32.6	＼	6.2	＼	0.8

출처: 2010년 한국종합사회조사(KGSS). 총수: 2003년 1,315명, 2010년 1,576명.

2010년 두 차례에 걸쳐 조사한 한국인의 인식내용을 살펴보면 다음과 같다.

한국인들은 진정한 한국인이 되기 위한 조건으로 한국에서 태어나고 한국국적을 취득하며 한국어를 유창하게 하지는 못하더라도 한국어를 할 수 있어야 한다는 데 큰 비중을 두었다. 한국의 문화적 전통을 잘 따르는 것보다는 한국의 법을 존중하기를 원하며 무엇보다 당사자가 한국인이라고 느껴야 함을 중시하고 있는 것으로 나타났다. 대체적으로 이러한 경향은 2003년보다 2010년에는 다소 완화되었지만 전체적인 틀에서 진정한 한국인이 되기 위한 조건은 큰 변화가 없었다.

표 1-3 외국인에 대한 수용 정도 (단위: %)

구분	수용태도	일본인	대만인	중국인	동남 아시아인	미국, 캐나다인	유럽인
직장동료	그렇다	80.3	78.9	77.0	76.6	82.4	81.2
	아니다	19.3	20.6	22.3	22.6	17.0	18.1
	모르겠다	0.4	0.5	0.7	0.7	0.6	0.7
이웃	그렇다	84.8	82.3	80.8	79.9	85.5	84.1
	아니다	14.4	16.7	18.1	18.9	13.5	14.7
	모르겠다	0.7	1.0	1.0	1.2	1.1	1.2
결혼에 의한 친척	그렇다	66.5	61.4	60.3	59.0	66.2	65.2
	아니다	33.6	37.8	38.9	39.9	32.9	33.8
	모르겠다	0.4	0.7	0.9	1.1	0.9	1.1

문항 예시: 귀하께서는 일본인을 함께 일하는 동료로 받아들이겠습니까?
출처: 2008년 한국종합사회조사에서 재구성. 총수: 1,507명.

한국인은 세계에 사례가 없는 '단일민족'이라고 한다. 따지고 보면 이웃의 일본조차 아이누인과 오키나와인이라는 이민족이 섞여 있으면서도 단일민족이라 주장하고 있는 것을 볼 때 한국인은 순수한 단일민족이라 할 수도 있겠다. 하지만 우리 모두가 한 조상의 혈통을 이어받아 지금의 한민족을 이루게 된 것이라고 누구도 의심치 않는다고 볼 수 없음에도 불구하고 우리는 하나라는 강한 공동체의식을 가지고 있다.

이러한 민족공동체의식은 우리나라의 역사적 사건과 남북으로 분단된 정치적 상황 등의 요인들로 인하여 의도적으로 강화시켜 온 점도 있지만, 공통된 사회적 경험을 통해서 구성된, 우리 스스로에게 의미를 부여시켜 만들어진 것이라는 점에서 상상의 공동체라고 볼 수 있다. 베네딕트 앤더슨(B. Anderson, 2002)의 주장처럼 경험을 통하여 구성된 역사적 공동체라고 상상되는 제한된 의미의 민족은 그로 인해 한정된 경계를 가지고 있어 그 경계 너머의 다른 민족을 포함하지 않으며, 따라서 자신의 민족을 인류와 동일시하지는 않는다. 결국 우리 민족, 우리나라라는 의식은 우리와 다른 타자를 수용하고자 하지 않는 배타적인 행태로 나타나게 된다. 그런데 그러한 배타적인 행태 속에 다시 타민족과 타 국가에 대한 평가척도가 우리의 기준에 의해 만들어져 있으며, 그 척도는 경제적 헤게모니를 가진 국가의 순위와 크게 어긋나지 않는다.

KGSS에서 조사한 내용 중에는 외국인 노동자와 결혼이주여성에 관한 항목이 있다. 이들이 증가하기를 바라는가, 감소하기를 바라는가에 관한 질문에서 변화 없기를 바란다는 응답을 제외하고 볼 때 응답자의 절반 가까이가 감소하기를 바라고 있었다. 하지만 2008년과 2010년 두 차례의 조사를 비교해볼 때 2010년 조사에서 증가하기를 원하는 비율이 다소 증가하였다.

표 1-4 외국인 노동자, 결혼이주여성 증가에 대한 태도 (단위: %)

조건(연도)	외국인 노동자		결혼이주여성	
	2008	2010	2008	2010
매우 증가하기를 바람	2.2	3.2	2.0	3.5
다소 증가하기를 바람	17.7	27.5	19.6	23.2
변화 없기를 바람	27.1	32.0	29.0	33.8
다소 감소하기를 바람	38.8	27.2	36.2	28.6
매우 감소하기를 바람	11.1	7.8	10.0	8.2
모르겠음	3.0	2.2	3.2	2.7
총수(명)	1,507	1,576	1,507	1,576

출처: 2008년/2010년 한국종합사회조사(KGSS).

표 1-5 합법적 이주자 및 이주자 정책 (단위: %)

정책	매우 찬성	다소 찬성	찬성도 반대도 아님	다소 반대	매우 반대	선택할 수 없음
동등한 복지혜택	21.9	46.1	14.5	13.1	3.3	1.1
가족동반 권리	20.0	49.6	17.3	9.1	2.8	1.3
지방선거 투표권	8.3	21.1	24.2	30.0	14.8	1.6
인권침해 · 차별 시정*	27.9	43.9	19.1	6.7	0.9	1.5
소수인종 전통 보존**	13.3	40.6	26.8	13.6	3.9	1.8

* 외국인 인권침해나 차별 시정을 위한 강력한 정부 개입
** 소수인종 집단 전통 보존을 위한 정부지원
출처: 2010년 한국종합사회조사(KGSS). 총수: 1,576명.

앞에서도 언급한 바와 같이 이미 국내 체류 외국인은 190만 명에 이르렀고, 그들의 체류 형태도 다양하다. 그만큼 국내 어디에서나 외국인과 쉽게 접할 수 있으며, 내 이웃과 내 친척, 내 가족 안에서도 외국인을 찾을 수 있다. 그럼에도 불구하고 우리는 그들의 존재를 인정하고자 하지 않으며, 그들이 증가하는 것을 꺼려하고 있다. 외국인 노동자와 결혼이주여성의 출신국이 대부분 아시아라는 점이 〈표 1-3〉에 나타난 바와 같은 출신국가에 따른 배제와 함께, 경제적 · 사회적 지위와 성적인 차이에 의한 배제를 찾아볼 수 있다. 결국, 우리 안에 많은 타자가 공존하고 있음에도 불구하고 우리에게 있어서 그들을 공동체로 수용하고자 하는 포용력은 부족하다는 점을 확인할 수 있다.

한국인의 포용력은 합법적으로 한국에서 체류 혹은 거주하고 있는 외국인들을 위한 정부정책의 내용별 찬반 정도에서도 나타난다. 합법적인 이주자들에게 한국 국민과 동등한 복지혜택을 부여해야 하며, 가족을 동반하여 거주할 수 있도록 할 뿐만 아니라 인권침해나 차별 시정을 위해 강력한 정부의 개입이 있어야 한다는 원리적인 항목에 대해서는 상당히 긍정적인 응답을 보이고 있다. 하지만 이주자들이 한국에서 자신들의 전통을 보존할 수 있도록 정부가 지원해 주어야 할 것인가 하는 문항에

표 1-6 한국 이민자에 대한 생각 (단위: %)

구분	매우 찬성	다소 찬성	찬성도 반대도 아님	다소 반대	매우 반대	모르겠다/무응답
한국경제에 도움	7.2	41.9	34.4	12.2	2.9	1.3
일자리 경쟁*	4.9	23.3	30.3	34.3	6.1	1.1
인력 부족 직종에 도움	14.7	61.7	15.3	5.8	1.5	1.0
가난한 사람에게 피해 줌	6.9	29.5	33.9	23.5	4.4	1.8
한국 사회에 이로움	4.1	26.4	42.7	20.9	3.7	2.2
한국 전통 자긍심 낮아짐	4.4	20.9	27.9	36.0	9.2	1.6
같은 전통 공유가 바람직	15.0	49.4	24.4	8.7	1.1	1.5
사회 갈등 심해질 것	10.0	43.7	25.4	17.3	2.3	1.3
인구 감소 위한 선택	7.4	30.1	28.8	25.0	6.8	2.0
세금 증대 가능성**	9.1	37.6	28.9	19.5	3.2	1.6

* 이민자들은 한국인의 일자리를 빼앗아간다.
** 이민자들이 늘어남에 따라 그들의 복지를 위해 우리가 부담해야 할 세금이 늘어날 것이다.
출처: 2010년 한국종합사회조사(KGSS). 총수: 1,576명.

서는 매우 찬성의 응답자 수가 상대적으로 줄어들었으며, 지방선거 투표권을 부여할 것인가 하는 문항에서는 반대비율이 훨씬 높게 나타났다. 이는 한국 이민자에 대한 다음 문항에서도 유사하게 나타났다.

한국인들은 이민자들이 인력 부족 직종에는 도움이 될 것이라고 생각하며, 그들이 같은 전통, 즉 한국의 전통을 공유하는 것이 바람직하다고 생각하는 경향이 강했다. 하지만 이민자들은 인구감소를 위한 선택으로 이들로 인해 사회갈등이 심해질 뿐만 아니라 그들의 복지를 위해 우리가 부담해야 할 세금이 늘어날 것이라는 부정적인 인식이 상대적으로 강하게 나타났다.

2) 경쟁만능에서 따뜻한 이웃으로

전국 어디서나 외국인들을 쉽게 볼 수 있게 되었다. 그리고 그 외국인들의 피부색과 출신 국가에 따라 우리가 그들과 만나게 되는 장소가 달라지고 있다. 경기도 일원 수도권의 경우에는 한국인들도 집중되어 있지만 그만큼 외국인의 수도 많다. 인구가 많은 곳에 외국인 수가 많은 것은 글로벌시대에 당연한 현상이라 하겠지만, 대도시와 농촌, 혹은 도시 내의 번화가와 공단지역이라는 지역의 특성에 따라 마주치는 외국인의 피부색과 출신 국가, 체류 유형이 달라진다. 이 역시 세계화의 당연한 귀결로서, 인구의 초국가적 이동이 선진국으로부터의 엘리트 계층과 후진국의 단순 노동력의 이동으로 양분화되어 공간적으로 나타나는 결과라고 볼 수 있다. 또한 대학에서도 금발의 여대생뿐 아니라 히잡을 착용한 여대생을 마주칠 수 있으며, 국제기관에서의 활동을 꿈꾸는 인도인 학생도 만날 수 있다.

그런데 아시아권의 외국인들은 버스를 타면 한국인들의 시선이 따갑다고 하며 대화 중에는 어색한 한국어로 "정말이에요", "거짓말 아니에요"를 반복하고, 그들의 이름을 알려주기를 꺼리면서도 한국인들과의 대화를 즐긴다. 하지만 비아시아권의 외국인들은 자신들의 언어, 영어로만 대화하기를 원하면서도 대화의 기회조차 잘 주지 않는다. 그들은 당당하다.

경쟁만능시대에 조금이라도 다른 사람보다 앞서가고자 발버둥치는 사회에서 그래도 우리는 우리 민족과 관련된 사항에는 온 힘을 다하여 응원하고 결집하는 공동체 의식을 가지고 있다. 그런데 '우리'와 '우리의 공동체'에 속하지 않는 타인에 대한 구분이 뚜렷하면서도 그 경계의 기준이 모호하다. 아시아권의 외국인과 비아시아권의 외국인에 대한 기준에 차이가 있으며, 이는 사회적 포용과 배제로서 확연하게 드러난다. '우리'라는 공동체가 공통된 사회적 경험을 통해서 구성된 것이라면, 그 사회적 경험의 범위를 확대시킬 필요가 있다. 우리 안의 타인과의 차별이 아닌 차이를 존중하는 사회가 진정한 다문화사회이다.

understanding of
multicultural society

Chapter 02

다문화가정의 이해

understanding of multicultural society

Chapter 02
다문화가정의 이해

최근 우리나라가 다문화사회로 진입하면서 다문화인구가 늘어나고 다문화가정의 유형도 점점 다양해지고 있다. 다문화가정은 국제결혼 등을 통해 서로 다른 인종이 만나 이루어진 가정을 뜻한다. 그동안 외국인과 결혼한 경우, 국제결혼이라는 용어를 주로 사용해 왔으나 다문화가족지원법이 제정된 이후로는 가족구성원 내에 서로 다른 문화가 존재한다는 의미를 가진 다문화가정 혹은 다문화가족이라는 용어를 주로 사용하게 되었다.

따라서 본 장에서는 다문화가정의 다양한 유형을 국제결혼가정, 이주노동자가정, 그리고 북한이탈주민가정으로 나누고 이들의 현황, 문제점, 그리고 지원방법에 대해 살펴보고자 한다. 특히 다문화가족이 가정과 사회에서 겪고 있는 문제들을 살펴봄으로써 다문화가정을 이해하고 이들에 대한 지원방향을 제시함으로써 우리나라 다문화사회의 나아갈 방향을 살펴보고자 한다.

1. 국제결혼가정의 이해

1) 국제결혼가정의 형성

과거 우리나라에는 '화교'라 불리는 중국 이민자들이 뿌리를 내리고 살아왔지만 이들을 문화적 다양성의 관점에서 소수민족으로 인정하지는 못했다. 그러나 1990년대 이래 세계화의 영향으로 우리나라 인구 구성에 많은 변화가 나타났으며, 이에 국가 정책도 동화주의보다는 다문화적 관점으로 방향을 선회하고 있다.

우리나라가 근대화된 이후 나타난 다문화가정은 1950년대 한국전쟁을 계기로 한국에 주둔한 미군 남성과 한국인 여성이 결혼하는 국제결혼 가족형태였다. 이후 1980년대 저임금 노동인력의 부족으로 인해 우리나라에 들어온 이주노동자가정, 1990년대 후반에 증가하기 시작한 여성결혼이민자, 그리고 최근 급증하고 있는 북한이탈주민 유입을 중심으로 다문화가정이 형성되고 있다.

2013년을 기준으로, 우리나라에 체류하고 있는 다문화 배경을 가진 사람이 1,445,631명을 넘어서서 전체 인구의 2.8%를 차지하고 있으며 이는 지난 2009년 1,106,884명에 비해 약 23% 이상 증가한 수치임을 알 수 있다(오세민 · 박정훈 · 홍성휘, 2014). 이를 다시 지역별로 나누어 살펴보았을 때 경기도가 440,735명으로 우리나라에서 외국인 주민이 가장 많이 거주하고 있으며, 그 다음으로 서울 395,640명, 경남 89,986명, 인천 75,552명, 충남 68,639명 등의 순으로 나타나고 있다. 이를 통해 볼 때 서울과 경기를 비롯한 수도권에 우리나라 외국인 주민의 약 63%가 밀집해 있음을 알 수 있다.

우리나라 다문화가족지원법에서 정의하는 다문화가족은 재한외국인처우기본법 제2조 제3호의 결혼이민자(대한민국 국민과 혼인한 적이 있거나 혼인관계에 있는 재한외국인)와 국적법 제2조로부터 제4조까지 규정에 따라 대한민국의 국적을 취득한 자를 의미한다(박주현 · 최덕경, 2011). 최근에는 이러한 의미에서 더욱 확장되어 기존의 한국 구성원과 다른 문화적 배경을 가진 가족을 모두 포괄하여 사용하고 있다. 따라서 한국 사회에서 다문화가족은 국제결혼이민자, 외국인 노동자, 북한이탈주민 등을 포함한 가정을 의미하고 있다.

최근 우리 사회에서 관심이 집중되고 있는 다문화가족은 국제결혼 가운데서도 특히 동남아 여성들과 한국 남성의 결혼을 통해서 이루어진 가정을 말한다. 동남아에서 결혼을 통해 이주한 여성들은 우리나라 이주민 가운데 외국인 노동자 다음으로 높은 비중을 차지하고 있다. 한국인 남성과 외국인 여성의 결혼은 우리나라 농어촌 청년들의 결혼문제를 해결하려는 방편으로 시작되었다.

1990년대 초 지방자치단체의 국제결혼 주선으로 농촌의 미혼 남성과 조선족 여성과의 결혼을 추진한 것을 시작으로 해서 국제결혼을 중개하는 중개업자의 등장과 함께 국제결혼 대상국은 다변화되었다. 최근에는 국제결혼 가정이 농촌에만 한정되는 것이 아닌 도시에서도 빈번하게 볼 수 있을 정도로 많아지고 있다. 통계청의 발표에 의하면 2015년까지 국제결혼으로 한국에 이주해 온 여성은 149,853명이며, 남성은 17,237명으로 전체 결혼이민자 중 여성이 89.7%나 된다. 국제결혼의 건수로 보면 2010년 약 34,235건으로 2000년도의 11,605건에 비해 약 세 배 이상 증가하였고, 총 결혼건수의 10.5%를 차지한다. 최근에는 국제결혼 비중이 조금씩 줄어드는 추세를 나타내는데 여전히 농촌지역의 경우 전체 결혼 4건 가운데 1건 정도는 외국인 배우자와의 결혼으로 나타나고 있다(박주현 · 최덕경, 2016).

결혼이주여성의 출신국은 한국계를 포함한 중국과 베트남출신이 가장 많은 것으로 나타났다(통계청, 2011). 최근에는 캄보디아 신부도 늘어나고 있다. 이에 비해 한국인 여성이 만난 외국인 남편의 국적은 중국, 일본, 미국이 전체의 80%를 차지하고 있다(통계청, 2011). 국내 거주 결혼이주여성은 주로 도시 지역에 거주하는 비중이 높은 편이다. 전체 결혼이민자의 74.4%가 도시 지역에, 농촌 지역에는 25.6%가 거주하고 있다. 조선족 여성들의 경우 도시에 거주하는 비율이 높았으며, 필리핀, 베트남, 태국 여성들은 주로 농촌에 거주하고 있다.

결혼이주여성들은 주로 한국 남자와의 결혼을 통해 경제적 어려움을 해결하고 한국에서 새로운 삶의 기회를 찾으려는 목적이 있는 것으로 나타났다(설동훈 외, 2005). 이들은 결혼 후 남편이나 시댁의 경제력이 기대에 미치지 못할 경우에도 자신이 적극적으로 경제활동에 참여해 소득을 올리고 고국의 가족에게 도움을 주고자 하는 목적도 있어 이들의 역할과 정체성을 다양한 차원에서 살펴볼 필요가 있다.

다문화가정의 자녀는 2015년 기준 54,156명으로 점점 증가하는 추세이다. 이들 중 국내 출생이 50,191명, 중도입국자는 3,965명으로 나타나 대부분의 다문화가정 자녀가 국내에서 출생하는 것을 알 수 있다(교육부, 2016). 2000년대에 들어 국제결혼이 급격하게 늘어난 것을 고려할 때 국제결혼가정의 자녀 수는 지속적으로 증가한다고 볼 수 있으며 2020년대에는 전체 초등학생의 10%, 농촌지역의 경우 30% 수준까지 도달할 가능성이 높다.

우리나라에서 증가하고 있는 다문화가정은 농촌지역 출산율을 증가시켜 저출산 고령화현상을 억제하는 요인으로 작용할 수 있을 것이며 이중언어 구사와 문화적 민감성을 갖춘 글로벌 인재양성이 가능하다는 긍정적 측면을 생각해 볼 수 있다. 그러나 다문화가정에 대한 사회적 차별과 그 자녀들의 소외현상이 지속된다면 구미 선진국에서 발생하고 있는 인종갈등과 같은 심각한 사회적 문제를 겪게 될 것이다.

따라서 이들의 어려움을 파악하고 한국 사회에 안정적으로 정착할 수 있도록 도와주는 것이 다문화사회 통합을 위한 중요한 과제라 할 수 있다.

2) 국제결혼가정의 문제

우리나라의 국제결혼이주여성들은 2000년대 이후에 결혼을 목적으로 온 경우가 대부분이다. 일본 여성들은 주로 종교단체를 통해 결혼한 경우가 많으며, 베트남을 포함한 동남아시아 여성들은 결혼 중개업체를 통해서 들어오고 있다.

국제결혼이주여성들은 출신국가, 국내 체류기간 등 다양한 요인들에 따라 결혼생활 적응에 차이가 있는 것으로 나타난다. 그럼에도 불구하고 국제결혼이주여성들은 우리 사회에 적응하는 과정에서 언어문제, 문화적 차이, 가족 및 친족 생활에의 적응, 자녀양육 갈등 등의 문제들을 공통적으로 겪고 있다(김갑성, 2006; 오성배, 2005).

(1) 부부문제

국제결혼가정에서 일어나는 부부문제는 주로 결혼이주여성들의 출신국가와 우리나라의 가족제도와 문화의 차이, 그리고 의사소통의 어려움 등에 기인하는 경우들이 많다. 현재 결혼이주여성들의 출신국 가운데 중국은 문화혁명 이후 남녀평등사회로 거의 전환되었으며 베트남, 필리핀, 캄보디아 등의 국가는 가부장제인 우리나라와 달리 '양변제'를 채택하고 있다(김민정, 2002). 양변제를 택하는 가족제도하에서는 부계와 모계를 모두 존중하며 가족관계 내에서 부부가 상대적으로 평등하고 상보적 역할을 하게 된다. 따라서 결혼이주여성의 문화는 이해하려고 하지 않으면서 일방적으로 시댁의 문화를 따라야 한다고 주장하는 가부장적 사고는 부부갈등의 원인으로 작용하고 있다.

국제결혼가정에서는 자녀양육 및 교육, 부부의 취업, 양가 부모님에 대한 경제적 지원은 부부가 함께 결정하였으나 생활비 지출 및 관리, 재산관리, 주택매매 등과 같은 경제생활과 같은 문제들은 한국인 배우자가 전적으로 결정하는 것으로 나타나 부부의사결정에서도 동등한 관계가 형성되지 못하고 있다는 것을 알 수 있다.

또한 결혼이민자들은 결혼해서 겪는 가장 큰 어려움으로 배우자와의 의사소통을 꼽았으며 언어문제로 인한 문화적 갈등과 소통 부재는 가정폭력과 이혼으로 연결되는 중요한 요인이 되고 있다. 통계청(2011)의 자료에 따르면 2011년 한 해 동안 국제결혼가정의 이혼은 11,495건으로 우리나라 전체 이혼건수의 10.1%에 해당하며 2003년에 비해 다섯 배나 증가한 것으로 밝혀졌다. 이들의 이혼 사유는 주로 성격차이(29.4%), 경제적 무능력(19.0%), 외도(13.2%), 학대와 폭력(12.9%) 등으로 나타났는데(보건복지부, 2011), 국제결혼가정의 경우 결혼중개업체를 통해 결혼이 속성으로 성사되면서 결혼 전의 기대와 실제 결혼생활 간의 괴리가 심하게 나타나 이혼율 증가의 또 다른 이유가 되고 있다.

이혼에 따른 해체 다문화가정의 증가는 이혼한 외국인 여성의 사회적, 경제적 문제와 함께 이들의 자녀 또한 가정의 보살핌을 제대로 받지 못해 이차적인 사회문제를 야기시키고 있다. 따라서 국제결혼가정의 부부관계 증진을 위한 지원과 이혼으로 인해 지원의 사각지대에 놓여 있는 해체 다문화가정에 대한 관심이 시급하다.

(2) 자녀양육과 교육문제

우리나라에서는 전통적으로 자녀양육의 주역할을 어머니가 담당해 왔다. 국제결혼가정의 경우 아동을 돌보는 양육자는 결혼이민자 본인이나 배우자가 절반 정도를 차지하며, 그 밖에는 보육시설이나 유치원을 이용하고 있다. 국제결혼가정에서 한국의 문화와 언어를 잘 이해하지 못하는 엄마들은 자녀양육과 교육에서 많은 어려움에 봉착하게 된다.

결혼이주여성들의 90% 정도가 자녀양육의 어려움을 호소하고 있다. 무엇보다 한국어 소통능력이 부족하여 자녀와 원활한 의사소통에 문제가 있으며, 경제적인 빈곤으로 인해 주변의 한국 가정과 견주어 충분한 교육적 지원을 하지 못한다는 점, 남편이나 시댁식구들과 자녀양육에 대한 가치관이 다른 점을 어려움으로 지적하였다(한국보건사회연구원, 2010).

이러한 어려움을 극복하기 위해 이들은 한국어 교육과 한국문화 교육에 적극적으로 참여하지만 부부갈등, 경제적 어려움, 양육과정에서의 자신감 부족 등으로 인해 자녀교육 문제가 쉽게 해결되지 못하고 있다.

최근 연구들은 이러한 상황에서 자라나는 국제결혼가정의 자녀들도 많은 어려움을 겪고 있음을 밝히고 있다(권순희, 2007; 김승희, 2011; 오인수, 2014; 장덕희 · 신효선, 2010). 여성가족부(2016)에서 발표한 '2015년 전국 다문화가족 실태조사'에서는 다문화가정 자녀들의 학교생활 적응에서 가장 어려운 점이 친구들과 어울리지 못하는 것

(64.7%)으로 나타났고, 그 다음으로 학교 공부에 흥미가 없는 경우(45.2%)로 나타났다. 이들이 겪는 학교적응상의 어려움을 요약해 보면 다음과 같다. 첫째, 언어능력의 부족과 학습부진이다. 일상적 의사소통에는 큰 무리가 없으나 독해, 어휘력, 쓰기 및 작문능력이 떨어지고, 학교수업에 대한 이해도가 낮다. 둘째, 정체성 혼란을 경험한다. 결혼이주여성과 그 자녀들은 한국 사회에서 자신의 위치에 대한 정체성의 혼란을 경험하게 된다. 셋째, 편견과 차별, 그리고 집단따돌림 때문에 적응에 어려움을 겪을 수 있다. 집단따돌림의 주된 이유는 어머니가 외국인이라는 이유(34.1%)와 의사소통이 잘 안 되기 때문(20.7%)이 가장 많았다(설동훈 외, 2005). 이러한 집단따돌림은 국제결혼가정의 아이들이 적개심, 자존감 저하, 그리고 자살 충동 등과 같은 정서적 충격을 경험하게 되는 주원인이 되는 것으로 나타난다. 넷째, 상급학교 진학의 어려움이다. 혼혈아동의 초등학교와 중 · 고등학교 중도탈락률이 10%대를 웃도는데 이는 일반 아동보다 열 배 이상 높은 것이다.

이와 같이 이중문화의 환경으로부터 야기되는 국제결혼가정 자녀들의 신체적, 심리적, 사회적 발달과정에서 일어나는 적응상의 문제는 다른 아동들이 겪는 것보다 훨씬 더 심각한 것일 수 있기 때문에 이들을 위한 체계적인 사회적 지지가 절실한 실정이다. 뿐만 아니라 국제결혼가정 아동들의 정서적 안정과 정체성 확립을 위해 언어교육뿐 아니라 어머니의 모국어와 문화교육이 병행되어야 할 것이며 무엇보다 부모에 대한 지원이 선행되어야 한다. 현재 우리나라에서 제공하고 있는 국제결혼가정 자녀교육지원은 첫째, 외국인 부모 대상의 한국어 교육과 한국문화 교육, 둘째, 결혼이민자가족 자녀를 위한 상담, 한글교실 및 보충학습지도, 셋째, 일반 학생을 대상으로 한 타 문화 이해교육이 주를 이루고 있다. 또한 국제결혼가정 교육지원을 위해 가정안내문을 몇 개국 언어로 번역 후 발송, 자녀들의 한글교재를 번역하여 발간, 학생들에게 글로벌 에티켓 교재 개발 및 지도, 학부모와 교사, 자원봉사자 간 상담 기회제공 및 이들 가정을 위한 홈페이지를 개설하여 운영하고 있다(조영달 외, 2006).

최근에는 국제결혼가정의 자녀들을 그들의 문화관점에서 이해하는 방법으로 접근하는 정책의 필요성이 제기되어 이중언어교육 등을 통한 정체성 교육지원과 다문화적 관점에 기초한 상담 등의 복지적 지원 등에 관심을 기울이고 있다.

(3) 사회적 차별문제

우리 사회의 자문화 중심적 사고와 문화적 다양성에 대한 인식 부족, 동화주의적 정책과 시혜적 수준의 서비스 제공 등은 아직까지 우리나라가 다문화사회에 걸맞는 체제를 정비하지 못하고 있음을 보여주는 예라고 할 수 있다. 이러한 우리 사회의 특성으로 인해 국제결혼이민자들이 차별을 의식하고 힘들어 하는 사례가 증가하고 있다.

결혼이민자들은 문화적 차이와 의사소통의 어려움 때문에 우리나라 사람들과 관계를 맺기 어려워 이질감과 소외감을 느낄 뿐 아니라 사회적으로 단절되는 경우가 많다. 이들은 국제결혼을 통해 더 발전된 한국에서 경제적으로 더 잘 살기 위해 왔지만 잘 살지 못하는 나라에서 왔고 피부색이 다르다는 이유로 이상한 눈으로 쳐다보는 한국인들의 시선에 심리적 고통을 호소한다(김은실, 2007; 김희숙, 2006).

특히 결혼이민자의 자녀들은 언어 사용, 외모의 차이와 어머니가 다른 나라에서 왔다는 이유로 인해 놀림을 받음으로써 정체성의 혼란을 겪게 된다. 보건복지부 자료(2011)에서는 국제결혼가정의 자녀 가운데 한국에서 살면서도 한국인이라고 인식하는 아이들은 17%이고, 외국인이라고 인식하는 비율이 43%로 더 높게 나타나고 있다. 이를 통해 국제결혼가정 자녀들이 한국 사회의 혼혈에 대한 편견과 차별로 인해 어려움을 겪고 있음을 알 수 있다.

우리 사회에 결혼이민자와 그 가족들이 안정적으로 정착하도록 하기 위해서는 편견적 사고에서 벗어나 함께 어우러져 살 수 있는 다문화적 관점을 정립하는 것이 필요하며 이를 통해 이들이 한국인으로서 건전한 정체성을 형성하도록 도와주는 것이 중요하다. 또한 이들의 사회생활을 위해 사회적 지지 시스템과 관계망을 구축하는 방법을 마련해야 할 것이다.

(4) 법적, 제도적 문제

이전에 우리나라 국적법을 살펴보면, 결혼이주민이 한국 국적을 가진 배우자와 결혼했을 때 국적 취득을 위해서는 혼인한 상태에서 2년 이상 대한민국에 주소가 있거나 혼인 후 3년이 경과하고 혼인상태로 한국에 1년 이상 주소를 두는 경우에만 가능하였다. 2004년에는 국적법의 일부 조항을 새로 넣으면서 혼인에 의한 귀화조건을 간소화하였다. 본인의 귀책사유 없이 혼인이 파탄된 경우와 미성년인 자를 양육하는 경우에는 간이귀화요건에 포함시킴으로써 절차를 약간 완화시키고 있다. 그러나 아직까지 국제결혼이민자가 결혼 이후 몇 년간 외국인으로서 우리나라에 체류해야 하는 문제에 대해서는 해결책이 마련되지 않고 있다.

최근 우리나라에서 국제결혼이민자와 그 자녀를 돕기 위한 방안으로 제정된 법을 살펴보면, 2007년 제정된 '재한외국인처우기본법'과 2008년 만들어진 '결혼중개업 관리에 관한 법률', 그리고 '다문화가족지원법'이 있다.

내국인과 재한 외국인 간의 상호존중을 위한 사회통합을 주요 골자로 하는 '재한외국인처우기본법'은 제12조 ①항과 ②항에 '결혼이민자와 자녀들'을 위한 조항을 포함하고 있다.

【제12조】 결혼이민자 및 그 자녀의 처우

① 국가 및 지방자치단체는 결혼이민자에 대한 국어교육, 대한민국의 제도, 문화에 대한 교육, 결혼이민자의 자녀에 대한 보육 및 교육지원 등을 통하여 결혼이민자 및 그 자녀가 대한민국 사회에 빨리 적응하도록 지원할 수 있다.

② 제①항의 규정은 대한민국 국민과 사실혼 관계에서 출생한 자녀를 양육하고 있는 재한 외국인 및 그 자녀에 대하여 이를 준용한다.

그러나 ①항의 내용을 자세히 살펴보면 결혼이민자와 그 자녀에 대한 지원을 반드시 해야 하는 의무조항이 아니라 '할 수 있다'라는 가능조항으로 표현하여 법의 실효성에 한계가 있음을 알 수 있다(박성혁, 2009).

2008년부터는 보건복지가족부와 여성부, 법무부를 중심으로 국제결혼등록제 도입을 주내용으로 하는 '결혼중개업 관리에 관한 법률'과 '다문화가족지원법'이 시행되었다. 이를 통해 생애주기별 다문화가족 지원책이나 국제결혼 희망자에 대한 사전교육 등 결혼이민자 지원 사업이 새롭게 추진되게 되었다. 특히 '다문화가족지원법'은 결혼이민자 및 그 자녀로 구성되는 다문화가족이 언어 및 문화적 차이에 따른 어려움을 줄이기 위한 것으로 "평등한 가족관계 유지와 가정폭력 피해자 보호 및 지원, 아동보육과 교육, 다국어에 의한 서비스 제공, 다문화가족 지원센터 지정" 등을 규정하고 있다.

이러한 법적 · 제도적 지원 규정이 생겨나고 있으나 여전히 결혼이민자의 초기 적응을 위한 시혜성 지원에 집중되어 있어, 국제결혼가정 지원을 위한 장기적 전망에 근거한 지원의 필요성이 제기되고 있다. 또한 고립되어 있는 결혼이민자나 결혼해체 이민자들이 사각지대에 방치되는 경우가 생기게 되어 이에 대한 대책 마련이 필요하다.

(5) 경제적 문제 및 건강문제

여성결혼이민자의 경우 저소득가정이 대부분이고 이들 가운데 23.6%가 실질적 의료보장체계 안에 들어가지 못해 모성건강의 위험도 높은 편이다. 보건복지가족부 통계자료를 살펴보면 전체 결혼이민자 가구 중 소득이 최저생계비 이하인 가구가 52.9%인 것으로 나타났으나, 이 가운데 기초생활보장 수급가구수는 13.7%에 불과하여 경제적으로 어려움에도 불구하고 국적 미취득의 이유로 정부로부터 적절한 지원을 받지 못하는 경우가 있음을 알 수 있다.

2009년 보건복지부 조사자료에 의하면 결혼이민자의 40%(여성 37%, 남성 74%)가 취업을 하고 있으며, 직종은 서비스직 29.4%, 기타 단순노무자 18.6%, 전문직 13.6% 등의 순으로 나타났다.

일하면서 느끼는 어려움으로는 언어소통(21.6%), 외국 출신에 대한 편견과 차별(12.0%), 고된 일(10.9%), 긴 노동시간(10.5%), 낮은 임금(10.2%), 자녀양육(8.3%) 순으로 응답하였다. 또한 취업을 통해 벌어들이는 근로소득은 월평균 108.92만 원으로 나타났다.

결혼이주여성 스스로 경제적으로 의존적인 경우가 많아 부부생활에 부정적인 영향을 미치는 가정이 대부분이다. 서울지역 결혼이민자들을 대상으로 한 결과를 살펴보면 시부모가 수입을 관리하는 경우보다 남편과 공동으로 가계수입을 관리하는 경우, 남편과 여가시간을 공유할수록, 모국의 친정식구에 대한 경제적 지원 시 가족이 협조적일수록 결혼행복감이 높은 것으로 나타났다(김연수, 2007).

2. 이주노동자가정의 이해

1) 이주노동자가정의 형성

우리나라에 이주노동자들이 들어오기 시작한 것은 1987년경부터이지만 이 시기에는 이주노동자에 대한 사회적 관심이 없었으며 특별한 정책이 마련되지 않은 시기였다. 1991년이 되면서 산업연수제도를 통해 공식적으로 이주노동자를 위한 외국인력정책을 내놓았으나 15년 동안 외국인 노동자에 대한 이주노동을 불허하는 정책을 실시하였다. 2004년부터는 고용허가제를 통해 제한적 방문노동을 허가하는 외국인 노동인력정책을 실시하고 있다.

표 2-1 외국인 노동자 관련 정책 (단위: %)

시기	1987년~1990년	1991년~2003년	2004년~2006년	2007년 이후
정책특징	정책 부재	산업연수제	고용허가제와 산업연수제 병행	고용허가제만 실시
내용	• 미등록 노동자로 정착하는 것 방관	• 연수생에 대한 노동권 배제 • 연수생 사업장 이탈 및 미등록화 조장	• 한국기업의 선택에 의해서만 외국인 노동자 고용 허용 • 중소기업중앙회의 반발로 산업연수제 존속시킴	• 고용허가제 단일화 • 시민권 등의 논의나 가족동반거주 불허

출처: 구정화, 박윤경, 설규주(2009). 내용에 대해 일부 수정함.

국내 유입 외국인 노동자 수는 2004년 고용허가제 실시로 인해 급격하게 증가하여 2011년 7월 말 기준 총 59만 3천 명 정도였다. 이 가운데 전문인력 종사자는 46,500(7.8%)명에 불과하고 92.2%에 해당하는 대다수가 단순기능인력으로 종사하고 있다. 이들은 주당 65시간이 넘는 근로시간과 야근으로 인해 한국 사회나 문화를 이해하거나 체험할 수 있는 기회가 매우 부족하며 여가시간을 내기 힘든 상황이다.

외국인 노동자들과 관련된 제도가 바뀌는 과정에서 불법체류자나 가족을 형성하고 살아가는 가정도 늘어나고 있다. 교육과학기술부에서 파악하고 있는 이주노동자 가정의 자녀 가운데 학교에 다니고 있는 인구는 2010년 4월 1일 기준 1,748명으로 2009년 대비 37.6%가 증가하였다. 그러나 이주노동자의 경우 국내법의 보호를 받지 못하기 때문에 이들의 자녀가 학교생활을 하고 있는지에 대한 정보를 정확하게 파악하기는 어렵다.

2) 이주노동자가정의 문제

(1) 법적, 제도적 문제

이주노동자들에게 현재 적용되고 있는 고용허가제는 3년간의 취업을 보장하며 이기간 동안에는 국내 근로자와 같은 노동 3권을 부여받고 사회보험 등의 가입이 가능한 근로자 신분을 가진다. 그러나 3년간의 근로기간이 끝나면 재고용 확인서를 받을 경우에만 출국하였다가 1개월 후 재입국하여 다시 2년간 연장 후 재취업이 가능하다. 그러나 이러한 경우에도 1년 단위로 갱신해야 한다. 이 제도의 기본 원칙은 3년 단기체류 정책을 고수하는 것이며 외국인 노동자들의 입장에서는 재고용을 위해 많은 비용을 새로이 부담해야 하는 문제가 생긴다.

또한 외국인 노동자들은 가족 동반을 불허하고 있어 자녀의 교육 및 의료와 관련한 많은 문제들이 발생하고 있다. 외국인 노동자들과 그 가족은 기본적으로 인종차별을 금지하고 외국인의 권리를 보장해 주도록 하는 국제법에 의해 보호받게 되어 있다. 이러한 국제법들에는 시민적 · 정치적 권리에 관한 국제조약과 경제적 · 사회적 및 문화적 권리에 대한 국제조약, 모든 형태의 인종차별 철폐에 관한 협약, 난민의 지위에 관한 협약 등이 포함된다. 특히 외국인 노동자의 자녀와 관련된 협약들은 '유엔아동권리협약'과 '모든 이주노동자와 그 가족의 권리보호에 관한 협약'이 있다. 우리나라는 이러한 국제법과 유엔아동권리협약에 가입하여 이를 우리나라 국내법과 동일한 효력을 발휘하도록 하고 있으나 아직까지 '모든 이주노동자와 그 가족의 권리보호에 관한 협약'은 비준하지 않은 상태이기 때문에 이 협약의 내용은 효력이 발휘될 수 없다.

■ 유엔 아동권리협약 외국인 노동자가정 자녀 관련 내용

제2조 1항 당사국은 자국 관할 내에 있는 모든 아동에게 부모 혹은 법적 보호자의 인종, 피부색, 성, 언어, 종교, 정치적 혹은 다른 견해, 민족적, 인종적, 혹은 사회적 출신, 빈곤, 무능력, 출생, 그외의 여타 신분에 관계없이 어떠한 차별도 받지 않고 이 협약에 규정된 권리를 존중하고 보장받아야 한다.

제10조 2항 부모가 타국에 거주하는 아동은 예외적 상황 이외에는 정기적으로 개인적 관계 및 직접적 면접 교섭을 유지할 권리를 갖는다. …… 당사국은 아동과 그의 부모가 본국을 포함하여 어떠한 국가로부터 출국할 수 있고 또한 본국으로 입국할 수 있는

권리를 존중하여야 한다.

제28조 1항 초등교육은 의무적이며 모든 사람에게 무료로 제공되어야 한다.

■ 모든 이주노동자와 그 가족의 권리보호에 관한 협약

제29조 이주노동자의 자녀는 성명, 출생등록, 국적에 관한 권리를 가진다.

제30조 이주노동자의 자녀는 그 나라의 국민과 평등한 처우를 기초로 교육을 받을 기본적인 권리를 가진다. 그 사람이 공립유치원 및 학교에 입학할 것을 요구할 때 부모 중 어느 한 사람이 체류 내지 취업이 불법이거나 취업국에서 그 자녀가 불법임을 이유로 거부해서는 안 된다.

제45조 취업국은 필요한 경우 출신국과 협력하고 이주노동자의 자녀가 지역학교에 입학하고 특히 지역의 언어를 배우는 것을 용이하게 하는 정책을 수행하도록 한다.

취업국은 이주노동자의 자녀에 대한 모국어 및 출신국의 문화교육을 촉진하도록 노력하고 출신국은 적절한 경우 이에 협력하도록 한다.

정부에서는 불법체류 외국인 노동자 자녀들의 경우에도 학교교육의 혜택을 받도록 하기 위해 초 · 중등학교 교육법 시행령을 개정하여 최소한의 의무교육을 제공하도록 하였다. 그러나 미등록 이주노동자와 불법체류 이주노동자의 거주지 불안정, 경제적 어려움, 신분노출 등의 이유로 자녀를 정규학교에 보내지 않는 경우가 많다. 현재 추정되는 이주노동자가정 자녀 가운데 재학 중인 아동의 수는 약 1/6에 불과한 것으로 알려져 있다. 또한 이 규정은 이주노동자가정 자녀의 초등학교 입학에는 유효하지만 중 · 고등학교 입학에는 유효하지 못해 학교 밖의 이주노동자가정의 자녀들에 대한 관심이 필요하다. 조영달 외(2006)의 연구에서도 '학교 안 1,500여 명'의 외국인 노동자가족 자녀뿐만 아니라 '학교 밖 8,000여 명'의 아동과 청소년들에 대한 사회적 관심이 시급함을 주장하였다. 교회를 중심으로 하여 초등교육과정을 가르치는 곳이 늘어나고 있으나 주로 학원이나 공장에 다니면서 학업을 하는 경우가 대부분이라 이들이 정규교육과정을 이수할 수 있는 대안 마련이 필요하다.

(2) 사회적 인식

한국 사회에서 이주노동자들과 불법체류자들에 대한 인식은 차별적 시각을 가지는 경우가 대부분이다. 강수돌(2002)은 한국 사회의 이주근로자에 대한 차별을 기업가에 의한 경제적 차별, 한국인 근로자에 의한 사회적 차별, 정부에 의한 사회적 차별로 '삼종의 인종주의'라고 표현하였다. 저임금 노동을 위해 입국했다는 이유, 3D 업종에 대한 천시 경향, 그리고 단일민족의 지배적 헤게모니로 인해 이들을 한국 사회의 새로운 저층계급으로 분류하고 있으며 비인권적인 대우와 질시의 시선을 보내고 있다. 최근에는 한국 내 경제적 어려움으로 불법체류자들과 외국인 노동자들이 한국인의 일자리를 빼앗아간다는 시선까지 생겨 이주노동자와 그 가족들을 바라보는 시선은 더욱 부정적이었다. 특히 아시아 등지에서 온 이주노동자를 바라보는 시각은 그 자녀에게도 그대로 적용되어 이주노동자가정이 한국 사회에 정주하는 데 큰 장애요인이 되고 있다.

(3) 노동, 의료 등 인권적 문제

2004년 외국인 고용허가제로 바뀌면서 외국인 노동자들에 대한 근로조건이나 임금 체납문제 등이 많이 개선되고 의료나 산재보험을 받을 수도 있게 되었지만, 이는 합법적 외국인 노동자들의 경우이며 불법체류자의 경우 여전히 어려운 처지에 놓여 있다.

또한 열악한 근무조건으로 인한 보건의료문제가 심각한 상태이다. 최근 외국인 노동자들의 건강실태를 보고한 연구결과를 살펴보면 이들 가운데 다수가 근무여건이 열악한 중소기업에 근무해 적절한 건강과 안전에 대한 교육을 받지 못해 산업재해에 반복적으로 노출되고 있는 것으로 나타났다(정혜선 외, 2008). 남성 근로자들의 경우 대부분 불법체류자가 많아 위험한 기계를 다루거나 근육계 손상을 입는 경우가 많으며 여성들은 독극물에 노출되는 위험한 상황에서 일하고 있다. 힘든 노동과 식사문제, 수면 부족 등으로 인해 설사, 감기, 충치, 외로움 등의 건강문제를 호소하고 있다(조현태, 2008).

(4) 자녀양육 및 교육

외국인 노동자의 경우 한국에서 자녀를 출산하게 되면 자녀의 출생신고는 자국대사관이나 영사관에 하도록 되어 있으며 현재 우리나라 국적법상 무국적자가 된다. 자녀가 무국적자가 되면 공공서비스기관이나 교육기관에 아이를 맡기거나 입학시킬 수 없어 자녀를 양육하거나 교육하는 데 어려울 수밖에 없다. 이들 자녀는 우리나라 초등학교 입학은 가능하나 중등학교의 경우 학교장의 재량에 달려 있어 이주노동자가정의 부모들은 자녀의 입학을 허락해 줄 학교를 찾는 데 많은 시간을 소비하고 있다.

대부분의 이주노동자가정이 경제적 소득이 낮고 주거환경이 열악하여 가정의 교육기능도 취약한 경우가 많으며 또래 아동들에 비해 기초학습능력이 낮은 편이다. 미취학아동의 경우에도 보육시설에 보내지 못해 가정에서 방치되거나, 학령기 아동의 경우에도 부모의 손길을 충분히 받지 못하고 무분별한 대중문화에의 노출로 인해 학업집중도가 떨어지기도 한다.

학령기 자녀를 둔 외국인 노동자 부모들은 자녀가 학교에 안정적으로 정착하도록 하기 위해 한국어 교육, 한국 친구 사귀기, 숙제 및 교과 공부, 시험 준비 도움, 나이에 맞는 학년 배치를 원하고 있다(김정원, 2005). 자녀가 한국 학교에 다니게 되면 한국 친구 사귀는 것을 가장 많이 원했다.

3. 북한이탈주민가정의 이해

1) 북한이탈주민가정의 형성

1990년대 이전에는 소수로 입국하여 국가적 차원에서 특례적으로 다루었던 북한이탈주민이 1990년대 후반 이후에는 대규모로 입국하기 시작하면서 이들에 대한 처우에도 많은 변화가 생기고 있다. 2000년대 들어서면서 한 해에 2,000여 명의 입국자들이 생기고 특히 가족동반 입국이 많아지는 현상이 나타나고 있다. 탈북의 동기나 북한에서의 사회계층, 연령 등도 점차 다양해져 단순히 배고픔을 해결하기 위해서가 아닌 더 나은 삶을 위해 이주하는 경우가 많다.

국내에 유입되는 북한이탈주민들은 한국 사회 정착을 위한 지원 교육기관인 '하나원'에서 3개월간의 적응 교육을 받고 사회로 진출하게 되는데, 2006년 연간 2,000명대에 진입한 이래 매년 2,500~3,000명 규모에 달했으나, 2012년부터 북 · 중 국경통제가 강화되면서 연간 1,500명 이하로 감소하는 추세이다. 2016년 11월 기준 북한이탈주민 수는 30,062명(통일부, 2016)에 이르며, 주로 서울과 경기지역에 2/3 이상(62.8%)이 거주하며 37.2%가 지방에 거주하고 있다. 북한에서의 직업현황은 무직인 경우가 전체 48%, 노동자가 44%이며 그 외 관리직, 전문직, 예술 · 체육 분야 종사자가 소수이다. 무직이 많은 것은 북한이탈주민의 78% 정도가 여성인 것과 관련된다. 현재 북한이탈주민들은 주로 단순노무직에 종사하고 있다.

북한이탈주민의 연령을 살펴보면 주로 20대와 30대가 가장 많아 노동력의 유입과 증가 측면에서는 바람직한 현상이나 한국 사회의 청년 실업률을 생각할 때 이들이 안정된 직장과 일정 정도의 소득을 보장받기는 어려운 일이다. '2014년 북한이탈주민 실태조사' 결과를 보면, 북한이탈주민들의 월평균 소득은 1,471,000원으로 일반 국민 2,231,000원의 66%에 불과한 것으로 나타났다. 평균 재직기간도 19개월로 일반 국민 67개월보다 짧게 나타났다. 따라서 이들의 취업교육 및 알선, 사후관리에 대한 실질적인 지원이 필요하다. 뿐만 아니라 북한이탈주민들은 사회주의 계획경제 체제에서 벗어나 자유주의 시장경제체제에 적응해야 하는 상황에 처해짐에 따라 새로운 사회에 적응하는 시간과 노력이 소요되므로 이에 대한 지속적 관심과 지원이 필요한 상황이다.

북한이탈주민 가운데 학교에 다닐 수 있는 20세 이전 연령은 16% 정도로 2,000여 명이 조금 넘는다. 그러나 2010년 교육과학기술부 통계자료에 따르면 북한이탈주민 자녀의 학교 중도탈락률이 초등학교 2.5%, 중학교 4.4%, 고등학교 10.1%로 나타났다. 이는 우리나라 고등학생들의 학업중단율 2%에 비해 약 5배 가량 높은 수치이다. 또한, 북한이탈청소년의 학교 중도탈락률이 고학년으로 갈수록 높아지는 것을 볼 때 고등학교 학교 부적응문제가 심각하다는 것을 알 수 있다(신미영 · 이병수, 2014).

2) 북한이탈주민가정의 문제

(1) 체제 부적응과 취업

북한이탈주민의 경우 다른 다문화가정에 비해 한국과 비슷한 문화와 언어로 인해 적응이 쉽다고 생각할 수 있으나 문화와 언어의 미묘한 차이로 인해 겪는 문제점들이 많다. 특히 정치제도와 사회체제가 다름으로 인해 큰 이질감을 느낀다. 북한이탈주민들은 과거의 사회경제적 지위보다 낮은 지위로 생활하면서 느끼는 상대적 빈곤감과 한국인들의 북한에 대한 편견과 배타적 시선 때문에 힘들어 하고 있다.

이들은 입국 초기에 우리나라 정부에서 주는 정착금과 정착장려금을 받게 되는데 일정 기간의 지원이 끝난 후 우리 사회에서 자립하는 데 많은 어려움을 겪고 있다. 전국에 50개소의 북한이탈주민들의 취업을 지원하는 고용안정센터가 있으나 고용업체의 행정 절차가 복잡하며, 취업한다 하더라도 체제가 다른 남한 시스템에 적응이 어려운 실정이다. 따라서 실업률이 높으며 취업 분야도 안정적 직업보다 주로 단순노무직이나 아르바이트 등과 같은 불안정한 직종에 종사하는 경우가 대부분이다.

(2) 정신건강

북한이탈주민들은 북한에서 사는 동안은 물론이고 탈북과정에서 겪은 충격적인 사건들로 인해 정신건강상의 문제를 호소하는 경우가 많다. 또한 체제가 전혀 다른 남한의 생활에 적응하는 것도 이중적인 어려움으로 작용한다. 이들에게 가장 고통스러운 경험은 탈북과정에서 가족과의 이별, 친밀한 사람의 죽음, 발각과 체포에 대한 두려움, 공안의 체포 및 강제송환, 굶어 죽는 사람 목격, 공개 처형 목격 등이며 이러한 경험이 '외상 후 스트레스 장애'와 같은 정신적 문제를 불러일으킬 수 있다.

북한에 가족이 남아 있는 경우 죄책감과 외로움 등으로 적응에 더 어려워한다. 또한 이들은 북한체제를 반대하거나 경제적으로 어려워 북한을 이탈하였다 할지라도 자신이 그동안 살아온 삶과 체제를 완전히 부인하고 남한체제에 적응해야 한다는 문제는 정체성에 혼란을 가져오는 일이기도 하다. 따라서 하나원 교육과정에서 이들의 정신건강을 정확히 체크하고, 이에 따른 치료와 개입이 필요하며 거주지를 정하고 난 후에도 지속적인 관리를 하는 것이 필요하다.

(3) 자녀교육

북한이탈주민의 자녀들도 다른 다문화가정 아동들과 마찬가지로 언어적인 문제가 나타나며 교육적 측면에서도 많은 어려움을 겪고 있다. 북한이탈주민 자녀의 학교교육에서 나타나는 문제는 주로 기초학습 결손과 학년배정문제, 말투 차이, 높은 중도탈락률 등이다. 입학을 하면 보통 자신의 연령보다 낮은 학년으로 배정되며 학습 결손으로 공교육 학습을 따라가는 데 어려움을 겪는다. 학교에서 남북한의 다른 말씨에 따라 남한 아이들과 적절한 대화를 나누는 것이 어려울 뿐 아니라 이질감을 경험하게 된다. 또한 남북한의 교육과정과 사상 및 문화의 차이로 인해 수업 적응에 어려움을 겪게 되며 그 결과로 학교를 중도탈락하거나 사회적으로 방황하게 되는 경우가 많은 것으로 나타났다. 따라서 북한이탈주민 자녀들을 위한 학습 측면의 지원뿐만 아니라 정서적인 부분에서의 지원이 동시에 이루어지는 교육적 지원이 필요하다.

4. 다문화가정을 위한 지원

1) 다문화가정의 복지적 요구

다문화가정은 국제결혼가정, 이주노동자가정, 북한이탈주민가정 등 그 유형이 다양하며 각 유형에 따라 처한 문제 상황도 다르게 나타난다. 또한 개별 가정들이 가지고 있는 특성에 따른 요구도 다르기 때문에 이러한 요구들을 고려하여 다문화가정 관련 정책을 수립하는 것이 필요하다.

다문화가정이 공통적으로 가지고 있는 문제들은 사회경제적으로 어려운 상황에 처해 있으며, 한국인들의 외국인에 대한 편견과 차별적 시각 때문에 힘든 경우가 대부분이다. 다문화가정 구성원들의 일반적 요구사항은 주로 이주민 자체의 적응과 생활 개선에 관한 것이 많으며, 그들 자녀의 안정적 교육과 성장을 위한 지원에 대해 관심이 많다.

다문화가정 자녀들이 당면하고 있는 어려움은 다문화가정 유형에 따라 다르지만 공통적으로 학교에서의 부적응이나 탈락률이 높다. 이러한 문제를 해결하기 위해 다문화적 관점에서 이중언어교육과 정체성 교육 제공이 필요하며, 동시에 한국 학생들을 대상으로 한 문화 간 이해교육도 병행되어야 한다. 또한 다문화가정 아동들이 학교교육과 사회구성원으로서 성공적으로 적응하기 위해서는 아동 개인의 발달뿐 아니라 아동과 가족, 학교, 지역사회 등 관련 체계 간의 통합적 접근이 요청된다.

다문화가정 유형별 복지적 요구사항을 살펴보면 다음과 같다.

표 2-2 다문화가족의 복지적 요구

다문화가정의 유형	복지 요구사항
국제결혼가정	• 결혼이주여성 한국어 교육 문화교육: 지역 내 학교활용 • 상호문화 이해에 기반을 둔 가족관계: 이민자 고유문화 이해 • 임신 및 출산과 의료서비스: 통역 및 지정의료 서비스 제공 • 자녀양육과 교육: 이중언어교육 및 기초 학력증진 • 다양한 결혼형태에 따른 가족상담 및 지원 • 경제적 보호: 결혼이민자 경제활동을 위한 커리어 개발 • 지역사회 네트워크 구축: 이주여성 간, 이주여성과 한국인 • 가족 내 폭력이나 성폭력과 같은 문제에 대한 인권보호
이주노동자가정	• 노동환경의 개선 및 고용안정: 노동허가제도 변경 • 산재 및 의료보호: 외국인 노동자 대상 지정의료시설 • 자녀양육 및 교육권 보호: 자녀동반 거주와 학교취학 • 공공기관에서의 다문화 지원서비스로의 접근성 확보
북한이탈주민가정	• 안정적 취업 및 자활요구 • 자활을 강화하도록 지원정책 개선 • 지역과 민간 차원의 지원정보 및 자녀교육 정보제공 • 정신건강 문제에 대한 지원 • 정착 전 실질적 교육지원

출처: 구정화 · 박윤경 · 설규주(2009). p. 98.

2) 다문화가정을 위한 제도적 지원 현황

2005년 이후부터 한국 정부에서는 다문화가정이 한국 사회에 안정적으로 정착하도록 지원하기 위해 다양한 정책을 제공하여 왔다. 정부 부처에서 다문화가정을 대상으로 하는 업무와 지원체계를 살펴보면 다음과 같다.

2006년 '여성 결혼이민자 사회통합대책'이 수립되면서 다문화 관련 정책이 체계화되기 시작해 정부 차원에서 종합대책이 마련되어 '탈법적 국제결혼중개업에 대한 관리'와 '가정폭력 피해로부터의 인권보호', '조기적응과 자녀 학교생활지원', '사회적 인식 개선과 관계자 교육' 등의 과제를 중심으로 결혼이민자 지원사업이 실시되었다.

2007년에는 '재한외국인처우기본법' 제정과 함께 그동안 이주민정책 수립이 '저숙

표 2-3 다문화가족 지원을 위한 정부 부처별 지원사업

주요 업무 내용	담당부처
결혼이민자 보호, 언어 및 문화이해교육, 가족정착지원, 가정폭력 피해자 지원, 사회적 인식 개선, 다문화가족 지원센터 설치 · 운영	여성가족부
국제결혼중개업체 관리감독. 다문화가족 생계 · 의료지원 및 생활정보제공, 자원봉사활동 인프라 구축	보건복지부
인신매매 성격의 국제결혼 방지, 체류자격 불안정 해소, 탈법행위단속, 사회통합프로그램 운영, 외국인 종합안내센터 운영	법무부
다문화가정 자녀학교생활 적응지원, 중앙다문화교육센터 설치 · 운영	교육부
외국인 근로자 일자리 알선 및 훈련지원, 한국어 · 정보화교육, 귀환지원 , 한국문화행사, 외국인 근로자 무료진료사업, 한국 외국인력지원 센터 운영	고용노동부
다문화가정을 위한 축제와 문화체험, 다문화이해와 접근성향상위한 내국인과 이주민 문화 교류 확대	문화체육관광부
농어촌 지역 결혼이민자 지원, 이주여성 영농사업, 방문교육 도우미, 한국어나 생활교육 지도	농림수산부
북한이탈주민 지원	통일부
불법행위단속	경찰청

출처: 최현미 외(2010). p. 20 수정보완함.
여성가족부(2017). 다문화가정 지원사업.

련 인력 활용'과 '관리 및 통제' 중심에서 '외국인의 인권을 존중하며 사회통합'을 이루고, '우수외국인력 유치지원'을 지향하는 방향으로 전환하게 되었다.

2008년부터 보건복지가족부, 여성부, 법무부 출입국 · 외국인 정책본부를 중심으로 '결혼중개업 관리에 관한 법률'과 '다문화가족지원법'이 시행되었으며 국제결혼등록제가 포함되었다. 이때부터 생애주기별 다문화가족 지원정책이 마련되고 국제결혼 희망자에 대한 사전교육 등 결혼이민자 지원사업도 추진되게 되었다.

그동안 다문화가족 관련 정책들에 많은 변화가 나타나고 인권적 요소들이 가미되는 등 발전을 해오고 있으나 다문화가족을 대상으로 한 정부정책들이 다문화적 권리 보장보다는 여전히 이들이 한국 사회에 잘 적응하고 동화되도록 하는 데 초점을 맞추고 있다는 점에서 비판을 받기도 한다.

지방자치단체에서 다문화가족을 지원하기 위한 정책은 주로 지역의 '결혼이민자가족지원센터'나 '이주노동자센터' 등에서 이루어지고 있다. 보건복지부장관은 다문화가족 지원에 필요한 전문인력과 시설을 갖춘 법인이나 단체를 결혼이민자 가족지원센터로 지정할 수 있고 지원센터에는 다문화가족에 대한 교육이나 상담 등의 업무를 수행하기 위해 관련 분야에 대한 전문적 학식과 경험을 갖춘 전문인력을 갖추고 있다. 2008년 2월 결혼이민자가족지원센터는 '다문화가족지원법'에 의거하여 '다문화가족지원센터'로 명칭이 변경되었다. 다문화가족지원센터는 한국어 교육, 가족통합교육, 상담, 문화정서지원, 결혼이민자가족 역량강화사업, 다문화 인식개선, 자녀양육 및 교육지원, 찾아가는 서비스, 쉼터운영, 실태조사 및 홍보 및 네트워크 구축 등의 업무를 수행한다.

우리나라의 외국인 노동자 정책의 경우는 원칙 자체가 한국에서의 정주화를 막는 것이기 때문에 이주노동자가정에 초점을 맞춘 정부 차원의 지원정책은 거의 없다. 중앙정부에서 외국인 노동자를 위한 지원정책은 주로 노동부에서 관할하고 있으며, 산업안전 및 보건교육, 외국인 노동자 산업재해 예방대책 수립추진, 영어 및 외국인 노동자 국가의 언어로 제작된 안전수칙 홍보책자 보급, 산업안전 교육교재 개발 · 보급 및 교육지원, 한국어 교육, 한국문화 이해 등 사업시행 및 각종 상담사업 지원, 외국어로 된 직장 내 성희롱 예방 안내 책자 보급 등의 정책들이 있다.

북한이탈주민가족을 대상으로 하는 정책과 서비스는 하나원에서의 적응교육과 거주지에서 5년간 보호하는 보호담당관제와 이들의 실질적 정착을 위한 유기적 연계를 담당하는 정착도우미제도를 운영하고 있다. 또한 1인당 총 2천만 원까지 정착기본금을 지급하고, 이외에도 정착장려금과 정착가산금을 지급한다. 주택지원의 경우 영구 · 공립 임대아파트를 우선적으로 알선해 주고 있다. 전국 고용안전센터에서 북한이탈주민 취업지원창구를 개설하여 전문적 진로지도와 함께 취업지원을 하고 있으며 북한이탈주민을 고용하는 사업주에게도 임금의 1/2(70만 원 범위 내)을 2년간 지원해 주는 취업보호제를 실시하고 있다. 학교 교육지원을 위해 재외국민특별전형제도를 통해 북한에서 이수했던 학력을 인정하고 우리나라 학교에 편입학할 수 있도록 하고 있다. 북한이탈청소년의 학교 부적응을 돕기 위해 경기도 안성에 특성화학교를 설립하였다. 생활이 어려운 경우 국민기초보장법에 따라 생계비 지원이 가능하고 의료급여법에 따른 소득인정액 기준에 따라 의료급여 1종 수급권자로 지정되어 의료 혜택을 받을 수 있다.

3) 다문화가정 지원정책의 과제와 발전방향

현재 실시되고 있는 다문화가정 지원정책의 과제와 나아가야 할 방향에 대해 살펴보면 다음과 같다(최현미 외, 2008).

첫째, 법적 제도 개선 측면이다. 결혼이민자의 경우 국내에 2년 이상 체류 시 (간이)귀화나 영주권 신청이 가능하기 때문에 영주권제도 자체가 유명무실하다. 이들의 국적 취득을 둘러싼 부작용을 감안해서 영주권과 국적 취득 요건에 차이를 둘 필요가 있다. 이주노동자의 경우에도 노동기본권 보장을 위한 노동법 정비가 필요하다. 고용허가제하에서 외국인 근로자들에게 정당한 근로환경을 제공하고 산업재해 예방을 위한 대책을 마련해야 한다.

둘째, 결혼중개업체나 취업알선기관 등에 대한 법적규제 강화가 필요하다. 국제결혼 당사자의 권익을 보호하고, 인권 존중적 중개절차를 마련하기 위해 '결혼중개업'을 관리하는 별도 법률을 제정할 필요가 있다. 또한 혼인비자 발급절차와 심사서류 표준화를 통해 사기 · 위장결혼 등을 차단하고 혼인 전에 당사자가 서로의 신상을 확인할 수 있도록 지원하여야 할 것이다.

셋째, 전달체계 측면이다. 정부 각 부처 간 다문화가족 지원사업의 중복이 많아 비효율성이 지적되고 있으므로 관련 정책의 세부과제와 이행상황을 점검할 수 있는 담당부서 간 정보 네트워크를 구축하고 정책 간 조율이 이루어질 수 있도록 한다. 또한 중앙정부와 지방자치단체 간의 협력을 강화하여 지역 특수성을 고려한 정책을 개발하여 효율적으로 수행하도록 한다. 다문화가족 지원을 위한 다양한 민간기관을 조정하고 문화적 역량을 갖춘 전문인력 양성의 지원이 활성화되어야 한다.

넷째, 다문화가족을 위한 서비스 다양화 및 프로그램의 내실화와 전문화가 필요하다. 다문화가족을 대상으로 한 서비스나 프로그램이 개별 다문화가족의 욕구나 수준을 고려하지 못하고, 표준화되지 않아 문제점이 발생하고 있는데 이에 대한 점검이 필요하다. 한국어 교육과 문화교육 프로그램들이 일회성 이벤트로서 제공되기보다 체계적 교육과정으로 구조화시키는 것이 필요하며 한국 사회 적응에 실질적으로 필요한 정보와 교육을 제공하여야 할 것이다. 또한 기관에 접근이 어려운 상황에 놓여 있는 다문화가족들에게 찾아가는 서비스 도입이 필요하다.

다문화가족의 자녀교육, 부부관계, 고부관계와 같은 가족관계에 대한 지원 및 역량강화 프로그램 제공이 필요하며 이주자 본국의 언어구사가 가능한 이중언어 사용자와 함께 서비스를 제공할 수 있도록 한다. 이외에도 법률상담 프로그램, 보건의료 서비스, 영유아보육지원, 아동 및 청소년 교육지원, 취업훈련 및 고용지원 프로그램, 그리고 일반 국민들을 대상으로 하는 다문화인식 교육 등이 필요하다.

다문화가족을 대상으로 하는 지원정책 및 서비스는 다문화가족의 권익을 증진시켜 한국 사회 적응을 도와줄 뿐 아니라 이들의 역량을 강화시켜 한국 사회 구성원으로서 통합하는 방향으로 나아가야 할 것이다.

understanding of
multicultural society

Chapter 03

다문화가정의 위기와 다문화 가정 상담

understanding of multicultural society

Chapter 03 다문화가정의 위기와 다문화가정 상담

최근 한국 사회는 매우 빠른 속도로 세계화되면서 국제결혼과 이주노동자가 늘어나 외국인 인구가 총인구의 1%를 넘어 다문화사회로 변해가고 있다. 고학력 여성들의 결혼기피 풍조로 인한 신부 부족 현상, 결혼하지 못한 국내 남성들의 증가 및 농촌지역의 일부 지방자치단체에서 실시한 농촌총각 장가보내기 운동과 이에 편승한 영리목적의 국제결혼 알선업체의 증가, 선교목적의 국제결혼 주선 등 내부 요인이 맞물려 다문화가정이 급증하고 있고 이러한 추세는 가속화될 전망이다(김진숙 외, 2010). 다문화사회의 역사가 짧지만, 다문화가정이 급증하면서 파생되는 여러 가지 문제가 개인적, 가정적 문제를 넘어 사회적 문제로까지 크게 대두되고 있다.

3장에서는 한국 사회의 다문화적 관심을 많이 받고 있는 결혼이민자가정을 중심으로 다문화가정이 지닌 위기와 그 위기를 극복할 수 있는 다문화 위기상담에 대해 고찰해 보고자 한다.

1. 다문화가정의 위기

결혼이주자들은 원가족을 떠나 새로운 문화권으로 이주해 와서 겪게 되는 새로운 환경 적응의 문제와 함께 결혼생활 적응으로 매우 심각한 스트레스를 받게 된다. 이들은 결혼과 육아라는 발달적 위기를 경험하는 것 이외에 배우자의 폭력 등과 같은 특정 상황의 위기에도 노출되어 있다.

1990년대부터 급격히 늘기 시작한 새터민가정의 경우는 한국 사회의 편견으로 인한 심리적인 불안감과 경제적인 어려움 등에 놓여 있다. 외국인 노동자들의 경우에도 직장에서의 성폭력, 산업재해, 의사소통의 어려움 등의 위기를 경험하게 된다. 이렇듯 다문화가정은 새로운 문화의 적응, 예상치 않은 상황에 부딪힐 수 있는 취약성 등으로 위기상황에 노출될 가능성이 많다. 이주자들이 정착하는 과정에서 파생되는 인권문제나 자녀교육문제, 취업문제 등으로 이주민과 자국민과의 갈등이 심각해지고 이 과정에서 이주민들은 심한 어려움을 겪게 된다. 최근 보도되고 있는 다문화가정에서 나타나는 문제들은 그 위험수위가 높아 적절한 위기 개입이 필요하다. 다문화가정에서 일어나는 문제를 일상의 문제 또는 갈등 차원으로만 보지 않고 위기 차원에서 다루어 심각한 문제를 예방하고 치유하는 대책이 필요하다.

1) 위기이론

위기는 개인의 현재 자원과 대처 기제로는 감당하기 어려운 사건이나 상황을 지각하는 것을 말하며, 그것이 경감되지 않는다면 심각한 정서적, 인지적, 행동적 역기능을 초래할 수 있다(James & Gilliland, 2001; Myer & James, 2006 재인용).

위기는 중요한 인생의 목표에 장애가 나타나서 일반적인 문제해결방법으로 해결되지 않을 때 유발되는 심각한 스트레스의 일종이다(Allan & Anderson, 1986). 위기가 닥치면 당황하게 되어 평소에 잘 대처하던 것도 제대로 대처하지 못하게 된다. 위기에 처한 사람들은 상황에 대해 생각하고, 계획하고, 효과적으로 대처하는 개인의 능력을 신뢰하지 못하게 된다. 반면에 위기는 개인이나 가족을 위험에 처하게 하지만 동시에 성장과 변화, 새로운 대처방법을 습득하는 기회가 되기도 한다. 대체로 위기는 복잡한 증상을 수반하기 때문에 다양한 영역에 대한 신속한 개입이 요구되고, 정형화된 문제해결방법의 적용이 어렵다. 또한 각 개인마다 서로 다른 위기대처기술을 갖고 있고, 같은 위기라 할지라도 위기에 대한 인식이 서로 다르다. 그러므로 어떤 상황이 위기반응을 야기하고 또 어떤 상황이 그렇지 않은지를 예측하기가 어렵다. 위기에 처했을 때 일반적으로 두 가지 해결양식을 보이는데, 하나는 개인이 새로운 대처나 문제해결기술을 배우는 적응적 해결과 다른 하나는 개인이 더 비조직적이거나 방어적으로 바뀌는 부적응적 해결이 있다.

패래드와 패래드(Parad & Parad, 1990)는 위기를 생물학적 위기, 환경적 위기, 우발적 위기로 분류하였고, 제임스와 길리랜드(James & Gilliland, 2001)는 발달적, 상황적, 실존적, 체계적 위기로 분류하였다.

생물학적 위기 또는 발달적 위기는 인간성장의 일반적이고 보편적인 변화에 따른 사건들이 극적인 변화로 인해 비정상적인 반응을 촉진시킬 때 나타난다. 이 유형의 위기는 학령기나 사춘기에 도달하는 것처럼 발달적 과업이나 생물학적 변화로부터 야기된다(Allan & Anderson, 1986; Parad & Parad, 1990). 개인은 출생에서 사망에 이르기까지 다양한 단계들을 거치게 되는데, 각 단계별로 사회적 · 신체적 · 심리적 변화를 경험하게 된다. 다문화가정들도 가족의 생활주기에 따라서 발달적 위기를 경험할 수 있다. 예를 들어 결혼이주여성의 경우 부부관계가 다져지기 전에 자녀를 출산하여 갑작스럽게 엄마로서의 역할을 해야 하며, 이로 인해 부부관계의 갈등이나 문제해결능력 등에서 어려움을 겪을 수 있다.

환경적 위기 또는 상황적 위기는 예측하거나 통제할 방법이 없는 비일상적인 사건으로 인해 발생한다. 이런 위기는 보편적인 것은 아니지만 빈번하게 발생한다. 이 유형의 대표적인 예는 부모의 사망이나 이혼, 학대, 이사, 또는 만성적인 질병과 같은 일반적으로 대인관계의 문제이거나 상황적인 것이다. 가족구조와 유형의 변화들은 다양한 가족의 위기 등을 불러일으키게 되는데, 특히 이혼가족, 재혼가족 등 기존의 구성원들과 분리되고, 새로운 구성원을 맞이하게 되는 가족들은 기존 구성원과 분리의 어려움, 상처, 고통을 겪을 뿐만 아니라 재혼가족의 경우에는 새로운 구성원을 가족으로 수용하기 위한 과정에서 심각한 갈등에 노출되기도 한다(김범수 외, 2008). 최근에 들어서는 결혼이주여성들 중 환경적 위기를 겪는 사례가 늘고 있다. 이주여성의 경우, 문화와 환경이 매우 다른 낯선 곳에 적응하는 것 자체가 어려운 일인데, 배우자나 시댁식구들의 폭력에 못 이겨 이혼을 하거나 배우자의 사망으로 인해 심리적, 정신적, 경제적 어려움을 경험하는 경우가 많아지고 있다.

우발적 또는 체계적 위기는 우발적으로 일어나는 위기로 기본적인 욕구충족에 필요한 자원이 비정상적으로 혹은 예기치 않게 상실되어 발생하는 것이다(김범수 외, 2008). 그 예로는 실직, 금전의 상실, 도움을 받는 사람의 상실, 지위와 존경의 상실, 교통사고, 미리 예측할 수 없는 홍수, 화재, 폭풍과 같은 자연재해, 또는 테러, 대량학살 공격 등과 같은 것이다.

새터민들은 금전적인 상실의 위기를 경험하는 경우가 있다. 이러한 상황은 새로운 환경에 적응하면서 느껴지는 외로움과 북한에 남아 있는 가족들에 대한 그리움으로 인해 주변인들을 쉽게 믿어 발생한다. 또한 자본주의 한국 경제체제의 인식 부족으로 직장 내 부적응으로 인한 실직 등 여러 가지 우발적인 위기를 겪게 된다.

실존적 위기는 행복, 자존감, 사랑, 기쁨과 관련된 인간의 내적 욕구가 충족되지 못했을 때 나타나는 위기를 말한다. 자신의 가치와 자신이 추구하던 삶이 의미 없었음을 깨닫고 절망하여 겪게 되는 위기이다. 결혼이주여성이나 외국인 노동자들이 코리안드림을 안고 한국에 왔으나, 자신이 생각하던 것과는 다른 가정과 직장생활을 하면서 절망하고 좌절하면서 겪게 되는 어려움이 여기에 해당된다.

2) 다문화가정의 위기 유형

(1) 결혼이주여성의 법적 지위의 위기

결혼이주여성들은 국내 정착과정에서 여러 가지 문제를 겪게 된다. 결혼이주여성의 법적 지위가 안정되지 못하여, 한국에서 결혼생활을 영위하는 데 어려움이 적지 않다. 국적법이 개정되기 이전 1997년까지는 결혼이주여성의 경우, 결혼과 함께 한국 국적을 취득할 수 있었다. 그러나 위장결혼의 증가에 따른 피해를 방지하기 위해 결혼이주여성에게도 2년 동안을 체류비자(F2) 자격으로 국내에 거주하게 하였다. 이에 따른 결혼이주여성의 가장 어려운 문제 중 하나는 체류비자로 거주하는 2년 동안 외국인 신분이기 때문에 복지혜택을 받을 수 없다는 것이다. 뿐만 아니라 매년 배우자의 신원보증을 조건으로 체류비자를 갱신해야 하는 어려움이 있다. 이 기간에 이혼 등으로 결혼 사유가 소멸될 경우 미등록자(불법체류자)가 될 가능성이 높아 불안정한 법적 지위로 생활을 하게 된다(서종남, 2010).

이처럼 불안정한 체류권(영주권)은 가족 내에서의 지위에도 영향을 준다. 배우자가 외국인 등록을 해주지 않거나, 체류 기간을 연장해 주지 않거나, 국적 취득에 협조해 주지 않거나, 2년 이내에 파경에 이르게 되는 경우에는 국적이 불안정해진다. 따라서 배우자에게 종속적인 입장이 되기 쉽다. 이처럼 불공정한 법적 지위로 인하여 한국 국적을 취득하지 못한 결혼이주여성들은 가족 내에서 무시를 당하거나 학대를 받음으로써 가정에서 지위 기반이 약해지기도 한다.

시댁이나 남편이 체류의 문제나 국적 취득을 미끼로 부당한 대우를 하고 있으며 결혼이주여성의 국적 취득에 관해 남편의 동의 기피와 불합리한 대우를 받고 있는 경우도 있다. 심지어 여권이나 외국인등록증을 본인에게 주지 않고 시댁 가족이나 남편이 가지고 있으며 감금과 지속적인 폭력이 가해지는 심각한 인권문제도 나타나고 있다(한재희, 2010).

법적 지위의 문제는 아니지만 경제적으로 낙후된 국가 출신과 경제적으로 우월한 국가 출신의 결합은 부부간에 준계급관계를 만들어낼 수도 있다(이혜경, 2005). 특히 여성배우자들 대부분이 우리보다 경제적으로 낙후된 동남아시아 출신들이 많은데 이 경우 여성배우자들은 여성이라는 지위에 기인한 성별위계(gender hierarchy)와 가난한 국가 출신이라는 태생적 지위에서 기인한 자원위계(resource hierarchy)의 이중적 권력관계의 하층에 위치지워질 수 있다(김진숙 외, 2010). 또한 결혼이주여성은 초기에는 아내와 어머니의 위치에서 결혼생활을 시작하지만 시간이 경과함에 따라 노동자와 정치적 시민권자의 지위로 이동하게 되는데, 남성배우자들은 아내와 어머니의 지위에, 즉 가정에만 배우자들을 붙잡아 두려는 경향이 강해, 이러한 생각의 차이가 많은 부부간 갈등을 유발한다(김진숙 외, 2010).

이외에도 언어 및 문화적 부적응 등이 결혼이주여성이 가지고 있는 또 다른 문제이다. 이에 대해서는 이미 다른 장에서 언급하였기에 여기서는 생략한다.

(2) 부부관계에서의 위기

다문화가정의 가장 큰 문제는 부부관계에서 생긴다. 많은 경우 다문화가정의 결혼은 거래의 의미가 있다. 서로에 대한 탐색의 기간이 짧고 형식적인 단기간의 만남으로 혼인이 이루어져 결혼 초기부터 문제를 안고 시작하게 된다. 신뢰와 애정이 바탕에 깔려 있지 못한 결혼으로 부부간의 갈등, 외국인 여성의 문화부적응으로 인한 갈등, 가정폭력과 가출, 별거, 이혼 등의 문제가 자주 발생하고 있다.

부부관계에서 나타나는 문제는 아내의 입장과 남편의 입장, 두 가지로 나눠볼 수 있다. 먼저 이주여성들이 호소하는 문제는 남편으로부터 돈 때문에 시집왔다는 의심, 도망갈 거라는 의심, 상품처럼 취급당하는 것, 본국이나 외부와의 전화 통제, 생활비 안 주기, 한국어 교육에 참여시키지 않기, 자국민이 모이는 곳에 못 가게 함, 원하지 않는 성행위를 강요하는 것 등이 있다. 이밖에도 전처 자녀와의 문제, 자녀 양육의 가치관 차이에서 발생하는 갈등의 어려움 등이 있다. 심각한 경우는 남편의 지나친 음주와 폭력, 음주 후 배우자의 성행위 강요, 과도한 성관계 요구 등이 지적되고 있다. 특히 권위적인 남편의 태도는 이주여성들이 가장 힘들어하는 것 중 하나로, 아내로서보다는 아랫사람으로 대하고 경제적으로 빈곤한 나라에서 왔기 때문에 무시하는 경향이 있다고 한다. 남편의 경제생활 기반이 약하고 아내와 나이 차이가 많아 젊은 아내에 대한 위기감, 가출할 수 있다는 의혹, 금전 사용에 대한 의혹 등

근본적인 신뢰를 갖지 못하는 데서 폭력으로 이어질 수 있다. 언어적으로 능숙하지 않을 때 남편은 극단적인 갈등표출의 방법으로 신체적, 정서적, 심리적, 경제적 폭력과 사회적 고립을 통한 폭력 등을 행사하는 경우가 발생한다(김상임, 2004). 결혼이주여성의 대다수가 취업을 원하는데 배우자와의 견해 차이가 있을 경우 이를 해소하려는 노력이 필요하고, 자녀양육보다는 취업에 더 관심을 쏟는 경향을 보이는 경우도 있어서 부부갈등과 2세 교육에 대한 우려가 있다. 자녀양육방식의 차이 역시 이주여성과 배우자 간의 갈등 요인이 되고 있는데, 자녀를 엄하게 키워야 한다는 남편과 자식에 대한 애착이 강한 이주여성 사이의 갈등이 그것이다(홍달아기 외, 2010).

남편들이 호소하는 어려움은 성생활 및 임신 기피, 잦은 외출 또는 가출, 게으르거나 가사노동 기피, 물건 사달라고 조르기, 과도한 본국으로의 송금 및 부모형제 초청 등이다(강복정, 2009).

앞서 지적한 바와 같이 국제결혼의 여러 가지 동기가 있지만, 대부분 한국 남성의 경우는 국외 여성에 대해 경제적으로 우월한 지위에서 배우자 문제를 해결하려 하고, 외국인 여성의 경우에는 결혼으로 경제문제를 해결하려는 목적이 결국은 부부관계를 원만하게 하지 못하는 문제를 만든다고 볼 수 있다.

다음의 몇 가지 사례에서 보도된 바와 같이 다문화가정의 가정폭력은 날로 심각해지고 있다. 이에 대해 몬트고메리(Montgomery, 2009; 조윤오, 2010 재인용)는 언어적 문제와 함께 문화적으로 서로 다른 남녀 성별역할 기대를 갖고 있는 다문화가정에서 남성 배우자가 상대방을 통해 자신의 욕구가 충족되지 않거나 자신의 권위 또는 통제감이 상실되었다고 느끼면, 전통적 · 보수적 가부장적 가치를 갖고 있는 남성일수록 그에 대한 분노를 폭력으로 표출하고 그 폭력을 정당화시킬 가능성이 크다고 한다. 최근에는 다문화가정의 가정폭력, 이혼, 위장결혼, 무단가출 등의 문제로 가족해체가 심각한 수준까지 이르고 있다.

사례 1

2005년 봄 국제결혼알선업체를 통해 입국한 필리핀 여성 린(26세, 가명)은 한국인 김 씨(42세, 무직)와 더 이상 살 수 없었다. 린은 결혼 전에 필리핀의 백화점에서 일하면서 나름대로 독립된 생활을 하였고, 한국에서 보다 나은 삶을 꿈꾸며 결혼하였다. 한국에 와서 보니 남편은 아무런 일을 하지 않고 부모님께 얹혀 살았다. 용돈을 타서 써야 함은 물론이거니와 시부모님은 이미 성인인 남편과 자신을 어린아이 취급을 했다. 또한 시부모님은 이들 부부의 성생활까지 일일이 참견하여 심한 모멸감을 느꼈다고 했다. 린은 7월에 가출하여 공장에서 일하다가 출입국관리사무소에 단속되어 강제출국당했다.

출처: 이인경(2007).

사례 2

결혼이민자 베트남 여성 故 쩐타인 란(이하 란) 씨는 2007년 8월경 결혼중개업체의 소개로 하모 씨와 결혼해서 2008년 1월 11일 입국했다. 결혼생활 한 달도 채 되지 않은 2월 6일 자신이 살던 경산시 상방동 소재 아파트 14층에서 투신, 사망했다. 숨지기 전 란 씨는 결혼한 지 6개월 만에 하 씨와 협의이혼하고, 출국할 비행기를 예매한 상태였다. 란 씨는 사망 후 이틀 만에 '특별한 외상이 없어 자살로 추정한다.'는 검찰의 지휘에 따라 화장돼 2월 23일 택배로 베트남에 있는 어머니에게 보내졌다. 유족과 대책위는 그동안 란 씨가 적은 일기 등을 토대로 정확한 사망원인과 석연찮은 시신처리 과정 등에 대해 조사와 해명을 요구하고 있다. 또한 시신처리와 관련해 결혼중개업체가 저지른 반인륜적인 행위는 반드시 엄벌에 처해야 한다고 요구하고 있다. 명확한 사망원인은 밝혀지지 않았으나, 이혼신청이 되어 있었다는 점과 일기장 번역을 통해서 란 씨의 죽음에 대해 의문점들이 늘어가고 있다. 경산이주센터(소장 김헌주)는 자살이든 타살이든 그것과 상관없이 란 씨의 죽음은 개인의 불운한 죽음이 아니라면서, 빈곤여성의 문제, 여성상품화 문제, 이주민에 대한 차별문제, 결혼정보업체에 대한 관리의 문제 등 사회구조적 문제의 병폐를 여실히 보여주는 '사회적 살인'이라고 주장했다.

출처: 경산신문(2008.03.27).

사례 3

2009년 1월 30일 캄보디아 여성 짜이건투 씨(18세, 가명)의 스물한 살 연상 한국인 남편 김모 씨(39세)는 거나하게 취해 있었다. 집으로 가는 택시 안에서 말싸움이 붙었고, 김 씨는 아내의 머리를 마구 때렸다. 집에 돌아와서도 남편은 짜이건투 씨의 옆구리를 발로 차고 주먹으로 머리를 때렸다. 임신 3개월인 그녀는 남편의 폭력으로부터 아이를 보호해야 한다는 생각뿐이었다. 부엌칼을 쥐고 더 이상 때리지 말라고 소리쳤으나, 남편은 다시 옆구리를 발로 찼고, 짜이건투 씨는 들고 있던 칼로 남편의 복부를 찔렀다. 정신을 차려보니 칼은 남편의 복부에 꽂혀 있었다. '코리안드림'을 안고 2008년 4월 한국에 온 그녀는 1년도 지나지 않아 살인범이 됐다.

출처: 시사IN(2009.02.28).

그림 3-1 위령제에 참석한 이주여성들

출처: 뉴시스. 2008년 4월 한국으로 시집와 숨진 베트남 여성 세 명을 위로하는 합동 위령제에 참석한 이주여성들이 슬픔에 잠겨 있다.

(3) 시부모 및 친척관계에서의 위기

다문화가정 여성이 한국 사회에 결혼을 통해 정착하려고 할 때 그들이 가진 문화적 · 사회적 · 경제적 · 언어적 · 법적 취약성은 이주여성을 열등한 존재로 보이게 만들 우려가 있다. 보수적인 성역할 가치를 중요시하는 농촌지역에서 이주여성의 취약성은 극대화될 수 있다(조윤오, 2010). 또한 문화변용 이론에 따라 새로운 문화에 적응해 가려는 이주여성의 심리적 긴장감은 남성 배우자의 권위에 도전하는 하나의 위협으로 여겨질 수도 있다(Das Dasgupata, 1998; 조윤오, 2010 재인용).

결혼이주여성 다수가 유교적이고 전통적인 가부장적 가족 관념이 뿌리 깊게 남아 있는 시댁의 시부모와 동거하고 있으며 며느리로서의 전통적 의무를 강요받고 있는 경우가 많다(김오남, 2006). 시부모와의 갈등은 결혼이주여성에게 보편적인 현상으로 나타나고 있으며 응답자의 57.7% 이상이 한국어 의사소통 문제나 사고방식, 생활방식, 종교 차이 등으로 갈등을 겪고 있다. 특히 도시보다 농촌에 거주하는 결혼이주여성들이 시부모와의 관계에 더 힘들어 하며 친척 중 시누이와의 갈등이 큰 것(홍달아기 · 채옥희, 2006)으로 나타났다. 시댁이나 친척관계에서 이주여성들이 겪는 어려움으로는 지나친 사생활 간섭에서 오는 갈등, 비인격적인 대우, 시어머니와의 의사소통의 어려움, 시부모의 감시, 치매 또는 장애 시부모님 부양으로 인한 스트레스 등이 있다.

사례 4

조선족 동포 정 씨는 2002년에 한국인 남성과 결혼하여 입국하였지만 남편은 지능이 떨어지고 모든 집안일은 시아주버니의 간섭과 주관으로 이루어졌다. 심지어 도주를 우려해 외국인 등록증을 만들어 주지 않아 1년 7개월 동안 미등록으로 살아야 했다. 그러나 시아주버니의 심한 구타로 결국 집을 뛰쳐나와 부산의 모 공장에서 일하다 지난 8월 출입국관리사무소에 단속되었다. 정 씨는 너무 억울해 두 차례 자살을 기도하였다.

출처: 이인경(2007).

(4) 자녀양육에서의 위기

다문화가정의 증가는 자연스럽게 다문화가정 자녀의 증가로 이어져 2008년 기준 초 · 중 · 고에 다니는 국제결혼이주여성 자녀는 18,000여 명이었으나(교육과학기술부, 2008; 이학춘, 2009 재인용), 2016년 기준 초 · 중 · 고에 재학 중인 다문화 학생은 99,000여 명으로 전체 학생의 1.68% 차지하고 있다. 또한 만 6세 이하 미취학 아동은 약 116,000여 명으로 향후 학령기 자녀가 지속적으로 증가할 것으로 예상된다(한국교육개발원, 2016).

자녀를 양육하면서 겪는 이주여성의 어려움으로는 자녀와 의사소통의 어려움으로 오는 갈등, 자녀학습에 대해 지도해 주지 못하는 아쉬움과 미안함, 학령기 자녀의 학교 및 가정생활지도의 부족, 임신과 출산, 자녀양육에 대한 지식 부족, 남편의 전처 자녀의 양육 및 관계문제, 자녀의 빠른 문화수용으로 인한 스트레스 등이 있다. 다문화가정 자녀들이 겪을 수 있는 어려움으로 언어 및 학습지체, 정체성 혼란, 학교나 사회에서의 부적응, 따돌림 현상으로 인한 소극적 성격 형성, 행동과 가치관 차이 등을 지적할 수 있다.

다문화가정의 부모는 어머니가 외국인인 경우가 90.2%(16,937명)로 대부분을 차지하고 있어서 이들 외국인 어머니들의 자녀교육이 중요한 문제이다. 다문화가정 자녀의 경우, 한국어가 미숙한 어머니로 인해, 언어습득의 결정적 시기인 유아기에 원활한 언어적 상호작용 기회가 제한되고, 이로 인해 언어습득 및 구사능력이 떨어지게 된다(서현 · 이승은, 2007). 언어발달의 문제는 학업수행의 어려움으로 이어져, 학업부진을 야기하게 되고, 결국 학교생활 부적응과 연결된다. 무엇보다 언어는 의사소통의 기본으로 언어문제는 그 자체로 부적응문제를 유발할 수 있다.

다문화가정 자녀들은 아버지와 어머니의 가치관과 생활태도가 각기 다른 이중문화 속에서 성장하면서 많은 갈등과 혼동을 경험하게 되며, 성장과정에서 사회와 가정의 경험이 서로 다르기 때문에 정체성과 가치관의 혼돈을 겪게 된다(임경혜, 2004).

다문화가정의 자녀는 엄마의 출산국이나 인종에 따라 놀림이나 집단따돌림을 당하는 등의 어려움에 봉착하기도 한다. 조영달(2006)의 연구를 살펴보면, 다문화가정 자녀들은 열 명 중 두 명 정도가 집단따돌림을 경험하는 것으로 나타났으며, 이는 일반 초등학생이 경험하는 집단따돌림과 거의 유사한 비율(13.4%)로 조사되었다. 2005

년 국제결혼 부부를 대상으로 그들 자녀의 집단따돌림을 조사한 보건복지부의 연구에서도 자녀와 동거하고 있는 국내 이주여성 중 그들 자녀가 또래 아이들로부터 집단따돌림을 경험했다고 응답한 비율은 17.6%이었다. 거주지역별로 보면, 다른 아이들과 어울리지 못한다는 특성은 도시지역이 62.5%로 농촌지역의 31.5%보다 높게 나타난 반면, 집중력이 없고 산만한 특성은 농촌지역이 42.1%로 도시지역의 25.0%보다 높게 나타났다. 왕따의 원인으로는 응답자의 34.1%가 '엄마가 외국인이기 때문'이라고 응답하였다(보건복지부, 2005).

김재우(2006)에 따르면 다문화가정 자녀들이 청소년기에 겪게 되는 정서적 · 신체적 위기는 자신이 속한 집단에서 배척당했다는 박탈감을 느끼게 하므로 이러한 경험은 정서적으로 민감한 청소년들이 학교생활에 적응하지 못하고 문제학생이 되거나 심한 경우 학업포기로 이어질 수 있다. 2008년 국회보고자료에 따르면 다문화가정 초등학생의 약 17%, 중등 38%, 고등학교 약 69%가 학업중단 상태에 있는 것으로 나타났다(한재희, 2010).

적응은 환경과의 상호작용을 통해 조화롭고 균형 잡힌 관계를 유지하는 것으로 아동과 청소년은 가정, 또래, 학교 등의 환경과의 상호작용을 통해 사회의 한 구성원으로 성장하게 된다. 그러나 이러한 적응에 실패한 경우, 이들은 우울, 불안, 공격성 등과 같은 정서적 부적응과 비행, 약물 사용 등과 같은 행동적 부적응을 경험하게 된다.

다문화가정의 자녀문제는 다양한 형태로 나타나기 때문에 교육적 지원과 사회적 지원 그리고 심리적 지원이 함께 이루어져야 위기해결의 효과성을 높일 수 있을 것이다. 무엇보다도 정서적 발달에 부정적인 결과의 초래로 나타나는 문제행동은 사회적 문제를 야기시키는 잠정적 요인이 되기 때문에 이들에 대한 심리적 지원은 매우 중요하다.

(5) 경제적 위기

이주여성들은 빈곤을 벗어나기 위해 국제결혼을 선택했지만 빈곤에서 벗어나지

사례 5

외국인 노동자 가족이나 탈북 새터민 역시 경제적 문제나 사회적응에 있어 문제가 있다. 2008년 3월 대한적십자사가 2년간 국내에 정착한 탈북자 703명을 대상으로 실시한 설문조사 결과 단지 24%의 남한 정착 탈북정착인만이 직장을 갖고 있는 것으로 나타났다. 또한 그들이 느끼는 남한에서의 사회적 위치를 묻는 질문에서 86% 이상이 하류층이라는 인식을 갖고 있었다. 이러한 현상은 탈북자들로 하여금 사회의 일원으로 통합되기보다는 주변에 머물러 알코올중독이나 범죄에 노출되는 사회적 문제를 야기할 수 있다. 또한 많은 경우 탈북자들이 탈북 후 동남아를 떠돌아다니면서 만성적 긴장감으로 우울과 불안으로 인한 신체적 증상을 호소하고 있으며 전체 체류자의 30%가 극도의 무력감, 우울증, 대인기피증, 자살충동 등 정신질환에 시달렸던 것으로 나타났다.

출처: 서울신문(2009.01.21).

못하고 실망과 좌절에 빠져 지내는 경우가 많다. 결혼이주여성들에게서 발생되는 문제는 주로 결혼 전에 가졌던 코리안드림에 대한 기대감의 상실과 문화의 격차로 인한 갈등에서 비롯된다. 그녀들 대부분은 한류의 영향으로 한국 드라마 속의 부유한 가정을 기대하며 한국으로 오게 된다. 하지만 현실은 그에 못 미쳤고 더욱이 본국에서 도시생활을 하던 여성이 한국의 농촌으로 시집을 왔을 경우 그 실망감은 충격으로까지 이어질 수 있다(서종남, 2010).

많은 결혼이주여성들이 경제적 문제와 문화적 차이로 어려움을 겪는다. 결혼이주여성 자신이 한국어 실력 부족으로 취업활동을 자제하는 경우도 있으나 대부분은 시어머니나 남편이 절대 반대 또는 유보적인 허락을 한다. 남편이 생활비를 주지 않아 자신이 일을 해서 친정집에 돈을 보내는 경우에도 남편이나 시부모가 반대를 하는 경우가 있다. 이는 결혼이주여성이 생활능력이 생기면 남편이나 가정을 떠날 수도 있어 두려워하기 때문이다. 결혼이주여성들 가운데는 어렵게 살아가는 친정을 돕기 위해 결혼하게 된 모계중심 문화권에서 온 사람들도 적지 않다. 이들은 결혼한 딸이 친정에 생활비를 보내야 하는 문화인 데 반해 한국은 '출가외인'이라는 문화적 배경

사례 6

중국인 K씨(36세, 여)의 경우 남편이 생활비를 주지 않아 허드렛일을 하며 용돈을 벌고 있는데 '말을 안 들으면 중국으로 보내겠다'며 남편으로부터 협박을 당하고 있다.

출처: 제주일보(2009.10.26).

이 있어 한국의 시부모나 남편과의 관계에서 오는 어려움이 많다고 호소한다. 이러한 생활·경제적인 문제가 소통이 되지 않는다면 이주여성들이 가지고 있던 결혼 전의 기대감과 설렘은 실망감으로 바뀌어 남편과의 갈등으로 이어질 수 있다.

결혼이주여성들이 한국생활에서 겪는 또 다른 어려움은 식습관과 문화 차이에서 오는 갈등이다(서종남, 2010). 모든 일상생활에서 '빨리빨리' 문화도 적응하기 힘들며, 식사 후 남은 음식을 보관했다가 다음 끼니에 다시 먹는 한국인의 식습관 또한 더운 나라에서 생활했던 동남아 여성들에게는 이해하기 힘든 부분이다. 이처럼 결혼이주여성들은 한국과의 문화적 차이가 생각했던 것보다 훨씬 커서, 한국생활을 하면서 예상치 못했던 문화충격을 경험하는 경우가 흔하다.

3) 위기반응과 위기단계

위기에 처한 사람을 잘 이해하고 적절히 돕기 위해서는 위기에 처한 사람들이 나타내는 반응과 위기가 진행되는 위기단계를 알 필요가 있다. 위기에 처한 사람이 위기상황에 나타내는 전형적인 반응은 다음과 같다(Parad & Parad, 1990).

① 당황(bewilderment): 위기에 처한 사람들은 자신들에게 일어난 일을 이해하는 데 어려움이 있다. 이들은 이전에 경험했던 이 단계의 스트레스를 기억하지 않고, 그들의 반응이나 그 상황을 다루는 방법을 모른다.

② 위험(danger): 위기상황으로 인해 위험을 느끼는 사람은 절박한 운명에 대한 생각을 한다. 그들은 위기로 인해 자신들이 신체적으로나 정신적으로 만회할 수 없는 상처를 입을 것이라고 확신한다.

③ 혼란(confusion): 혼란으로 반응하는 사람들은 추론에 어려움이 있고 그들의 재난에 기인하는 위기를 해결하기 위한 계획을 세울 수 없다.

④ 난국(impasse): 위기에 빠진 사람들은 '곤경에 빠졌다'고 느끼고 대안적인 대처 전략을 세울 수가 없다. 그들은 자신이 시도하는 해결책은 모두 실패할 것이라고 믿고 있어서 결과적으로 꼼짝달싹 못하게 되었다고 느낀다.

⑤ 절망(desperation): 절망한 사람들은 위기에서 벗어나기 위해 어떤 방법이라도 시도하려고 한다. 심지어 정상적이지 않는 방법이나 논리적으로 상황과 관련이 없는 방법도 사용하려 한다.

⑥ 냉담(apathy): 이런 사람들은 간단하게 포기한다. 그들은 위기상황을 해결하거나 변화를 위한 시도를 거부한다. 그들은 그들의 상황이 절망적이라고 믿는다.

⑦ 무기력(helplessness): 위기상황에 대한 이런 반응을 하는 사람은 그들이 자신을 도울 수 없다고 믿고 자신을 위기에서 구해줄 사람도 없다고 믿는다.

⑧ 절박(urgency): 이런 사람은 문제에 대해 해결책을 원하고, 지금 그것을 원한다. 그들은 그들 자신의 해결책을 시도할 수도 있고, 또는 타인의 도움을 궁극적으로 추구할 수도 있다.

⑨ 슬픔(discomfort): 이렇게 반응하는 사람들은 자신이 비참하다고 느껴 가능한 해결책을 생각해 내기 위한 안정을 찾는 데 어려움이 있다. 이러한 불안은 그 자체로 침착하지 못하게 하고 집중하지 못하게 한다.

위기에 처한 사람들은 위기단계에 따라 다르게 반응한다. 사람은 대체로 최소한 두 단계를 거치고 세 번째 단계를 거치기도 한다(France, 1990).

위기의 첫 번째 단계는 충격단계(impact phases)로 특정 상황이 위기에 도달했다고 인식하는 단계이다. 충격단계는 위기에 대한 처음 반응이다. 자신이 사용하는 일상적인 대처전략들이 이 불행한 사건에 의해 야기된 문제를 해결하지 못하고, 그래서 무력함, 불안, 좌절, 분노, 두려움, 우울 또는 통제를 벗어났다고 느끼기 시작할 것이다. 충격단계는 어떤 불행한 사건 후에 즉각 일어나기 때문에 상대적으로 짧다.

위기반응의 두 번째 단계는 대처단계(coping phases)이다. 이 단계 동안 사람들은 자신의 상황을 변화시키거나 불행한 사건에 대한 자신의 반응을 변화시키려는 시도를 할 것이다. 그들은 대체로 불안, 절망감, 절박감 또는 곤경에 빠진 느낌을 갖는다. 대처단계에 있는 사람들은 문제에 대한 새로운 해결책을 찾고자 더 많이 노력한다. 이들은 타인들의 도움과 조언에 대해서도 더 개방적이다. 이 단계에서 어떤 사람들은 문제중심 대처방법을 사용하기도 한다. 문제중심 대처방법은 이미 갖고 있는 대처기술을 사용하여 문제를 해결하고자 하거나 새로운 대처기술을 배우고자 하는 방법을 말한다. 또 어떤 사람들은 정서중심 대처방법을 사용하여 그들의 상황에 대해 감정을 변화시키고자 노력한다. 그들은 상황을 인정하는 적응적 전략을 사용할 수 있는데, 이러한 전략은 불행한 사건에 의해 야기된 압력으로부터 그들을 편안하게 해준다. 또 문제를 부인하려 하고 부정적 감정을 갖거나 약물이나 알코올을 이용하여 그들의 고통을 잊으려 하는 부적응적인 전략을 사용할 수도 있다. 이런 사람들은 문제에 대한 긍정적 해결 또는 강렬한 긴장을 없애는 것으로 위기반응이 대처단계에서 끝난다.

만약에 위의 두 단계 중 어떤 것도 도움이 되지 않으면, 사람들은 위기반응의 세 번째 단계인 철회(withdrawal)로 이동한다. 이 단계는 사람들이 자신이 시도한 어떤 것도 고통을 경감하는 데 도움이 되지 않았다고 느낄 때에 도달한다. 대표적인 철회의 형태에는 자살이 있다. 자살은 사람들이 계속된 위기상황에 내재하고 있는 고통을 피하기 위해 생을 끝내고자 시도하거나 끝내는 것이다. 일반적으로 사람들은 어느 정도의 시간이 지나도 위기가 끝나지 않는다면 철회단계로 이동한다.

2. 다문화가정 상담

20세기 후반 이후 한국 사회는 다문화사회로 급속히 전환되고 있다. 다른 문화적 배경을 가진 외국인들이 국내에서 활동할 뿐만 아니라 결혼을 통해 입국하여 살고 있는 이민자들이 소수 특정한 사람들에 그치지 않고 농촌 및 일부 지역에서도 일반화된 현상이 되었다. 이들은 서로 언어적, 문화적 배경이 다른 다문화가정을 형성하고 있으며 이로 인한 또 다른 어려움을 안고 살아가고 있다.

지금까지 다문화가정을 돕는 프로그램이 주로 언어교육이나 문화교육에 집중되어 이루어졌으나, 최근 발생하는 다양한 다문화가정의 문제는 위기상담적 개입으로 해결해야 할 필요성이 커지고 있다. 다문화가정은 일반상담과는 달리 다문화적 역동성을 이해하며 진행되어야 하고, 내담자에 대한 문화적 차원의 배경, 가치관, 가족제도 및 체계와 역사를 알고 접근해야 상담의 효과를 볼 수 있을 것이다. 다문화가정을 위한 상담은 개인의 심리적 문제나 관계적인 어려움이 단순한 개인의 심리 내적인 요인이나 관계적인 상이성에서 파생되는 것뿐만 아니라 문화적 갈등요인이 내재되어 있다는 사실을 알아야 한다(김범수 외, 2008; 보건복지가족부, 2008).

다문화가정의 갈등 유형은 의사소통의 장애 및 오해, 경제적 활동에 대한 차이, 의식주에 해당하는 기본적인 일생생활 및 가치관의 차이, 풍습의 차이에서 오는 갈등, 가족관계의 어려움 등 매우 다양하다. 따라서 다문화가정 상담자는 단순히 전통적인 상담자의 역할만이 아니라 좀 더 확장된 복지적 개념을 가지고 상담에 임해야 할 필요가 있다(김범수 외, 2008). 다문화가정 상담자는 사례에 따라 다양한 역할을 수행해야 한다. 때때로 다문화가정 상담자는 개인의 심리적 문제를 다루어 주는 심리치료사의 역할, 가족의 구조와 관계적 역기능을 분석하고 개입하는 가족치료사의 역할, 문화적 차이나 갈등의 요인을 중재하는 교사의 역할, 문화적 적응을 위해 필요한 사회적 자원을 연결하는 복지사의 역할을 수행하여야 한다.

1) 다문화가정 상담자의 자질 및 역할

다문화가정 상담자가 내담자와 효율적인 상담관계를 맺고 협력하기 위해서는 몇 가지 필요한 지침이 있다(보건복지가족부, 2008; 한재희, 2010).

① 다문화가정 상담자는 내담자의 문화내적인 요인을 고려해야 한다. 다문화가정 상담자는 내담자의 문화적 배경이 아시아권에 속한 결혼이주민이기에 표면적으로 유사한 문화적 특성을 보일지라도 문화내적인 면에서 한국문화와 상이한 배경과 가치관 그리고 독특한 특성을 가지고 있다는 점을 유념해야 한다.

② 다문화가정 상담자는 우선적으로 자신의 가치관과 인간행동의 기본과정을 이해하고 내담자가 자신의 세계관과 어떻게 다른지에 대해 문화적 인식을 할 수 있어야 한다. 이를 위해 상담자는 타 문화에 대한 학습자적인 태도를 취해야 한다. 상담자가 내담자의 모든 문화적 특성과 가치를 이해하거나 알 수는 없으나 문화적 차이로 인해 상담현장에서 발생할 수 있는 왜곡된 해석을 방지하기 위해 내담자의 문화를 이해하려는 열린 태도가 있어야 한다.

③ 다문화가정 상담자는 문화적으로 효율적이고 적절한 상담서비스를 제공하기 위해서 내담자에 대한 적절한 평가를 할 수 있어야 한다. 심리검사 등 내담자를 평가하거나 진단하는 도구들은 때때로 문화적 편향성을 지니고 있음을 인식하여야 한다. 더 나아가 다문화가정 상담자는 내담자의 문화적 특성에 적합한 상담적 환경이나 문화적 가치관을 염두에 두고 적합한 상담기법을 적용할 수 있어야 한다.

④ 다문화가정 상담자는 타 문화권의 배경을 가진 내담자에게 교육자적 권위가 있는 인물로 여겨질 수도 있다. 따라서 다문화가정 상담자는 비윤리적 의존관계에 빠지지 않도록 조심하여야 한다. 이와 함께 다문화가정 상담자는 때때로 내담자가 겪고 있는 어려움이나 문화적 적응에 대한 교육적 회기를 적극적으로 활용함으로써 구조화된 상담관계를 효과적으로 활용할 수 있는 창의적 상

담과정을 이끌어 갈 수 있어야 한다.

⑤ 타 문화권의 배경을 가진 내담자의 문제는 단순히 심리적 어려움만으로 국한되어 있지 않다. 따라서 다문화가정 상담자는 사회복지적 차원이나 법률적 지원 등 삶의 위기를 해결할 수 있는 다양한 실제적 자원을 연계하는 사회적 연결망에 대한 접근(social network approach)을 확충할 수 있어야 한다.

⑥ 다문화가정 상담자는 다문화내담자가 표출하는 어려움을 단순히 다문화내담자 혹은 부부만의 심리적 문제로 국한하기보다는 좀 더 체계론적 관점에서 볼 수 있어야 한다. 많은 경우 부부관계가 구조상으로는 핵가족이나 심리적으로는 확대가족으로서 의사결정에 있어서 가부장적 직계가족 및 지역사회의 견해와 관습 등의 외부적 용인이 매우 중시된다. 따라서 다문화가정 상담자는 내담자에 대한 심리적 접근은 물론이고 확대가족의 참여를 고려해야 한다.

⑦ 다문화가정 상담자는 국내에 거주하는 타 문화권 출신 내담자들이 속한 문화공동체와 밀접한 관계를 유지할 수 있어야 한다. 내담자가 속한 문화공동체는 내담자가 겪는 어려움과 부적응을 극복하기 위한 매우 적절한 자원이 될 수 있으며 다문화가정 상담자에게는 문화적 이해에 대한 인식을 확충할 수 있는 자원이 된다.

다문화가정 상담자는 다음과 같은 역할을 수행해야 한다(Patton, 2000; 보건복지가족부, 2008 재인용).

첫째, 다문화가정 상담자는 사람들이 서로 다른 견해를 가질 수 있다는 인식과 다른 사람이 지니고 있는 가설과 가치관에 대한 명확한 이해를 위해 노력해야 한다.

둘째, 다문화가정 상담자는 자신의 문화적 특성을 고수하면서도 다른 세계관을 환영하고 이해하며 칭찬할 수 있는 능력을 함양하도록 노력해야 한다.

셋째, 다문화가정 상담자는 개인과 상황에 영향을 주는 자료들과 역사적, 사회적, 종교적, 정치적, 경제적 힘의 영향에 대한 인식을 할 수 있어야 한다.

넷째, 다문화가정 상담자는 특정한 심리적 이론에 대한 순응의 강요가 아닌 특정한 사람의 삶의 상황에 융통성 있게 반응할 수 있는 능력을 습득하여야 한다.

다섯째, 다문화가정 상담자는 잘못된 가설과 편견 그리고 정보를 발견하고 버릴 수 있는 자세를 지녀야 한다.

여섯째, 다문화가정 상담자는 차이점과 유사점, 그리고 특성과 공통성의 가치를 인정해야 한다.

일곱째, 다문화가정 상담자는 다른 사람들의 역사적 전통에 대한 가치를 탐구하고 자신의 전통에 적용해 볼 수 있어야 한다.

여덟째, 다문화가정 상담자는 이전에 인식하지 못했던 의미와 실체의 새로운 영역을 발견하려는 호기심이 필요하다.

다문화가정 상담자가 되기 위한 전문적 자질은 크게 세 가지 관점에서 살펴볼 수 있다(보건복지가족부, 2008).

첫 번째는 인간발달과 가족관계 및 문화적 영향에 대한 이해이며, 두 번째는 다양한 가족상담이론에 대한 지식, 그리고 세 번째는 공식적 과정으로서의 다문화가정 상담을 구조화하고 효율적인 절차와 개입기술을 통해 체계적으로 진행할 수 있는 능력 등이다.

다문화가정 상담자가 전문적인 자질을 갖추기 위해서는 위의 세 가지 영역에 대한 적절한 학습과 훈련이 필요하다. 이를 위해 다문화가정 상담자는 가족발달단계이론, 가족체계이론, 가족발달의 과제, 다양한 가족상담의 이론, 의사소통이론, 가족과 문화이론 등에 대한 전문적 지식을 습득해야 한다. 또한 다문화가족들을 위한 기관에서의 현장실습과 상담실무를 통한 훈련과정을 필요로 한다. 더 나아가 다문화가정 상담사례에 대한 전문가의 지도감독은 다문화가정 상담전문가로서 성장하는 매우 중요한 요소라 할 수 있다.

2) 다문화가정 상담 유형

다문화가정을 위한 위기상담은 크게 가족기반, 학교기반, 지역사회기반으로 이루어질 수 있다.

(1) 가족기반 개입

여기서는 현재 국내에 정주하고 있는 다문화가정의 유형 중에서 가장 높은 빈도수를 차지하고 있는 결혼이주여성의 위기문제를 몇 가지 다루고자 한다(한재희, 2006; 이인경, 2007; 채옥희 외, 2007; 보건복지가족부, 2008; 평생교육진흥원, 2009).

① 부부갈등 위기(해결중심가족치료, 다세대가족상담, 강점접근기법 이용)

대부분 다문화가정이 결혼과정에서 짧은 교제기간에 서로를 파악할 사이도 없이 결혼에 이르고, 남편이 아내의 모국가족에 대한 경제적 지원을 해야 하는 경우가 많기 때문에 부부 두 사람의 신뢰가 견고하지 않으면 서로에 대한 불신과 오해로 가정이 깨지기 쉽다. 이에 더하여 외부적으로 시댁이나 주위 사람이 결혼이주여성에 대해 문화적 차이를 이해하고 시간을 두고 적응을 하도록 돕기보다 여성의 행동을 비난하고 한국문화에 적응할 것을 일방적으로 요구하며, 부정적 시각으로 보는 경우에 부부 사이의 신뢰와 유대감은 약화되고 이혼 위기가 발생하게 된다. 이러한 부부갈등에 놓인 다문화가정을 상담할 때 상담자는 부부 모두와 신뢰적 관계를 형성하여야 하고 어느 한편에 치우치지 않고 중립적으로 접근해야 한다.

② 시댁과의 갈등 위기(행동주의 상담, 강점접근기법 이용)

시부모가 결혼이주여성의 결혼생활 문제에 크게 영향을 미치는 경우가 많이 있고 대부분 상담에 비협조적이기 쉽다. 이때 상담자가 시부모에게 설득이나 훈화를 하게 되면 시부모의 불안과 불신을 증폭시켜 상담을 잘 이끌어 나갈 수 없다. 이런 문제를 잘 대처하기 위해서는 설득자나 교육자가 아닌 전문적인 상담자의 위치에서 시부모의 소망과 기대를 지지하고 시부모의 애로사항을 인정하면서 신뢰적 관계를 형성하는 것이 우선 필요하다. 그런 다음에 시부모와 부부가 참여하여 자유롭게 자신의 감정과 기대, 생각, 소망 등을 표현하고 행복하게 사는 방법들에 대해 함께 의논하게 하며, 서로의 장점, 잘하는 것들을 칭찬하게 하고 긍정적인 상호작용 경험을 함으로써 가족통합을 이루도록 한다. 상담자는 결혼이주여성을 피해자나 약자로만 보지 말고 가족체계 전체를 보는 균형 잡힌 안목을 갖춰야 한다.

③ 가정폭력 위기(인지행동치료 이용)

폭력으로 인한 두려움에 떠는 여성결혼이주자들을 상담할 경우에는 우선 남편이나 시댁식구들의 폭력으로부터 내담자의 안전과 인권이 위협받고 있는 상황을 신속하게 파악하고 내담자가 통제와 속박에서 벗어나 안전하고 자율적인 삶을 살아가도록 돕는 것을 원칙으로 지원한다.

또한 상담자는 내담자에게 한국의 가정폭력상담센터와 쉼터를 이용하는 방법을 알려준다. 폭력에 길들여져 자기비하와 현실순응을 보이는 내담자인 경우는 인지행동치료를 이용하여 상담을 할 수 있다. 폭력의 가해자인 남편이나 시댁식구들에게 폭력이 가족관계를 파괴하는 행위로서 처벌받는 범죄임을 일깨우고 폭력의 재발을 막는 프로그램에 참가하도록 유도한다.

(2) 학교기반 개입

다문화가정의 아동이 급증하는 현상은 학교 현장에도 반영되어 이주민 자녀들이 점차 증가하고 있는 추세이다. 따라서 다문화가정 자녀를 위한 학교현장의 실제적인 개입이 필요한 실정이다(원진숙, 2009). 다문화가정 자녀는 한국 내에서 국적 보유, 등록 여부에 따라 신분상 차이가 있지만 일단 문화 및 언어, 자녀교육지원을 위한 가정상황 등이 주류인 한국 가정 자녀와 다르다는 점에서 한국 학교 적응과정에 어느 정도 공통점이 있다고 볼 수 있다. 한국 학교에서 생활해야 하는 다문화가정 자녀들은 여러 가지 어려움에 직면하고 있다(오성배, 2005; 이상도, 2009; 이학춘, 2009). 다문화가정 자녀들의 위기상황의 발견이나 해결을 위해서는 우선적으로 교사들의 인식 변화가 필요하다. 교사들은 다양성이나 다름, 특히 언어적, 문화적, 민족적 다양성을 받아들이고 그에 대한 대응을 하기 위해 체계화된 경험이나 지식을 갖추어야 한다. 또한 다문화가정 자녀들과 생활하고 있는 일반 학생들에게 다문화 수용의 자세와 인식의 편차를 없애는 교육이 필요하다(윤희원 외, 2006; 한국여성정책연구원 · 한국청소년정책연구원, 2007; 원진숙, 2009).

다문화가정 자녀들은 경제적 어려움 때문에 학습을 학교에만 의존하는 경우가 대다수이다. 이러한 이유로 학교라는 공동체생활을 통해 한국 사회의 문화에 대한 이해의 폭을 넓혀 자아정체성을 찾는 데 도움을 주어야 한다. 또한 학습적인 보완을 통해 신장된 학습을 이끌어 낮은 자신감을 높일 수 있도록 노력해야 한다(한국여성정책연구원 · 한국청소년정책연구원, 2007). 다문화가정의 자녀에 대한 학교지원은 집단따돌림이나 가출, 자살 등 발생가능한 위기상황을 예방한다는 이점도 있다.

학교기반 개입은 크게 두 가지로 나눌 수 있다(권순희, 2007).

① 학습적 개입

우선적으로 언어습득을 들 수 있다. 그 이유는 의사소통의 어려움으로 사고과정이나 표현방식의 성숙이 빠르지 않아 사회성을 기르는 데 장애요소가 되기 때문이다. 또한 한국어 실력 향상으로 인해 결여된 자신감을 높이기 위해 말하기나 읽기 그리고 쓰기에 관한 지속적인 개입이 필요하다. 언어문제는 단순히 의사소통장애로 끝나지 않고 여기서 파생되는 학교생활 부적응, 가족이나 이웃 간의 불화 등 위기문제를 양산하는 결과를 가져올 수 있다. 다문화가정의 80% 이상이 농어촌지역에 거주하거나 부모가 맞벌이인 경우가 많아 방과후에 자녀의 학습지도를 해줄 사람이 없고, 학원을 보내거나 과외를 할 수 있는 상황이 아니다. 이로 인해 학업능력의 저하뿐만 아니라 정서적 부적응 그리고 문제행동을 일으키게 된다(한국여성정책연구원 · 한국청소년정책연구원, 2007; 이상도, 2008). 따라서 학습적 개입은 교육적 차원과 심리적 차원의 문제를 모두 해결할 수 있는 위기개입 중 하나이다.

② 사회적 개입

앞서 보았듯이 다문화가정의 자녀들은 언어능력 부족으로 말미암아 학습부진의 정도가 심각하며, 집단따돌림 등으로 건강하지 못한 정서적 충격을 경험하고 있는 것으로 나타났다. 이러한 집단따돌림의 위기문제를 막기 위해서 다문화가정 자녀만을 선별하여 지도하는 것보다 한국의 일반 가정의 자녀들과 동질감을 느끼도록 배려해야 한다(원진숙, 2009). 다문화가정의 자녀가 학교문화에 쉽게 적응하기 위해서 의형제 제도를 도입하여 친구나 언니, 오빠들의 도움을 받게 하는 것도 좋다(윤희원 외, 2006; 한국여성정책연구원 · 한국청소년정책연구원, 2007). 이렇게 주변 사람들의 도움을 받게 되면 학교생활에 잘 적응해 나갈 수 있다. 또한 말과 행동으로 나타나는 또래 친구들과의 사회성 문제로 인한 정서행동이 완화되어 학교생활 전반에서 자신감을 가지고 행동하게 된다. 이로 인해 문화적 충돌과 다른 외모에서 오는 자아정체성의 혼란을 극복할 수 있다.

(3) 지역사회기반 개입

우리나라가 안정적인 다문화사회에 진입하고, 진정한 세계화를 이루기 위해서는 지역공동체를 중심으로 적극적인 관심과 협조, 그리고 진정한 이웃으로 받아들이고 더불어 살아가고자 하는 의식의 확산이 무엇보다 필요하다. 지역의 다문화가족 지원센터를 중심으로 다문화가족의 역량을 강화시킬 수 있는 집단상담 프로그램을 개발하고, 다문화가족들을 참가시켜 건강한 가족환경을 만들 수 있도록 도와주어야 한다(대구 · 경북여성사회교육원, 2007; 장흔성, 2009). 대다수의 다문화가정이 경제적인 어려움을 겪고 있으므로 그들을 위한 직업상담을 지원하여 경제적 자립을 도울 수도 있다(평생교육진흥원, 2009). 이는 자기효능감(self-efficacy belief)의 증대와 지역사회의 한 구성원이 됐다는 자부심을 가지는 계기가 된다. 또한 문화적 차이에서 오는 어려움을 극복하여 정서적 안정을 지원하기 위해 친정어머니 결연사업이나 이웃여성 주민과 결혼이주여성과의 멘토 맺기 등을 추진할 수도 있을 것이다.

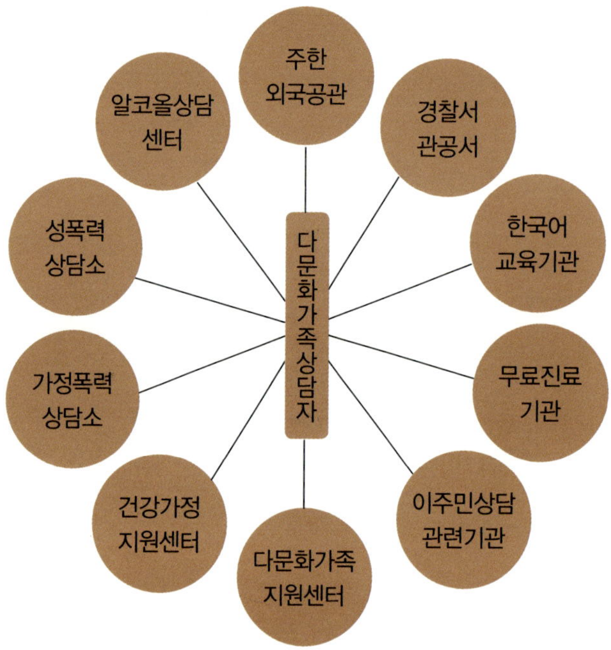

그림 3-2 다문화가족상담 지역네트워크와 위기개입 시스템

출처: 한재희(2010).

3) 다문화가정 위기상담과정

다문화가정 상담인 경우에도 위기개입 시 계획을 세워 단계에 따라 진행되어야 한다.

위기상담은 일정한 단계를 거쳐 진행된다는 연구가 많다(Aguilera, 1990; France, 1990; Steele & Raider, 1991). 자주 사용되는 위기상담과정은 뮤로와 코트만(Muro &

Kottman, 1995)이 정리한 5단계 이론과 길리랜드와 제임스(Gilliland & James, 1989)가 정리한 6단계 이론이 있다. 이 장에서는 두 가지 이론을 종합하여 6단계 위기상담과정을 기술하고자 한다.

(1) 1단계: 위기문제에 대한 정의와 평가

첫 번째 단계는 위기 당사자와 위기 문제에 대한 정의와 평가이다. 다문화가정 상담자는 촉진적인 사건을 유도하는 상황과 촉진직인 사선 이후의 상황에 대해 기술해야 하고, 위기에 대한 다문화 내담자의 감정을 이끌어 내야 한다. 이 단계에서 중요한 것은 상담관계 형성과 문화적 인식이다. 상담자가 내담자와 맺는 관계의 질은 상담적 개입을 위해 안전한 환경을 만들어 줄 뿐만 아니라 상담관계 자체가 치료적인 효과를 지닌다. 상담자는 내담자의 언어적 메시지뿐만 아니라 불안한 모습, 목소리의 톤, 피부색이나 호흡리듬의 변화, 눈 맞춤의 회피 등 비언어적 메시지에 주의를 기울이고 반응할 수 있어야 한다. 특히 상담자는 내담자와의 상호작용에서 문화적 차이를 인식할 수 있어야 한다(김범수 외, 2008; 한국청소년상담원, 2008). 내담자의 특성이나 행동, 정서적 반응 및 대인관계적 특성은 문화적 상황 속에서 해석될 때 분명해지는 것이다. 예를 들어 상담자에 대한 내담자의 행동이 친근함을 표현하는 것인지, 불신하는 것인지, 흥미를 상실한 것을 표현하고 있는지 등은 내담자의 문화적 맥락에서 해석하여야 한다. 따라서 상담자는 상담 초기 상담관계를 형성하면서 상담에서의 문화중심적 구조에 따라 친밀한 상담관계를 형성할 수 있어야 한다. 이를 위해 다문화가정 상담자는 내담자와의 개인 내적인 문화적 특성을 상호 비교분석하고 이를 바탕으로 서로 간의 행동적 해석 양식에 대해 논의하여야 한다. 또한 이 단계에서는 특정상황에 관련된 내담자의 대처기술을 평가해야 한다. 내담자가 자아나 타인들에게 위험이 될 수 있는 가능성도 평가해야 한다(김범수 외, 2008).

이 과정에서 다문화가정 상담자가 해야 할 첫 번째 일은 내담자에게 문제에 대한 내담자의 관점, 감정, 그리고 계획에 대해 상담자에게 말하도록 격려하는 것이다.

이것을 위해 다문화가정 상담자가 이용해야 할 기본적인 접근법은 공감적 경청이다. 공감적 경청은 비위협적인 위기개입 훈련프로그램에서 가르치는 매우 구체적인 접근법이다. 이 접근법은 내담자를 받아들이고, 섣불리 그들을 위해 문제를 해결하고자 하는 유혹을 피할 것을 강조한다. 또한 상담자가 모든 답을 가지고 있어야 한다는 심적인 부담을 벗어버리게 만든다. 공감적 경청은 가장 단순하지만 가장 강력한 도구라고 할 수 있다(김범수 외, 2008; 보건복지가족부, 2008).

(2) 2단계: 위기상황에 대한 감정과 생각, 의미 탐색하기

두 번째 단계는 다문화가정 내담자가 위기상황에 대한 감정을 이해하고 표현하기 위해 자신의 능력을 증가시키고 문제를 좀 더 긍정적으로 이해할 수 있는 능력을 발달시키는 것을 목표로 한다. 이때 다문화가정 상담자는 효과적인 상담을 위해 문화적 상황을 고려해서 문제파악 및 가설설정을 해야 한다(보건복지가족부, 2008). 상담자는 사회문화적 배경에서 내담자의 행동을 온전하게 이해하여야 한다. 그러한 이해는 내담자 개인의 특정한 문제와 환경에 적용되어야 한다. 그러므로 내담자의 위기문제를 파악하고 가설을 설정하는 것은 상담자의 작업 중 필수적인 부분으로서 매우 중요하다. 문제파악의 과정은 인지, 행동, 정서적 경험에 대한 의미 있는 패턴을 서술하며 내담자의 특정한 패턴에 대해 인과적 또는 순환적 설명을 제공할 수 있어야 한다. 또한 내담자의 위기문제에 대한 가설은 내담자의 심리내적인 차원, 가족체계적 차원, 문화적 적응과 관련된 사회문화적 차원에 따른 다양한 차원에서 접근해야 한다(보건복지가족부, 2008).

내담자가 사건에 대해 어떤 의미를 부여하는지를 이해하는 것이 중요하다. 위기상태에 있는 내담자가 지금 무엇이 달라졌고 어떻게 달려졌는가를 아는 것도 중요하다. 위기개입에서는 위기를 내담자의 관점에서 정의하는 것이 중요하다(James & Gilliland, 2001; Myer & Jamens, 2006 재인용). 상담자는 문제를 내담자가 알고 있는 형태로 이해하는 작업을 해야 한다.

(3) 3단계: 안전 확보하기와 지지 제공하기

위기상황에서는 자신이나 타인에 대한 폭력 가능성이 많기 때문에 안전을 확보하는 것이 매우 중요하다. 위기상담자가 내담자, 타인, 특히 자신의 안전에 관한 사항들을 자각하는 것은 절대적으로 중요한 것이며, 이 단계는 위기개입의 다른 단계에서도 항상 모두 적용된다. 위기상담에서 상담자는 내담자의 안전을 시작할 때부터 끝날 때까지 계속 사정해야 한다. 무엇보다 내담자의 자살을 방지할 수 있도록 자살방지계약을 맺어야 한다. 또한 위기상황이 발생할 경우, 곧바로 연결할 수 있는 병원, 경찰, 응급요원과 같은 즉각적인 의뢰자원에 대한 정보(예: 전화번호, 시간, 장소)를 모두 가지고 있어야 한다.

위기개입 상담자는 일반상담과는 달리 위기개입 시에 내담자의 의존에 대한 두려움 때문에 정서적 혹은 그외 지지를 제공하는 것을 꺼려할 수도 있다. 그러나 상담자가 내담자를 존중하고 수용하는 것은 상담의 가장 기본적인 사항이기에 위기상담에서도 내담자에게 지지를 전해주는 것은 매우 중요하다. 위기상담자는 내담자가 정말로 중요한 사람이라는 것을 아주 분명하게 말해야 하고, 내담자의 가장 최소한의 변화조차도 긍정적으로 강화해 줌으로써 지지와 격려를 제공해야 한다.

(4) 4단계: 가능한 해결책 및 대안 탐색하기

위기개입의 네 번째 단계에서 상담자의 책임은 내담자의 잠재적인 해결책과 그에 따른 가능한 결과를 고려하도록 돕는 것이다. 위기에 처한 내담자는 종종 자신에게 선택의 여지가 없다고 믿는데, 즉 위기는 내담자를 비유동적인 상태가 되게 해서 자기 삶을 다시 통제할 수 없을 것이라고 믿게 된다는 것이다. 상담자는 문화적으로 다른 내담자의 문제가 내담자의 심리내적인 문제인지 가족체계와 외부의 상황적인 문제인지에 대한 명료한 인식이 있어야 하며 이러한 요인들이 어떻게 상호작용하는지 설명할 수 있어야 한다. 또한 다문화가정 상담자는 내담자의 문화적 적응 수준을 파악해야만 한다. 이에 따라 상담자는 내담자 개인적 차원의 상담개입 접근뿐만 아니라 가족구성원들과 함께하는 전통적인 가족체계적 접근과 사회적 역량강화를 위한 통합적인 접근을 시도하여야 한다. 다문화가정의 위기상담의 효율성은 상담자가 내담자의 생활에서 얻을 수 있는 자원과 문화적 가치에 맞게 목표를 설정할 때 나타나게 된다. 따라서 위기상담자의 개입은 전통적인 상담자의 역할보다 좀 더 적극적으로 돕고 중재하는 스타일이 되어야 한다. 위기상담과정에서 다문화가정 상담자는 적절하다고 간주될 경우 내담자와 문화적 배경이 같은 전통적인 치유자 또는 종교적이거나 사회적 측면에서의 지도자로부터 자문을 얻는 것도 매우 유용한 방법이다. 특히 내담자의 언어적 의사소통에 문제가 될 경우 내담자 출신 국가의 통역자를 찾는 것도 한 방법이다. 또한 이 단계에서 내담자가 위기문제를 해결하는 데 도움을 주기 위한 새로운 방법과 창의적인 사고를 촉진시키기 위해 상담자는 자신의 상담적 역할이 중요할지라도 법률, 복지, 건강전문가와 사회적 시스템을 형성한 접근이 매우 중요하다(보건복지가족부, 2008).

대안탐색의 방법으로는 상황에 맞는 지지자 찾기, 대처기제 만들기, 긍정적인 생각하기 등이 있다. 위기상담이 지금 여기와 실시간 지향에 강하게 초점을 두고 있지만 내담자가 과거에 도움을 받았던 환경자원과 행동 및 비효과적이어서 잊어버렸거나 접어둔 환경자원과 행동을 찾는 것은 현재의 위기에서 대안을 찾아 통제를 회복하는 것을 돕는 데 중요하다. 위기에 처한 내담자의 삶에서 종종 빠뜨리게 되는 두 가지 중요한 구성요소는 사회적 관여와 긍정적인 열중행동이다. 위기에 처한 내담자가 심리적 곤경에서 빠져나오기 위해서는 사회적으로 다른 사람과 다시 연결되거나 만족스럽고 성장을 증진시키는 활동을 재건하는 것이 필요하다(Myers & James, 2006).

(5) 5단계: 대체방안 평가하기 및 계획 세우기

다섯 번째 단계에서 상담자는 내담자가 잠재적인 대처방법들을 평가하고 문제를 가장 성공적으로 잘 해결할 수 있을 것 같은 한 가지 방법을 선택하도록 돕는다. 이 과정에서 다문화가정 상담자는 문화사회적 네트워크를 통한 역량강화를 도울 수 있다. 다른 문화적 배경을 가진 내담자들의 위기문제는 많은 경우 내부적 병리보다는 문제적 상황(problematic situation)들을 경험하는 것으로 알려져 있다. 따라서 다문화가정 상담자는 문화적으로 다른 내담자와 상담할 때 적절하고 예민한 위기개입 전략과 기술을 적극적으로 활용하여 위기적 본질에 대한 주된 치료를 수행하는 것과 더불어 차후의 예방적 측면에도 관심을 기울여야 한다. 다문화가정 상담자는 결혼이민자 등 문화적으로 다른 내담자의 문화적 공동체 고유의 협력 네트워크를 존중하여 이를 통한 내담자의 역량강화를 통해 위기문제를 해결하는 데 도움이 되도록 한다. 이미 먼저 경험하여 우리 사회에 적응된 내담자의 문화공동체의 구성원들은 내담자의 정서적 지원체계에 큰 자원이 될 뿐만 아니라 위기문제의 대체방안을 찾는 데 매우 효과적일 수 있다(보건복지가족부, 2008).

대체방안이나 해결책을 찾았으면 이를 일상생활에서 수행할 수 있도록 행동계획을 세우는 것이 중요하다(Myers & James, 2006). 위기개입이 일반상담과 차별화되는 것은 계획이 시간 면에서 압축적이라는 것이다. 전통적인 치료영역에서 주 단위, 월 단위, 혹은 생애 단위의 계획을 세우는 것과 달리 위기개입은 분 단위, 시간 단위, 날짜 단위로 계획을 세운다. 전통적인 치료상황에서 계획은 위기상담자가 최소한의 방향을 준 상태에서 내담자가 주로 하게 된다. 위기개입에서는 위기상담자가 상당히 협력적인 역할을 할 것이며 내담자가 분, 시간, 날짜 단위를 지나가는 동안 지원과정에서 매번 매우 지시적일 것이다. 위기개입에서는 내담자가 도움을 받지 않고 계획을 세울 신체적, 정신적인 자원을 가지고 있지 않기 때문에 필요한 지지자가 누구이며 필요한 서비스가 무엇인지 그리고 대처기제를 어떻게 무엇으로 추가할 것인지와 같은 계획에 위기상담자가 주로 많이 관여하게 된다. 위기개입은 가능한 한 충분한 통제와 자율성을 회복하고 생성하게 해서 내담자가 계획을 진술할 수 있고 또한 그들이 지지자나 위기상담자에게 의존하지 않게 해야 한다. 계획을 세울 때는 단기적인 목표를 설정하고, 계획은 구체적으로 세워야 한다(Myers & James, 2006).

(6) 6단계: 참여 유도하기

모든 위기는 독특하기 때문에 모든 위기가 동일한 과정으로 진행된다고 말할 수 없다. 다문화가정 상담자는 다양한 가능성에 대해 민감하게 대처할 수 있어야 한다. 독특한 위기상황의 요구에 따라 자신의 상담기법들을 적용해야 한다. 위기개입에서 참여를 유도하는 것은 움츠러든 내담자를 행동하게 하는 방법으로 특히 중요하다. 내담자의 자율성과 통제의 문제는 참여단계에서 더 적용되는데, 그 이유는 내담자가 그렇게 할 수 있는 자원을 갖고 있지 않는 상태에서 무엇인가에 참여하도록 위기상담자로부터 강요받는 것이 좋지 않기 때문이다. 따라서 참여약속이 가능한 한 공감적이고 협력적으로 진행되어야 내담자가 위기상담자에게 강요받는 것이라고 느끼지 않을 것이다.

계획이 효과적으로 이루어진다면 참여단계는 짧고 간결하고 쉽게 달성될 수 있을 것이다. 참여를 유도하기 위해서는 회기가 끝날 때 내담자와 계획을 전체적으로 재검토해야 한다. 핵심요소는 계획을 내담자가 자신의 말로 재진술해야 한다는 것이다. 이런 과정은 위기상담자가 내담자의 계획에 대한 해석을 수정하고 누락된 계획의 일부를 추가할 수 있게 한다. 또한 상담자는 내담자의 책임을 언어적 동의, 악수, 계약 기록 등의 방법으로 명확히 하고, 이를 수행할 수 있도록 격려해야 한다(Myers & James, 2006).

4) 다문화가정 상담기술

다문화가정 상담자는 문화적으로 다른 내담자를 대할 때 내담자의 문화적 틀에서 그들을 이해하려는 자세가 필요하며, 내담자를 이해해 가는 과정은 상담자와 그들의 대화를 통해 이루어진다. 상담은 대화를 통한 회복과 성장의 예술이라 할 수 있다. 대화는 말하는 것과 듣는 것으로 이루어지며 대화를 위한 방법은 언어적인 내용만

이 아니라 비언어적 내용으로도 이루어진다. 상담과정에서 다문화가정 상담자는 언어적인 수단과 비언어적인 수단을 통해 말하고 있는 내담자의 이야기를 잘 들어주는 것보다 더 우선되고 중요한 것은 없을 것이다.

이 절에서는 대화로 이루어지는 상담에서 주로 사용하는 상담기술 열 가지를 제시하고자 한다. 앞에 제시하는 다섯 가지는 위기상담은 물론이고 일반상담에서도 가장 기본적이고 주요한 상담기술이며, 후반에 제시하는 다섯 가지 상담기술은 일반상담에서도 사용하지만, 특별히 위기상담에서 핵심전략으로 중요하게 사용되는 상담기술이다.

(1) 관심 기울이기

상담자가 내담자에게 그의 말을 잘 듣고 있으며 충분한 관심을 기울이고 있다는 것을 언어 및 비언어적 반응으로 보여주는 것을 말한다. 이 기법은 특히 상담의 초기단계에서 친밀감 형성을 위해서 필요한 것이지만 상담의 전체적 과정에서도 필요하다. 관심 기울이기는 상담장면에서 효과적인 의사소통의 한 수단이 되면서 필수적인 친밀감 형성을 위한 기초적인 방법이 되며, 상담자가 내담자의 메시지를 정확하게 이해할 수 있는 수단이 된다. 또한 내담자를 존중한다는 점을 보여주는 방법이기도 하다(이장호, 1995).

(2) 반영

반영은 내담자가 표현하는 언어적, 비언어적 메시지의 핵심을 거울처럼 비추어 주는 기법을 의미한다. 반영은 기본적으로 내담자가 표현하는 언어적 내용, 내담자가 드러내는 감정, 그리고 내담자가 표출하는 비언어적 행동과 태도 세 가지 영역으로 이루어진다. 우선 내용에 대한 반영은 상담과정에서 내담자가 표현하는 언어적 메시지의 핵심을 상담자의 용어로 요약하여 표현해 주는 것이다. 또한 감정에 대한 반영은 상담자가 상담의 내용 속에 묻어 있는 내담자의 감정과 상담관계에서 보이는 내담자의 감정에 초점을 맞추어서 내담자의 명확한 감정을 거울처럼 비추어 주는 것이다. 마지막으로 내담자의 행동과 태도에 대한 반영은 내담자의 언어표현뿐만 아니라 얼굴표정, 몸의 자세, 손과 발의 움직임, 눈의 초점 및 움직임, 전반적인 태도 등 내담자가 비언어적으로 표현하는 내용을 알아차려서 시기적절하게 반응해 주는 것을 말한다.

반영은 상담의 과정에서 여러 가지 유익한 점을 제공한다. 무엇보다도 반영을 통해 내담자는 존중받는 느낌과 상담자가 자신의 말을 경청하고 있음을 깨닫게 된다. 둘째로, 내담자가 상담자의 반영을 접하게 될 때 자신이 상담자에게 제대로 이해받고 있으며 마음이 수용되고 있음을 느끼게 된다. 이는 상담의 관계를 더 깊이 있게 만들어 준다. 셋째로, 반영을 통해 내담자는 자기의 감정과 생각을 명료화할 수 있으며 이는 내담자 자신의 내면을 더 깊이 통찰해 들어가는 통로가 될 수 있다. 마지막으로, 내담자로 하여금 자신의 감정을 스스로 인정하고 수용하도록 만드는 데 도움을 준다. 효과적인 반영을 위해서 상담자는 내담자가 표현하고 있는 언어적 내용과 비언어적 특징들을 잘 파악하고 상담자 스스로 내담자를 이해하기 위해 명료화시킬 수 있어야 한다. 특히 내담자가 자신의 감정을 명확히 표현하지 못하여 혼란스러워 할 때 상담자의 적절한 정서적 언어표현은 내담자로 하여금 답답함을 풀어주고 상담을 심층적으로 구체화시키는 힘이 된다. 따라서 상담자는 정서적 반응에 대한 풍부한 어휘를 습득하여야 한다.

(3) 공감

공감은 내담자가 경험한 정서를 같이 경험하는 것이다. 내담자의 감정을 그의 입장에서 이해하고 느낄 뿐 아니라 이해하고 느낀 감정을 내담자에게 말로 표현해서 전달해 주어야 한다. 상담자가 내담자를 이해하기 위해서는 내담자의 현상학적인 세계에 초점을 맞추어야 한다. 내담자의 현상학적 세계를 이해하는 데는 단순히 내담자의 말을 이해하는 것 이상의 것이 요구된다. 상담자는 내담자의 입장이 되어 보려고 시도해야 하며, 내담자의 마음 깊숙이 들어가려고 시도해야 한다. 그래야 상담자는 내담자의 느낌, 믿음, 의도를 이해하게 된다. 한 번 이러한 이해가 구축되면 상담을 위한 기반이 형성되고 변화가 창조된다(김춘경, 2004).

공감은 상담자가 내담자를 잘 이해하고 있다는 사실을 말해 주는 것이기 때문에 내담자의 자기존중감을 증진시키고, 내담자의 소외감을 해소시킬 수가 있다. 내담자는 진실로 자기를 이해해 주려고 노력하는 사람이 자기 앞에 있다는 사실을 깨닫고 흐뭇하게 느낀다. 그리고 정확한 공감을 통해서 내담자의 자기각성을 증진시켜 보다 깊이 있게 자기탐색을 할 수 있도록 격려하게 된다(Mearns & Thorne, 1988). 공감을 할 때는 무엇보다 내담자의 감정에 주의를 기울여야 하고, 가능한 구체적이고 짧고 정확하게 공감을 해줘야 한다. 상담할 때는 자주 공감을 해줘야 한다.

(4) 질문

다문화가정 상담자의 질문은 내담자를 탐색하거나 내담자의 신념 및 정서체계를 재조직할 수 있도록 만드는 강력한 도구이다. 이를 위해 다문화가정 상담자는 질문 활용에 대한 깊이 있는 탐구와 적용에 대한 훈련이 필요하다(보건복지가족부, 2008). 상담자의 호기심의 의한 질문을 통제하기 위해 코트만(Kottman, 1995)은 한 단계에 네 개 혹은 다섯 개의 질문으로 질문의 수를 제한하기도 한다. 질문의 유형은 보통 개방식 질문과 폐쇄식 질문이 있는데 초기 상담과정에서는 주로 개방식 질문이 사용된다(김춘경, 2004). 다문화가정 상담자는 자신의 질문이 내담자에게 어떻게 느껴지는가를 먼저 생각해 보아야 한다. 다문화가정 상담자의 경직된 태도와 일방적인 질문은 자칫 내담자로 하여금 형사에게 취조당하는 것 같은 느낌을 갖게 할 수도 있다. 특히 '왜'라는 질문은 비난을 하거나 동의하지 않는다는 의미를 내포한 것으로 내담자가 받아들일 수 있다. 상담자가 '왜'라는 질문을 활용할 때는 주로 내담자가 위축되어 있지 않은 상태에서 사실적인 정보나 인지적 차원의 정보를 얻고자 하는 경우이다. 감정이나 행동 등에 대한 인과적 원인을 탐색하는 경우 상담자는 '왜'라는 질문보다는 다른 유형의 질문을 활용하는 것이 효과적이다. 다문화가정 상담자는 호기심에 사로잡혀 내담자에게 과도한 질문을 하거나 지엽적인 질문에 빠져 들지 말아야 한다. 다문화가정 상담자가 내담자의 관심사에 적절한 질문을 하기보다는 평소에 관심 있는 주제에 대해 자신도 모르게 과도하게 질문할 경우 전문가로서의 신뢰를 잃게 된다. 또한 상담자의 잦은 질문은 내담자로 하여금 상담자의 묻는 말에만 대답하는 의존성을 증가시킬 수 있다. 다문화가정 상담자의 질문은 내담자의 자기개방을 위한 상담관계와 연결하여 적절한 수준의 주제나 내용으로 이루어져야 한다. 다문화가정 상담자가 너무 문제해결에만 성급한 나머지 친밀한 상담관계가 이루어지지 않은 상태에서 내담자의 민감한 사항에 대해 예고 없이 질문하는 것은 내담자의 방어와 저항을 일으키게 된다. 민감한 부분에 대해 내담자에게 사전에 질문을 예고하고 준비하도록 하는 것도 좋은 방법이다. 이러한 경우 내담자는 다문화가정 상담자의 질문을 통해 당황함이 없이 자신을 성찰하기 위해 숙고하게 되어 상담자와 상호적인 협력을 위해 노력하는 결과를 얻어낼 수가 있다. 다문화가정 상담자는 질문의 초점을 분명히 유지하여야 한다. 그리고 질문을 통해 내담자와의 교류가 이루어져야 한다. 이를 위해 상담자는 내담자의 대답에는 별 관심 없이 질문을 위한 질문을 한다든가 이중질문을 하는 일은 피해야 한다. 다문화가정 상담자는 질문한 내용에 대해 답하는 내담자의 언어적, 비언어적 메시지를 충분히 경청하고 반응해야 하며 이를 바탕으로 더욱 심도 있는 질문으로서의 연속성을 가져올 수 있다(보건복지가족부, 2008).

(5) 구체적 명료화

위기상태에서 마음이 혼란스럽거나 상담 장면이 불편한 내담자는 상담관계에서 추상적이거나 모호한 용어로 자신의 내면을 표출하는 경우가 많다. 이러한 경우 상담자는 물론 내담자 자신도 자신의 감정이나 생각, 문제나 상황, 또는 자신이 원하는 기대 등에 대해 명확한 이해를 하지 못하고 있는 상태이다. 이런 상황에서 상담자가 분명히 말할 것을 요구하거나 직면하게 되면 내담자는 점점 더 혼란스럽거나 방어적이 되기 쉽다. 오히려 상담자는 적절한 반응과 질문을 통해 모호하거나 혼란스런 내담자로 하여금 자신의 내면과 상황을 구체적으로 이해하고 자신의 감정과 생각을 명료하게 변별할 수 있도록 안내해야 한다. 구체적 명료화(concrete clearness)의 한 측면인 구체성은 내담자의 혼란스런 내면적 지각으로 인해 불확실하고 애매모호한 생각, 느낌, 상황, 인간관계, 경험 등을 세밀하게 확인하여 이해하는 과정이다. 구체성은 주로 다문화가정 상담자가 이해되지 않는 부분에 있어서 수용과 공감을 위한 진실한 태도에서 나오는 상담자의 질문을 통해 이루어진다. 명료화는 다문화가정 상담자의 구체화 과정을 통해 좀 더 실제적으로 드러나 내담자의 내면에 암시적으로 내포된 의미와 문제상황들을 내담자에게 명백하게 보여주는 것이다. 비록 내담자가 어느 정도 표현은 하고 있지만 자신이 충분히 자각하지 못하는 애매한 내용을 다문화가정 상담자가 가시적으로 드러내어 정리해 주는 것이라 할 수 있다. 이러한 구체적 명료화는 내담자 자신의 상황과 내면을 좀 더 명확하게 이해할 수 있도록 도와준다. 또한 이를 통해 내담자는 다문화가정 상담자로부터 진정한 공감을 받는 느낌을 받게 된다. 구체적 명료화는 내담자의 생각, 느낌, 태도, 행동, 발달사, 인간관계, 문제 상황, 증상, 문제에 대한 태도 등 내담자의 모든 부분에서 이루어질 수 있다. 구체화하기 위해 질문을 할 때는 따지거나 책임을 추궁하는 듯한 부정적인 느낌이 들지 않도록 조심하여야 한다. 또한 구체적 명료화를 위한 질문은 단순한 탐색과 정보 추출을 위해서가 아니라 내담자를 좀 더 잘 이해하고 공감하기 위한 태도가 분명히 전달되어야 한다(보건복지가족부, 2008).

다음에 제시할 상담기술은 마이어와 제임스(Myer & James, 2006)가 위기상담에서 주요하게 사용하는 상담전략으로 제시한 것 중에서 선택한 것으로 그들이 제시한 내용을 간단히 정리한 것이다.

(6) 알아차리기

내담자가 위기에 처해서 상황에 적절하게 반응하지 못하면, 상담자는 내담자가 자신의 문제가 되는 감정, 생각, 행동을 알아차릴 수 있도록 도와야 한다. 마이어와 제임스(Myer & James, 2006)는 위기로 인해 이인화(depersonalization)되고, 충격을 받아 무감각해지고, 로봇과 같이 행동하고, 그저 단순히 움직이고, 위기의 해결책이 효과가 없거나 매우 적은 사람과 위기로부터 분리된 사람에게 알아차리기 기술이 필요하다고 한다.

위기에서 분리된 사람은 위기에 처하지 않은 듯 모든 것이 정상인 사람처럼 행동하며, 위기를 멀리서 바라보거나 텔레비전에서 보는 것같이 실제로 자신에게 위기가 일어나지 않은 것처럼 행동한다. 애도, 흥분, 분노와 같은 정상적인 부정적 정서반응은 완벽하게 가라앉아 있고, 심각하고 비정상적인 상황에서 완전히 벗어난 '정상적' 범위의 정서, 행동, 사고가 자리잡고 있다. 이런 사람들은 위기가 다른 사람에게 일어난 것처럼 말하며, 매우 드물기는 하지만 극단적인 경우 기억상실증 상태가 되어 전혀 새로운 정체성을 만들기도 한다. 이런 부류의 사람을 대할 때는 인내가 필요하다. 급하게 서두르면 저항이 생기고 위기가 더 커질 위험이 있다.

(7) 정화

위기상담자는 내담자가 환기하고 자신을 노출할 수 있는, 또한 내담자가 사회적으로 인정할 수 없거나 공유하기에 상처가 되는 위기로 인해 갖게 된 감정, 생각, 행동을 드러낼 수 있는 안전하고 수용적인 환경을 제공해야 한다. 위기에 처한 사람에게 정화가 중요한 이유는 표현하지 않고 남은 반응이 내담자를 소진시키고, 그들의 감정, 행동, 생각을 계속 지배하여 정상으로의 회복을 저해하게 되고, 신체적 · 심리적 질병을 유발할 수 있기 때문이다. 그래서 정화를 통해 이런 후속 위험을 방지해야 한다. 또한 반응의 표현은 개인으로 하여금 너무 위협적이거나 받아들일 수 없어서 감추어둔 위기에 의해 촉진된 감정과 생각에 대한 인내심을 증가시키도록 한다(van de Veer, 1998; Myer & James, 2006 재인용). 내담자가 정화의 기회를 가짐으로써 위기상담자는 내담자의 감정과 사고가 타당한 것으로 정당화해 준다. 그러한 정당화는 신뢰를 구축하는 데 매우 중요하며, 특히 내담자가 그러한 느낌과 생각을 성격적 결함으로 생각할 때 그러한 정서적 표현을 통해 의미 있는 타인에게 고해할 수 있는 기회가 된다.

정서적 인지적 반응의 표현을 촉진하다가 감당하지 못할 정도의 감정폭발이 일어나거나 정서적 통제력을 잃을 수 있는 경우를 주의해야 한다. 다문화가정 상담자의 경우는 이주자가 감정표현을 허용하는 문화에서 왔는지, 감정표현을 금기시하는 문화에서 왔는지를 확인하는 것이 필요하다. 감정표현이 필요는 하지만 표현하기를 원하지 않는데 억지로 표현하도록 시켜서는 안 된다. 문화적으로 수용할 수 있는 방법을 찾아 위기와 관련된 부정적 정서를 해소할 수 있도록 도와야 한다.

(8) 확장

위기에 처한 내담자는 소용돌이에 빠져서 정서적, 행동적, 인지적 반응이 점점 더 엄격해져 위기에 적응할 수 있는 자신의 능력을 제한하게 된다. 반응과 대안은 줄어들게 되고, 위기를 통제하려고 노력하면서 기능의 폭이 더 좁아진다. 이런 이유로 위기상담자는 다른 정서적, 인지적 관점과 행동의 대안이 고려될 수 있도록 내담자의 좁은 시각을 확장(expansion)하고, 제한된 정서와 지각을 개방하고, 위기를 다른 관점에서 볼 수 있도록 돕고 위기에 대한 해석을 달리하도록 도와야 한다.

인지의 제한과 그로 인한 정서적 · 행동적 반응의 압박은 위기를 더욱 재난으로 여기고, 자신을 더 깊고 심각한 위기로 몰아가고, 심지어 불행한 결과로 고통받는다고 본다. 이것은 흑백논리이고, 이것 아니면 저것인 '당위적' 사고이며, 강력한 강화능력을 갖고 있어서 비합리적인 추측을 재난의 측면으로 재빨리 묶어버린다. 내담자가 비합리적인 운영방법을 마음에 두게 되면, 심리적으로 가리개를 한 것과 같아 환경을 지각할 때 오로지 위기만을 포함하는 협소한 시각을 갖게 된다. 위기해결을 위한 그들의 노력은 일반적으로 효과적이지 않은 한두 개의 행동적 해결책으로 줄어들게 된다. 이런 행동이 효과가 없음에도 불구하고 다른 대안을 모르기 때문에 그것들을 계속 반복한다.

위기에 처한 사람들은 종종 새롭고 다른 행동을 만들어 낼 수 없을 뿐 아니라 과거에 비슷한 상황에서 효과적이던 행동을 잊어버린다. 정상적인 상황에서 대부분의 사람들은 사건의 의미를 지각하도록 하는 환경적 단서를 이해할 수 있다. 그러나 위기 상황에서 이 능력은 위태로워지고 사람들은 단서를 잘못 읽고 잘못 해석한다. 환경을 잘못 읽고, 잘못 해석함으로써 내담자의 신념은 구속을 받게 되어 그들은 더욱 사건에 대한 비합리적 진술을 하며, 그들의 반응은 점점 더 협소하고 더 부적응적인 정서태도와 행동반응을 하게 된다. 내담자는 사건에 대해 다른 해석이 있다는 것을 인정하지 않는데, 그런 내담자는 위기를 해결하는 방법을 오직 한 가지로 보기 때문에 함께 일하기가 힘들다. 그들은 다른 대안이 있을 수 있다는 것에 마지못해 동의하지만 "그래요. 그렇지만 그것은 나에게는 해당되지 않아요."라고 말하면서 그 대안을 도외시할 것이다. 이전 내담자에게는 다른 관점을 갖도록 시도함으로써 지각에서의 모순을 지적한다.

(9) 초점맞추기

초점맞추기는 확장의 반대 개념으로, 위기에 처한 내담자의 통제력 상실과 신경질적인 반응을 차단하는 것이다. 이 기술은 기본적으로 객관적 사실이나 실제 상황에 근거하지 않은 인지적 반응을 설명하는 데 사용된다. 위기에 대해 지나치게 협소한 지각을 갖고 있는 내담자, 위기에 대하여 과일반화, 재난화, 과장, 개인화, 낙인, 흑백논리 등 지나치게 확대되고 왜곡된 반응을 하는 내담자들이 위기에 대해 보다 침착하고 합리적인 방식으로 초점을 맞출 수 있도록 돕는 것이다. 초점맞추기의 핵심은 내담자가 자신의 왜곡된 지각을 조정하고 수정하도록 돕는 것이다. 위기개입에서 중요한 점은 위기사건과 관련하여 나타나는 주변의 다양하고 불필요한 간섭과 개입, 심리적 불안, 두려움, 공포, 위축감, 분노 등과 관련된 상황으로 인한 혼란스럽고 복잡한 것들에서 좀 떨어져서 위기를 위기 자체로만 볼 수 있도록 격하거나 왜곡된 생각을 떨쳐내고 마음의 평온을 먼저 찾는 것이다.

(10) 안내와 보호

위기에 처한 대부분의 사람들은 자신들이 이용할 수 있는 자원을 모르는 경우가 많다. 위기상담자는 내담자가 구체적인 외부자원과 지원체계로부터 도움을 받을 수 있도록 정보제공, 의뢰, 방향제시 등을 해야 한다. 안내하기는 내담자가 위기를 해결하도록 도울 자원을 안내하는 것으로, 내담자가 도움이 될 만한 조직, 자선단체, 프로그램, 제도에 집중하도록 돕는 것이다. 내담자가 상담자에게 의존적이 될 염려가 있으나, 위기개입에서 중요한 것은 내담자가 위기상황에서 즉각 이용할 수 있는 의뢰자원을 갖고 있어야 하고 그 자원을 활용할 수 있도록 빠른 대처를 하는 것이다.

위기상담자는 내담자가 심리적으로나 신체적으로 자신이나 타인에게 해를 입히거나 치명적일 수 있는 해롭고, 파괴적이고, 손해가 되고, 안전하지 못한 느낌, 행동, 생각을 갖지 못하도록 보호해야 한다. 다른 상담과 달리 위기상담에서 안전은 가장 기본적이고 중요한 주제이다. 보호는 스스로를 위해 무엇인가를 할 수 없을 정도의 내담자를 보호하고 방어하는 것에 초점을 둔다. 이 전략은 내담자가 정서적, 인지적 반응을 해결하도록 돕는 데에 사용될 수 있지만, 내담자의 행동반응이 자신이나 타인에게 위험한 상황일 때 특별히 적용될 수 있다. 외상경험 이후에 2차적 피해를 받을 수 있는 내담자를 보호하는 것도 중요한 과제이다. 내담자가 심하게 상처를 받아 자살이나 타살을 생각할 때 그를 지켜줄 지지체계를 찾거나 그를 보호해 줄 수 있는 기관을 알려주는 것도 매우 중요하다. 내담자가 타살을 생각하고 있을 때는 피해를 입을 사람에게 그 사실을 알려주어 가해자와 피해자 모두를 보호해야 한다.

5) 다문화가정 상담기법

앞서 제시한 상담기술들은 내담자와 대화할 때 사용하는 기술이다. 결혼이주여성이나 이주노동자들의 경우, 언어장벽으로 의사소통에 어려움이 있는 경우가 많음을 생각할 때, 언어가 아닌 다른 상담매체를 활용하여 그들의 위기를 도울 수 있는 방법을 모색할 필요가 있다. 놀이, 미술, 음악, 문학 등의 예술매체는 위기로 인한 부정적 정서를 굳이 말로 표현하지 않아도 자연스럽게 또 집중적으로 자신의 문제를 표현하고, 문제해결의 방향을 터득하여 나갈 수 있도록 돕는다. 여기서는 언어로 의사소통을 하는 데 어려움이 있는 다문화가족원들을 대상으로 활용할 수 있는 상담기법을 간단히 소개하고자 한다.

(1) 놀이치료

언어적 표현에 제한을 가진 아동을 상담할 때 많이 쓰는 기법이 놀이치료기법이다. 상담의 목적으로 놀이를 사용하는 것은 이미 널리 입증과 설명을 거쳐 지지를 받고 있다(O'Conner, 1991; Landreth, 1991; Schaefer, 1993; 김춘경, 2004). 놀이치료는 자기표현을 위한 가장 자연스러운 수단(Axline, 1947)인 놀이를 통해 언어능력이 떨어지는 다문화가정의 아동에게 접근할 수 있는 기법이다. 놀이가 아동과 상담자 사이의 관계를 촉진하는 데 사용될 수 있다는 점을 이해해야 한다. 놀이를 통해 상호작용이 쉽게 시작될 수 있으며, 아동이 친숙하게 느끼도록 할 수 있고 안전감을 경험할 수 있다. 또한 아동은 놀이를 하면서 의식적이든지 무의식적이든지 간에 자기노출(self-disclosure)을 한다. 놀이에서는 아동의 감정, 갈등, 문제 그리고 관계 어려움들이 직접적 또는 상징적으로 재연되는데 이 과정 속에서 상담자는 아동의 정보를 획득하게 된다. 감정과 갈등을 놀이를 통해 자연스럽고 자유롭게 표현할 기회를 가지는 것은 아동에게 매우 치료적이다. 놀이를 통해 카타르시스와 정화(catharsis & abreaction)의 촉진이 이루어진다. 무엇보다도 놀이치료가 놀이를 통한 적절한 수단으로서 비언어적 전략을 인정하고 있기 때문에 의사소통능력이 부족한 다문화가정의 아동에게 유용하게 사용할 수 있는 기법이다.

(2) 미술치료

"예술이 바로 치료이다"라고 말한 보이스(Beuys, 1991)는 인간은 예술을 통하여 자신의 고통을 극복하고 삶에 의미를 부여하는 능력을 가지게 되고, 미적활동이 지닌 치료적 기능으로 인해 창작하는 것이 바로 자신을 치유하는 것을 의미한다고 주장하였다. 상담자는 미술활동을 통해 내담자 자기인식(감정, 느낌, 사고, 직관)과 타인인식 그리고 환경인식을 강화할 수 있다. 미술활동은 자기 내면과의 대화를 촉진시킨다. 여기서 무이시에 잠겨 있던 문제나 기억들이 의식화된다. 창조적 미술활동은 자아통제와 자기통합을 돕고, 이는 내적 치유와 내적 성장으로 나아가게 한다. 창의적 경험은 내적 풍요로움과 융통성 있는 사회적 관계를 맺는 데도 도움이 된다. 미술창조과정은 언어적 그리고 비언어적 의사소통 모두를 촉진시키고, 인간관계의 문제를 받아들여 다루고 극복하는 능력을 기른다. 자기인식과 타인인식 향상을 통해 형성된 자기정체성과 자신감은 사회적 통합을 가능하게 하고, 균형 있는 삶을 사는 데 도움이 된다. 상담사는 자기표현의 매체인 미술기법을 사용하여 내담자가 방해받지 않고 자신의 감정과 욕구를 표현할 수 있도록 격려할 수 있다. 내담자는 자신이 가지고 있는 부정적인 감정을 사회적으로 수용되는 방법으로 해소하면서 정화를 경험하게 된다.

(3) 음악치료

음악이 '치료'의 도구로 사용된 것은 인류 문명의 시작과 그 시기를 같이 한다. 고대 원시부족 사람들은 질병의 원인을 마술이나 혹은 부족의 금기사항을 깨서 신이 노한 것으로 생각했다. 이때 사람들은 춤과 북소리 등과 더불어 음악을 신과 영적인 교감을 하는 도구로 사용하여 질병을 치유하였다. 음악은 의식적, 무의식적으로 계속해서 인간의 심리적, 신체적, 인지적, 사회적 기능을 변화시키고 치료하는 목적으로 사용되어 왔다.

음악의 치료적 기능을 살펴보면 다음과 같다. 음악은 신체적 활동을 야기하고, 사람에게 상징성을 제공하며, 사람에게 만족을 주고, 환경과 접촉시키고, 커뮤니케이션 기능이 있으며, 감정을 표출시키도록 하며, 기억을 자극시키고, 내적 · 외적 동기제가 되며, 개인을 그룹으로 통합시키고, 사람에게 즐거움을 준다.

음악치료의 일반적 효과로는 다른 사람들과의 관계개선과 사회성의 향상, 언어구사능력의 향상, 음악치료 그룹을 통해 개인의 책임감과 질서 확립, 기분전환과 집중력 강화, 음악감상을 통한 긴장이완, 즉흥연주를 통한 원활한 자기표현, 자신감 강화, 치료사와의 관계형성으로 타인에 대한 상호 신뢰감 증진, 노래 부르기와 악기연주를 통한 신체기관의 기능회복, 적극적인 역할을 위한 동기부여, 말로 표현하기 힘든 정서의 창조적 승화와 배출 등이 있다.

(4) 독서치료

독서치료를 정의하면 책을 읽음으로써 치료가 되고 도움을 받는다는 것이다. 독서치료의 효과는 여러 가지로 정리될 수 있다. 체중조절, 공포감 없애기, 자아개념 고치기, 인종차별에 대한 편견 태도 고치기, 두려움의 감소, 학업성취 등이다(김현희, 2009). 자신의 사고와 감정을 정확히 표현할 언어능력이 부족하고, 심리적 충격이 강한 경우에 자신의 문제를 표현하는 것이 어려운 이주여성이나 다문화가정 자녀들에게 독서를 통해 아동의 감정표현을 도울 수가 있다. 또한 상담자는 문학작품을 통해서 내담자의 내면세계에 자연스럽게 우회적으로 접근할 수 있고, 내담자의 경우에도 자신이 말로 표현할 수 없던 자신의 내면세계에 다가갈 수 있는 이점이 있다. 일반적인 심리치료에서는 참여자－문제－치료자와 같은 삼자관계로 표시되나 독서치료는 참여자－문학작품－치료자와 같이 치료 상황에서 문학작품 등이 치료의 자료나 도구로 사용된다. 일반적으로 독서치료에서는 문학작품(동시, 시, 동화, 소설, 수필, 희곡 등)과 기사, 노래 가사, 그림책, 영화 등 다양한 매체를 함께 사용할 수 있다. 특히 그림책은 다문화가정에 좋은 교육 도구이자 마음이 성장하도록 돕는 역할을 할 수 있다. 한국어와 외국어가 뒤섞인 환경에서 자라서 또래의 아이들보다 어휘력이나 표현력이 떨어지는 다문화가정 자녀들에게 독서치료는 심리적 안정뿐만 아니라 한글 습득에 도움을 주는 교육적 효과와 함께 간접적으로 한국의 문화를 배울 수 좋은 기회가 된다. 다문화가정에 있어 독서치료의 큰 강점은 책을 통해 대화하면서 가족 간의 유대를 강화할 수 있다는 점이다.

《선녀에게 날개옷을 돌려줘》, 《엄마와 함께 하는 동화 속의 우리 문화 시리즈》, 《금희의 일기》, 《두 얼굴》, 《까매서 안 더워?》, 《도착》, 《국경 없는 마을》, 《지붕 위의 꾸마라 아저씨》, 《완득이》 등은 다문화가정의 위기에 놓인 아동과 청소년상담 시에 도움이 될 만한 독서 자료이다(김현희, 2009).

understanding of
multicultural society

Chapter 04

다문화가정의 아동과 청소년

understanding of multicultural society

Chapter 04
다문화가정의 아동과 청소년

국제결혼가정의 자녀, 이주노동자가정의 자녀 및 새터민가정의 자녀를 포함하는 다문화가정의 자녀들은 최근까지 그 수가 급증해 왔으며, 현재는 미취학 자녀가 대다수이지만 앞으로 이들이 학령기에 진입함에 따라 이들의 정체성과 학습능력 등이 주요 문제로 대두될 것으로 보인다. 이에 다문화가정의 아동과 청소년들이 경험하는 어려움과 적응, 그리고 그들의 발달특성들에 대해 함께 논의해 볼 필요가 있다. 따라서 본 장에서는 다문화가정 아동과 청소년의 발달적 특징을 언어, 인지, 사회정서 발달영역에서 살펴보고자 한다. 특히 사회정서 발달에서는 그동안 다문화가정의 아동과 청소년의 발달 및 적응에서 주목을 받아온 자아정체성, 자아존중감, 문화적응에 대해 구체적으로 살펴볼 것이다. 또한 다문화가정 아동과 청소년들의 발달을 이해하고 이를 도모하기 위해 그들을 둘러싼 주변 환경을 정확하게 이해하고 진단하는 것이 중요하므로, 다문화가정의 아동과 청소년을 둘러싼 미시체계와 관련하여 또래관계, 학교생활 적응, 부모-자녀관계를 다루고자 한다. 이를 통해 다문화가정의 아동과 청소년의 발달 결과를 이해하고 발달을 증진하기 위한 적절한 방안을 모색하는 데 도움이 되고자 한다.

1. 다문화가정 아동 · 청소년 현황

이전 장에서 상기하였듯이, 근래 우리나라에 거주하는 외국인의 수는 급격한 증가 추세에 있다. 법무부 조사 결과에 의하면 2016년 6월 기준 국내 체류 외국인 수는 200만 1,828명으로 이는 우리나라 전체 인구의 3.9%에 해당하는 수치다. 2007년 100만 명을 돌파한 이래 9년 만에 100만 명이 늘어난 것으로 이러한 추세가 유지될 경우 2021년 체류 외국인 수는 300만 명을 넘어설 것으로 추정된다. 이에 2021년 우리나라 인구 대비 외국인 비중은 5.82%로 OECD 평균(5.7%)을 웃돌 것으로 전망하고 있다(법무부, 2016).

또한 행정자치부의 외국인주민 현황 조사 결과에 의하면, 90일을 초과하여 국내에 체류하는 외국인 주민(한국 국적을 가지지 않은 자+한국 국적을 취득한 자+자녀)은 2015년 1월을 기준으로 174만 1,919명으로 전체 주민등록 인구(5,133만 명) 대비 3.4%에 달하는 것으로 나타났다. 이러한 수치는 조사를 시작한 2006년(54만 명) 이후 지속적으로 증가하여 10년 동안 3배 이상 증가한 것이며, 그 증가율은 연평균 14.4%로 주민등록 인구증가율(0.6%)의 25배에 달하고 있다(행정자치부, 2015).

이러한 한국 거주 외국인 수의 급증과 더불어 다문화가정 자녀들도 증가하고 있는데, 2015년 1월 1일을 기준으로 외국인 자녀(결혼이민자 및 국적 취득자의 미성년 자녀)의 수는 20만 7,693명으로 전체 외국인 주민의 11.9%를 차지하고 있다(행정자치부, 2015). 이는 2006년 2만 5천 명, 2010년 12만 2천 명에 비해 크게 상승한 수치로, 이들은 현재 주로 경기도와 서울에 가장 많이 거주하고 있다. 이는 비정규교육을 받거나 이주노동자가정의 자녀로 미등록 근로자의 신분으로 일하고 있는 청소년들은 포함되지 않은 숫자여서 실제 한국에 거주하고 있는 다문화가정의 청소년 수는 이를 상회할 것이다.

다문화가정 자녀들이 속해 있는 가족은 유형별로 크게 세 그룹으로 나뉘질 수 있는데, 국제결혼가정의 자녀, 이주노동자가정의 자녀, 새터민가정의 자녀가 이에 해당된다.

먼저 국제결혼이주자가정 자녀의 경우는 크게 한국인 아버지와 외국인 어머니 사이에서 태어난 자녀와 한국인 어머니와 외국인 아버지 사이에서 태어난 자녀로 나누어 볼 수 있다. 초기에는 외국인 남성과 국내 여성과의 결합으로 이루어진 국제결혼가정이 많았으나 최근에는 국내 남성과 외국인 여성과의 결혼이 많아지는 추세로, 이로 인해 생긴 국제결혼가정이 증가하고 있다. 특히 국내 남성과 동남아시아 지역 외국인 여성과의 국제결혼은 1988년 특정 종교단체의 대규모 집단 국제결혼을 시작으로, 1990년대 말부터 농촌지역에 불기 시작한 '농촌 총각 장가 보내기' 붐에 의해 본격화되면서 2005년 외국인과의 혼인은 총 혼인건수의 42.4%까지 증가하였다. 2005년 정점을 찍은 이후 외국인과의 결혼은 2010년에는 총 혼인건수의 34.2%, 2015년에는 21.3%로 다소 감소하는 추세에 있다(통계청, 2016).

이렇듯 최근 국제결혼 비율은 감소추세이지만 과거에 비하면 국제결혼이 매우 일반화되었다는 점은 부인할 수 없는데, 이는 아시아지역에서 성(gender)과 전지구화(globalization) 및 이주현상에 의해 복합적으로 영향을 받고 있는 이주근로자의 여성화(feminization of migrant workers)와 맥을 같이하고 있다고 볼 수 있다(박철용, 2009). 이러한 국제결혼가정 형성은 자연스럽게 혼혈아동의 증가로 이어져서 펄벅 재단의 조사에 따르면, 2006년 아시안계 한국인 혼혈아인 '코시안(KOSIAN=KOREAN+ASIAN)'은 3만 명으로 추정된다고 한다(원진숙, 2009). 원래, 언론이나 시민단체에서 주로 동남아지역 출신 외국인 노동자와의 혼인이나 국제결혼을 통해 출생한 한국인 혈통의 자녀를 코시안으로 부르면서 이들에 대한 관심을 호소하였으나, 이들에게 별도 명칭을 부여하는 것 자체가 낙인효과를 초래할 수 있다는 비판에 직면하면서 더 이상 이 명칭은 사용하지 않고, 교육부(2006)는 이들을 '국제결혼가정 자녀(또는 결혼이민자 자녀)'로 부르게 되었다. 이에 지금부터 본 장에서는 국제결혼가정 자녀 또는 국제결혼가정 아동 또는 청소년이라는 용어를 사용하려고 한다.

표 4-1 국제결혼가정 자녀의 지역별 학교급별 현황

	초등학교				중학교				고등학교			
	전체	비율	국내 출생	중도 입국	전체	비율	국내 출생	중도 입국	전체	비율	국내 출생	중도 입국
지역	54,156	2.0	50,191	3,965	12,443	0.8	11,054	1,389	7,411	0.4	6,688	723
서울	6,600	1.5	5,689	911	1,641	0.6	1,282	359	899	0.3	734	165
부산	2,420	1.6	2,202	218	500	0.5	420	80	271	102	234	37
대구	1,773	1.4	1,658	115	322	0.4	290	32	176	0.2	158	18
인천	2,971	1.9	2,660	311	679	0.8	581	98	351	0.4	300	51
광주	1,284	1.4	1,230	54	310	0.5	266	44	166	0.3	136	30
대전	1,226	1.4	1,158	68	187	0.4	163	24	129	0.2	117	12
울산	1,287	1.9	1,199	88	201	0.5	179	22	102	0.2	81	21
세종	226	1.7	220	6	39	0.7	36	3	25	0.5	24	1
경기	12,045	1.6	10,660	1,385	2,625	0.6	2,174	451	1,527	0.3	1276	251
강원	2,102	2.7	2,024	78	671	1.4	632	39	537	1.0	515	22
충북	2,217	2.6	2,159	58	561	1.1	532	29	351	0.6	334	17
충남	3,493	3.0	3,334	159	751	1.2	699	52	505	0.7	479	26
전북	3,252	3.2	3,155	97	868	1.4	841	27	529	0.7	513	16
전남	4,068	4.3	4,013	55	1,235	2.1	1,208	27	744	1.1	730	14
경북	3,995	3.1	3,859	136	770	1.0	736	34	496	105	487	9
경남	4,492	2.4	4,345	147	954	0.9	905	49	542	0.5	521	21
제주	705	1.8	626	79	129	0.6	110	19	61	0.3	49	12

주 1. 국제결혼가정 자녀(국내출생 자녀+중도입국 자녀)
주 2. 비율은 전체 학생 대비 비율임
출처: 한국교육개발원 교육통계(2016).

이러한 국제결혼가정의 학령기(초 · 중 · 고) 자녀의 수는 2012년 4만 4,328명이었으나 2015년에는 7만 4,360명으로 증가하였으며, 학교급별로는 초등학교 재학이 54,156명으로 전체의 약 73%를 차지하여 월등히 높은 비율을 차지하였다(한국교육개발원, 2016). 현재 일반 학령인구가 매년 감소하는 반면(교육부, 2015), 국제결혼가정의 학생 수는 2013년 이후 매년 약 1만 명 이상 증가하고 있다(한국교육개발원, 2016).

지역별로는 지난 2009년 경기(21.6%), 서울(11.9%), 전남(10.1%), 전북(7.6%), 경남

(7.4%)의 순이었던 것과는 달리, 2015년에는 경기(21.8%), 서울(12.6%), 전남(8.1%), 경남(8.0%), 경북(7.1%) 순으로 서울, 경기, 전남지역의 비율이 여전히 높고 다른 시도는 약간의 차이를 보였다(한국교육개발원, 2016). 이렇게 지속적인 증가 추세를 보이는 국제결혼가정 자녀의 수는 2029년에 이르면 무려 신생아 세 명 중 한 명꼴인 167만 명에 육박할 전망이다(원진숙, 2009).

두 번째 유형은 외국인 이주노동자 자녀로 재외동포 자녀와 함께 외국인 가정의 자녀 유형으로 함께 분류되기도 한다. 외국인 이주노동자 가정 자녀의 경우 외국인 노동자가 한국에서 결혼하여 낳은 자녀와 본국에서 결혼하여 형성된 가족이 국내에 이주한 가정의 자녀로 다시 나누어 볼 수 있다. 이렇게 외국인 이주노동자들을 구성원으로 하는 다문화가정은 1980년대 이후부터 한국의 경제규모가 확대됨에 따라 급격히 늘어나게 되었다. 이러한 추세는 저출산과 고령화에 따른 생산가능인구의 감소와 한국에서의 이른바 3D 업종에 대한 기피현상으로 인해 앞으로도 지속적으로 증가할 전망이다(원진숙, 2009). 이런 이주노동자의 경우, 상당수가 '미등록 근로자' 신분이기 때문에 정확한 통계치는 구하기 힘들지만, 2016년 기준 국내 취업 외국인은 60만 8,867명으로 2000년 2만 538명에서 약 30배 가까이 증가한 것으로 나타났다(법무부, 2016). 이들을 포함하여 외국인 가정 전체의 학령기 자녀 수는 2012년 2,626명이었지만 2013년 5,070명으로 두 배 이상 증가하였으며 2015년에는 8,179명으로 매년 그 수가 급증하고 있다(한국교육개발원, 2016).

이주노동자가정의 자녀들은 국제결혼가정의 자녀와는 매우 다른 상황에 처해 있는데, '국적 문제'와 그로 인해 야기되는 문제들이 그것이다. 물론 우리나라는 2005년에 출입국 관리법 시행령을 개정하여 결혼이민자와 미성년자에 대해서는 영주권 신청 자격을 체류 기간 2년으로 단축하여 국적법상 간이귀화요건 조치를 취함으로써 상대적으로 수가 많은 결혼이민자로 인한 다문화가정에 대해서는 대응하고 있다. 하지만 외국인 노동자로 인한 다문화가정은 3년 한도의 단기체류를 원칙으로 하기 때문에, 제도적으로 귀화나 영주권 취득이 불가능하다(박성혁, 2007). 이에 이주노동자가정의 아동이나 청소년들의 경우, 국적문제로 인해 야기된 체류 신분상의 문제로 인해 '교육기회의 박탈문제' 고통까지 경험하고 있는 실정이다.

마지막으로 북한이탈주민(새터민)으로 이루어진 다문화가정의 자녀가 있다. 북한이탈주민의 국내 정착 현황을 살펴보면, 2016년 6월까지 총 29,543명(잠정)의 북한이탈주민이 입국하여 6월 말 기준 27,225명이 거주하고 있으며, 거주민의 대부분은 경기(7,998명, 29.3%)와 서울(6,919명, 25.4%)에 밀집되어 있다(통일교육원, 2016). 북한이탈주민의 국내입국은 2005년 이후 지속적으로 증가추세를 유지하였으나 2012년 이후부터는 연간 1,500명대로 입국인원이 감소하였으며 2016년에는 1,418명이 입국하였다(통일부).

북한이탈가정의 자녀는 북한에서 태어나 한국에 입국한 아동 혹은 청소년과 한국에서 출생한 북한이탈가정의 자녀를 말한다. 북한에서 태어난 경우에는 한국에 오면 하나원에서 3개월간 남한사회 적응교육을 받고, 대한민국 국적을 취득한다. 거기서 퇴소하면 한국의 일반학교에 편입할 수 있다. 1990년대 중반부터 북한이탈주민이 급증함에 따라 이들 중 학령기 청소년의 비율도 증가하고 있는 추세로 초·중등학교 학생수는 2014년 2,183명(초 1,128명, 중 684명, 고 371명)이었으며, 이들의 초·중·고 학업중단율은 2008년 10.8%이던 것이 2010년 4.9%를 나타내었고 2014년에는 2.5%로 나타나 점차적으로 감소하고 있다. 이는 그동안 북한이탈가정 학생의 교육지원을 위해 꾸준히 노력해 온 결과이기는 하지만, 아직 일반 학생의 학업중단율(2014년, 0.93%)에 비해 다소 높은 편이므로 북한이탈가정 학생이 학교에 잘 적응하고 성장할 수 있도록 지속적인 관심과 지원이 요구된다고 하겠다(교육부, 2015).

지금까지 가족형성 유형별로 다문화가정 자녀들을 나누어 살펴보았다. 하지만 이런 다문화가정의 구성원들과 자녀들은 다시 이주해 온 시점에 따라 각각 이주 1세대와 2세대로 나뉠 수 있다. 이주 1세대는 성인이 된 후 한국으로 이주해 온 경우로, 주로 다문화가정의 외국인 부모 세대가 이에 해당한다고 볼 수 있다. 이들은 한국 거주 이전에 자국에서 유아기와 아동기를 보내면서 자국의 문화적 배경을 배우고 익힌 후 한국으로 이주해 온 사람들이다. 반면에, 2세대는 한국 내에서 출생하고 성장한 경우로 현재 한국에서 태어난 다문화가정의 자녀들, 특히 많은 국제결혼이주자가정의 자녀들이 이에 속한다. 그리고 그 중간단계로서 1.5세대를 들 수 있는데, 이들은 한국이 아닌 곳에서 출생하여 유아기를 보내고 한국에서 아동기와 청소년기를 보내고 있는 구성원들로 일부 외국인 이주노동자가정의 자녀와 새터민가정의 자녀들이 이에 속한다.

다문화가정의 자녀는 2015년 기준 미취학아동이 약 12만 명으로(교육부, 2016) 가장 많은 비중을 차지하고 있지만 향후 초 · 중등 교육에 진입하는 다문화 학생 수는 급증할 것이고, 따라서 이들의 정체성 및 학습능력 등이 주요 문제로 대두될 것이다. 이에 다문화가정의 아동뿐만 아니라 다문화가정의 청소년들이 경험하는 어려움과 그들의 발달특성들에 대해서도 함께 논의해 볼 필요가 있다.

2. 다문화가정 아동과 청소년의 발달적 특성

다문화가정의 아동이나 청소년은 일반 가정의 아동이나 청소년과는 다른 문화적 · 역사적 배경을 가지는데, 이로 인해 다문화가정의 아동이나 청소년은 일반 가정의 아동이나 청소년과는 상이한 발달 수준이나 적응 양상을 보일 수 있다. 먼저, 다문화가정의 부모와 자녀들 간의 문화차이는 자녀양육 상황에서 명시적으로 확인되어 아동양육 시에 부모 자녀 간 갈등을 야기할 수 있으며, 열악한 사회경제적 여건 역시 이들 가정의 아동이나 청소년들의 긍정적 발달이나 적응을 어렵게 만들 수 있다. 또한 이들은 부모의 비전문적 직업으로 소득이 열악해서 경제적 여유와 부의 혜택을 누리지 못하고 상대적 박탈감마저 느끼고 있다. 실제로 여성가족부가 2015년 전국의 다문화 가정 17,849가구를 조사한 결과, 월소득 200만~300만 원이 30.4%로 가장 많은 비율을 차지하였으며 한달에 100만 원을 채 벌지 못한다는 가정도 8.8%

에 달하였다. 고용의 질도 낮아 단순노무직 종사자가 29.0%로 가장 많은 비율을 차지하였으며 주당 36시간 미만 단시간 근로자가 25%로 전체 국민 평균의 15.4%보다 훨씬 높게 나타났다(여성가족부, 2016).

이런 경제적 어려움 외에도 다문화가정 아동이나 청소년들은 일상생활이 이루어지고 있는 학교나 지역사회에서 따돌림을 당하거나 왕따를 당하는 일이 많아 이들에 대한 자긍심을 높여주고 자존감을 강화시켜 주기 위해서는 정체성을 확립시켜 주는 사회적 노력이 절실하다. 2015년 전국다문화가족실태조사에 의하면, 다문화가족 자녀의 차별이나 무시 경험은 9.4%로 2012년 조사에 비해 4.4% 감소하였고, 학교폭력 피해율은 5.0%로 이러한 수치는 2012년보다 3.7% 감소하여(여성가족부, 2016) 전반적으로 차별과 따돌림 등은 감소하고 있는 추세이나 여전히 다문화가정의 자녀라는 사실만으로 이들이 여러 어려움을 경험하고 있다는 것을 보여주고 있다. 특히 이주노동자 자녀의 경우, 자녀들의 입장에서 보면 본인의 선택에 상관없이 한국에서 태어나거나 한국으로 이주해 오면서 차별과 편견 속에 어렵게 정착과 적응의 과제를 떠안으며 살아가고 있다. 따라서 다문화가정 자녀들의 고유한 발달특성이나 요구를 심층적으로 파악해 보는 것은 다문화가정 자녀들을 위한 정책, 교육 또는 지원프로그램의 입안 및 실행에 좀 더 구체적인 도움을 줄 수 있을 것으로 사료된다.

최근 국내에서 다문화가정의 아동과 청소년의 발달특성과 발달궤적에 대한 연구는 많은 관심을 받아왔으나 현재까지 한국에서 수행된 대부분의 연구는 기본적으로 기술적 측면에 그치고 있고 그나마도 소수의 아동을 대상으로 한 연구나 사례 연구에 국한되고 있다. 게다가 초기에 수행되었던 연구들은 주로 다문화가정 자녀들의 부정적 적응문제에 초점을 두고, 여러 발달영역에서 일반 가정의 자녀보다 다문화가정의 자녀가 더 큰 어려움을 경험한다고 보고하고 있다(조영달, 2006; 구효진 · 최진선, 2007; 이영주, 2007; 정덕희, 2008; 정하성, 2009).

하지만 다문화가정 자녀들의 발달수준 평가는 연구에 따라 다소 비일관적인 결과를 보고하고 있어 이들의 잠재적인 발달적 고유성이나 일반 가정 자녀와의 유사성을 정확히 파악하는 데 어려움을 겪고 있다. 예를 들어, 교사들은 일반적으로 다문화가정의 자녀와 일반 가정의 자녀들 간에 큰 차이를 보이지 않는다고 보고한다.

유아교육기관(보육시설 113곳, 유치원 103곳) 교사 216명을 대상으로 다문화가정 영유아의 전반적인 발달 및 적응 수준을 살펴본 결과, 대부분의 교사들은 다문화가정 영유아와 일반 가정 영유아 간에 발달 수준상의 차이를 그다지 느끼지 못한다(87.5%)고 보고했다. 또한 다문화가정 영유아의 지도 및 양육방식에 있어서도 다문화가정과 일반 가정 사이에 문화적 차이를 별로 느낀 적이 없다고 응답한 교사의 비율이 81.5%였다(문무경 · 조혜주, 2008). 2015년 전국다문화실태조사에서도 다문화가정 자녀의 89.9%는 본인이 학교에 잘 적응하고 있다고 응답하였다(여성가족부, 2016).

게다가 일반적인 편견과는 달리 다문화가정의 아동이나 청소년들은 우리 사회의 생활 전반에 걸쳐서 대체로 만족하고 있는 것으로 나타나고 있고, 몇몇 발달 분야에서는 사회경제적인 면을 고려하였을 때 일반 가정의 자녀들과 큰 차이를 보이지 않는다고 주장하는 연구결과들도 있다(정하성, 2009). 이재분 외(2002)에 의해 보고된 바에 따르면, 다문화가정 아동과 청소년의 자아정체성은 외국인 부모의 높은 한국어 능력 정도, 높은 월 평균 소득 정도에 따라 더 높은 수준의 점수를 보고했지만, 전반적으로 보통 수준보다는 다소 높은 수준의 자아정체성을 확립하였다.

하지만 이와 달리 상당수의 연구들(조영달, 2006; 구효진 · 최진선, 2007; 이영주, 2007; 정덕희, 2008; 정하성, 2009)이 다문화가정 자녀들이 일반 가정의 자녀들보다 발달의 여러 측면에서 뒤처짐을 보이고, 사회 · 정서적 적응에 있어 특히 심각한 어려움을 경험한다고 보고한다. 보고되는 문제로는 학습 결손과 학교생활 부적응, 생활 부적응, 행동과 가치관의 차이에서 오는 부적응, 외모 및 혼혈인에 대한 사회적인 정체성 부족 등이 있다. 그리고 다문화가정 자녀들이 겪고 있는 이 모든 어려움의 중심에는 언어의 문제가 깊이 개입되어 있다고 보는데, 다문화가정 자녀들이 같은 나이의 또래 학생만큼 한국어를 구사하고 학습에 적응하기란 어려운 일이기 때문이다. 즉, 어린 시기에 듣고 말하는 구어적 의사소통능력의 습득은 비교적 단기간에 가능하지만, 학교에서 요구하는 수준의 읽기 이해력과 쓰기 능력을 갖추기까지는 상당한 시간이 필요하다는 점에서 이들이 학교생활에 적응하는 데는 많은 어려움을 감내해야 한다는 것이다(원진숙, 2009). 따라서 다음 절에서는 다문화가정 아동의 발달특성 중 그동안 가장 우려가 된 언어발달부터 먼저 살펴보고자 한다.

1) 언어발달

다문화가정 자녀의 발달특성에 대한 국내연구들 중 언어발달에 관한 연구는 가장 활발하게 수행된 연구 분야 중 하나이다. 이렇게 언어발달 연구가 큰 관심을 받은 이유는 언어발달의 경우 민감기(sensitive period)인 영유아기 동안 주양육자의 언어적 자극이 아동의 언어발달 및 인지발달에 있어 매우 중요한 촉매제인데도 불구하고, 다문화가정 아동의 경우 주요 언어 입력 제공자인 외국인 어머니의 한국어 능력 부족이 자연히 필요한 수준의 언어적 입력을 충분히 제공하지 못하게 되므로 아동의 언어발달과 이와 밀접하게 관련된 인지발달이 더디어질 수 있다는 우려 때문이었다. 또한 언어가 기본적인 의사소통 도구이며 학습의 매체라는 중요성에도 불구하고, 다문화가정 아동들의 경우 가정을 제외한 모든 외부 사회환경에서 언어로 인한 어려움을 겪을 수 있기 때문에 다문화가정 아동의 언어발달능력과 전반적인 발달수준이나 학교적응 문제, 특히 인지발달 문제와의 연결고리를 찾으려는 연구들이 활발히 시도되어 왔다(김갑성, 2006; 김병순, 2007; 류현주 · 김향희 · 김화수 · 신지철, 2008; 김민성 · 김화수 · 이근용, 2016; 양송희 · 박성지, 2016).

그동안 다문화가정 자녀를 대상으로 한 국내의 언어발달 연구의 경우, 일반적으로 다문화가정 자녀들은 언어능력이 부족하고, 이와 관련되어 낮은 학업성취도를 보이고, 이에 상급학교 진학률이 낮은 것으로 보고되었다(조영달, 2006). 예를 들어, 결혼이민자가정의 3~5세 자녀의 언어발달 정도를 살펴본 연구에 의하면, 나이가 어린 아동일수록 수용언어의 지체 비율이 높고, 약 70%의 아동이 표현언어 지체 가능성도 높은 것으로 나타났다(정은희, 2004).

하지만 동일 연구에서 다문화가정의 자녀들이 연령이 높아질수록 생활연령에 부합하는 발달을 보여 주어(정은희, 2004), 다문화가정의 자녀들이 초기에는 언어의 비유창성으로 인해 곤란을 겪을 수 있겠지만, 언어의 비유창성이 적응에 결정적으로 영향을 미치는 것은 아니며, 대부분의 아동들이 언어적 곤란을 극복할 수 있다는 점을 시사하였다(곽금주, 2008; 김민성 · 김화수 · 이근용, 2016; 양송희 · 박성지, 2016).

이런 다문화가정 아동의 언어발달과 인지발달 간의 관계에 대한 연구는 크게 두 가지 관점에서 논의되고 있는데, 먼저 한국어가 미숙한 외국인 어머니와 함께 생활함에 따라 언어발달이 지체되고, 이로 인해 의사소통에 제한을 받는다는 입장이다(류현주 외, 2008). 즉, 다문화가정 자녀들은 부모의 모국어가 서로 다르거나 부모의 모국어가 주류사회에서 사용되는 언어와 다른 언어 환경에서 성장하게 되므로 또래보다 한국어 습득이 늦어지게 되고, 이러한 점은 인지발달에도 좋지 않은 영향을 미칠 수 있고, 특히 어머니가 한국어 습득이 되어 있지 않을 경우 상호작용에도 제한을 받게 되며, 이로 인해 학령기에 필요한 학습의 선수기술을 습득하지 못할 가능성이 있다는 것이다(정덕희, 2008). 그리고 이렇게 취학 이전 한국어 습득과 지식 습득을 위한 인지기반을 쌓는 기초단계부터 결함이 시작되어 초등학교 과정 내내 누적되고, 이는 아이의 성장과 함께 확대되어 교육의 격차가 벌어지게 되며, 결국에는 사회적 성취의 격차로까지 이어지게 된다는 게 그 설명이다(권오희, 2006).

다른 측면에서는(오성배, 2005; 김갑성, 2006; 홍영숙, 2007) 이들의 일반적인 의사소통이나 언어 또는 인지능력에는 별 다른 큰 문제가 없으나 독해, 어휘력, 쓰기, 작문능력 등 학교교육과 밀접하게 연관된 능력이 일반 유아에 비해 떨어지므로 이후 학교교육 또는 학업성취도 차원에서 어려움을 경험할 수 있고, 이러한 언어발달상의 문제는 교과학습활동 전반에 영향을 미칠 뿐 아니라 학습 소외와 자신감 저하로 이어진다는 점에서 문제가 심각하다고 보았다. 예컨대, 오성배(2005)와 홍영숙(2007)은 다문화가정 자녀들이 다른 과목에 비해 문장 이해력이 떨어지거나 작문 과정에서 받아쓰기나 독후감 정리를 못하고 자신의 생각을 정리하여 쓰는 데 어려움이 많아 이에 관한 조치가 필요함을 제안하였다.

이렇게 다문화가정 자녀들의 언어발달 특성에 대한 국내연구들이 주로 언어발달과 인지발달과의 연결성을 찾으려 한 반면, 서구에서 수행된 이주 아동에 대한 연구의 경우에는 언어의 유창성과 사회 · 정서적 적응 간의 연구도 상당히 활발하게 진행되었다(Aronowitz, 1984). 하지만 서구 연구의 경우에는 언어능력과 이주아동의 사회 · 정서적 적응 간의 연관성이 존재할 것이라는 일반적인 믿음과는 달리 이들 간에 연관이 없거나 있더라도 매우 미약하다고 보고한다. 실제 이주 이전의 출신 국가에 따라 영어 유창성 정도가 다른 이주집단 아동들의 사회, 정서, 학업적 적응을 비교했을 때, 영어 지식이 어느 정도 영향을 미치기는 하였으나, 주류사회 적응을 결정하는 중요한 요인이 아니었다(Taft, 1977; 곽금주, 2008 재인용). 캐나다에서 진행된 이주아동의 학업성취와 영어 유창성, 여가활동 참여율, 또래와의 상호작용 등의 관계에 대한 연구에서도 영어를 잘할수록 적응을 잘한다는 증거는 없었다(Bhatnagar, 1980).

그리고 많은 이중언어 연구에서 단순히 이주국의 언어를 잘하는 것보다 이주국의 언어와 동시에 모국어 유창성 모두가 높은 아동이 적응을 잘한다고 공통적으로 지적하고 있다(Zhou, 1997; 곽금주, 2008 재인용). 이는 이주민에게 있어서 모국어는 단순히 의사소통 수단이 아니라 민족적 정체성과도 연관되며, 동시에 이주아동의 적응에 보호요인으로 작용하는 가족응집력과도 연관이 되기 때문이다. 실제 이주아동들은 능숙한 주류사회 언어와 모국어 실력을 바탕으로 이주국의 언어를 능숙하게 구사하지 못하는 부모를 위해, 부모와 사회를 이어주는 통역 역할을 하게 된다. 이런 역할을 하는 아동들을 '언어적 중재자'라고 한다(Buriel et al., 1998; Tse, 1995). 이들은 대개 이주국에서 교육을 받는 가족의 첫 구성원이기도 하기 때문에, 이주국의 문화와 부모의 모국 문화를 연결하는 '문화 중재자(Cultural Broker)' 역할도 하게 되어(Buriel, Love, & DeMent, 2006), 가족의 이주사회 적응을 돕고 동시에 가족과 민족 공동체로서의 심리적 자원도 획득하게 된다. 이처럼 국내의 다문화가정 아동의 발달에 관련된 연구들은 학업성취나 인지발달에 결정적인 교두보가 될 수 있는 언어능력에 대해 큰 관심을 가져왔으나 언어능력, 인지능력, 사회정서능력을 아우르는 좀 더 체계적인 연구가 요구된다.

2) 인지발달

인지는 지식, 의식, 사고, 상상, 추론, 문제해결, 개념화, 분류, 상징, 지각, 학습 등의 정신적인 과정을 포괄하므로 인간의 잠재력과 행동을 이해하고 이를 변화시키는 데 있어서 필수불가결한 이론적 기반이 된다. 인간들은 정보를 조작하고 변환하는 과정을 통해 개념을 형성하고 추론 및 비판적인 사고를 하며 문제를 해결하게 된다. 특히, 유아기에는 정신적인 표상능력의 발달로 영아기와는 질적으로 다른 인지적 능력을 나타내고, 아동기에는 초등학교에 입학하여 생활을 하면서 보다 성숙된 정신적 조작능력을 나타낸다. 이러한 정신적 조작능력의 발달은 학업에 필요한 여러 가지 인지적 능력의 향상을 가져온다는 점에서(박성연, 2008) 상대적으로 낮은 학업성취능력을 보고하는 다문화가정 아동과 청소년의 인지발달에 관한 연구도 관심을 받게 되었다.

다문화가정의 유아들은 한국 표준화집단에 비해 사실에 대한 지식습득도 영역에 있어 인지적 수준이 낮은 것으로 보고되고 있다(구효진 · 최진선, 2007). 하지만 이 연구는 통제집단과의 직접적인 비교 없이 한국 유아의 규준점수와의 비교를 통해 다문화가정 아동의 인지발달상태를 보고하는 데에 그치고 있어 그 타당성을 증명하기 어렵다(곽금주, 2008).

또한 다문화가정 자녀들은 일반 가정 자녀들에 비해 학교 공부에서도 더 큰 어려움을 보고하고 있는데, 조영달(2006)은 다문화가정 자녀의 교육문제를 학업성취 측면과 학교생활 측면으로 구분하고, 이들 대부분이 한국어 능력이 부족하고 부모의 문화적 배경이 다름으로 인해 지식은 물론 정서와 태도에서까지 초등학교 생활에 대한 준비도가 다른 아이들에 비해 떨어진다고 지적하였다. 그리고 이러한 학습 결손은 학년이 올라갈수록 점점 골이 깊어지고 폭이 넓어져서, 아동 스스로 혹은 각 가정 내의 도움만으로는 해결하기가 점점 어려워진다고 하였다. 그중에서도 특히 국어와 사회, 역사와 같은 과목에서 어려움을 많이 느끼고 있는데, 이는 이 과목들이 한국어와 한국 사회 및 문화에 대한 이해 부족이 교과 내용의 이해를 어렵게 하기 때문이다(원진숙, 2009).

요약하면, 인지적 능력에 대한 다문화가정과 한국 표준화집단 간의 차이는 그 타당성을 증명하기에 부족하나 전반적인 학습능력이나 학업성취도 측면에서 다문화가정 아동들이 어려움을 겪고 있는 것은 사실이다.

3) 사회·정서적 발달

다문화가정 자녀의 여러 발달특성들에 대한 연구 중 서구에서 수행된 연구와 국내 연구 간에 가장 일관적인 결과를 보고하는 분야는 사회 · 정서발달 및 적응 분야이다. 1970년대 유럽에서 진행된 연구들은 이주아동의 상당수가 정서적 부적응과 행동문제를 보이는 경향이 있다고 보고했다(Aronowitz, 1984). 물론 이 연구가 통제집단 없이 진행되었으며, 직접적인 관찰보다는 교사의 평가에 의존하고 있다는 한계가 존재하기는 하지만, 이후 통제집단을 설정한 연구에서도 토착집단에 비해 이주아동집단에서 더 많은 행동문제가 발생하고 있다는 점으로 보아 어느 정도 타당성이 있다고 보인다.

주목할 만한 것은 이러한 정서적 적응의 문제가 청소년기에 더욱 심하게 발생한다는 점이다(McCarthy, 1998). 이는 아마도 이주와 문화적 변화의 경험이 이주청소년들에게 자아정체감 확립이라는 정상적인 발달적 위기를 가속화하기 때문인 것으로 생각된다. 이주의 경험은 가족과 민족공동체가 가지고 있는 질서와 가치에 대한 연결을 소멸시키며 동시에 새 문화에 대한 소속감을 요구하기 때문에, 이주아동들에게 청소년기는 가정과 외부 사회라는 인종적 또는 문화적으로 조화되지 않은 맥락에서 정체성을 형성해야 하는 매우 괴로운 시기가 될 수 있다(Garcia-Coll & Magnuson, 1997). 물론, 그럼에도 불구하고 높은 심리적 안녕감을 보이는 이주아동들도 많다. 특히 미국에서 국가적 차원의 청소년 종단연구에서는 이주청소년들이 전체적으로 우울감과 심리적 안녕감에서 토착집단과 차이가 없다고 보고하고 있다(Add Health, 1998; 곽금주, 2008 재인용).

국내 연구에서는 일반 아동은 연령증가와 함께 적응 수준이 높아지나 다문화가정의 아동들은 고학년이 될수록 학교와 일상생활에서의 적응이 더욱 저하되는 것으로 확인된다(이영주, 2007). 물론 이런 국내 연구들이 상당한 제한점을 포함하기는 한다. 예를 들어, 많은 국내 연구들이 다문화가정의 부모들과 자녀들이 문화적 이질감에서 비롯된 적응문제로 고통받고 있음을 전제하고 있으나 이에 대한 타당성을 경험적으로 검증하지 않고 있다. 이러한 전제에는 다문화가정의 이주여성이나 외국인 노동자들을 일방적으로 한국문화의 영향을 받는 수동적인 존재로 인식하는 경향이 깔려 있다. 또한 이러한 전제는 이주어머니와 아동의 적응상의 문제에 대한 올바른 접근을 방해하고 있으며, 동시에 연구의 타당성도 감소시킨다(곽금주, 2008).

따라서 본 절에서는 다문화가정의 아동과 청소년의 사회 · 정서발달 및 적응에 있어 주목을 받아온 자아정체성, 자아존중감, 문화적응에 대해서 좀 더 구체적으로 살펴보고자 한다.

(1) 자아정체성

자아정체성은 에릭슨(Erikson)에 의해 소개되고 발전된 개념으로 그는 자아정체성을 타인에 의해 자신이 갖춘 동일성 및 연속성과 부합되는 내적 통일성과 연속성을 유지하는 자신의 능력에 대한 자신감이라고 했다. 또한 사회적 현실 속에서 끊임없이 개정되는 자신에 대한 현실감이라고 보았다. 즉, 자아정체성이란 한 개인이 자기가 누구이며, 어디에 있었으며, 어디를 향해 가고 있는가에 대한 것이다. 이는 과거, 현재, 미래에 대한 연속성을 인식하며, 자신의 능력, 사회적 역할을 융합하여 하나의 자아를 찾으려는 자아통합과정이다(이윤주, 2001). 따라서 청소년기에는 자신들의 삶을 새로운 방법으로 보고, 느끼며, 새로운 방법으로 꿈꾸고, 계획할 뿐만 아니라 자신의 삶을 자신의 이상에 맞게 살아갈 수 있도록 해주는 능력을 찾아내는 것을 뜻하기도 한다(박철용, 2009).

이러한 자아정체성은 환경에 의해 변화할 수 있으며, 자아정체성의 기초를 다지는 아동기에는 가장 기본적인 사회환경인 가정에 의해 가장 크게 영향을 받는다. 즉, 발달 초기 가정의 교육적 환경과 부모의 태도는 자녀의 자아정체성 형성에 중요한 영향을 미치게 된다. 반면에, 청소년기에는 자아정체감이 동년배와 가족 이외의 성인들과 새로운 동일시를 통해서 형성되는데, 자아정체감이 형성된 사람은 다른 사람과 동기, 흥미, 가치 등을 공유하더라도 어디까지나 자신을 다른 사람과 분리된 '개인'으로서 지각하고, 자기일관성 내지는 전체감(feeling of wholeness)을 갖는 노력을 하고 그것이 가능해진다(변세권, 2001).

하지만 다문화가정의 아동이나 청소년들은 한국어와 한국의 문화적 적응 기회를 충분히 갖지 못한 어머니의 문화적 정체성과 한국 사회의 문화적 정체성이 다르기 때문에 겪게 되는 문화충돌로 인해 자아정체성 확립에 어려움을 겪게 된다. 특히, 외국인 노동자 자녀의 경우, 한국에서의 체류 기간이 길어질수록, 그리고 한국에 처음 입국한 시점에 나이가 어리면 어릴수록 정체성의 확립 없이 모국어를 잊고 한국문화에 동화되어 버리는 경향이 있다. 이 과정에서 파생되는 정체성의 혼란 문제는 다문화가정 자녀의 성장 과정에 적지 않은 영향을 미치면서 가정과 부모에 대한 자신감과 존경심 상실, 소극적인 대인관계, 자긍심 상실 및 자기비하로 이어져서 학업은 물론 생활 면에서 부정적인 영향을 미치기 쉽다(원진숙, 2009). 이렇듯 다문화가정 자녀들은 어머니의 문화와 한국의 문화, 이 두 문화가 이중으로 혼재된 가정교육과 학교교육을 동시에 경험하면서 심각한 정체성의 혼란을 겪게 된다. 따라서 다문화가정의 자녀들이 자아정체성을 정립할 수 있도록 사회적 지지와 자신의 능력에 대한 자신감을 지닐 수 있는 건강한 생활환경을 마련해 주는 것은 매우 중요한 일이다.

자아정체성과 더불어 다문화가정 자녀들에게 중요한 것은 민족정체성(ethnic identity)의 확립이다. 민족정체성이란 사회정체성 중의 한 구성요인으로, 자기가 속한 민족집단의 구성원이나 집단과 관련하여 생기는 자기 개념의 일부이다. 박정원(2007)에 의해 보고된 바에 따르면, 한국에서의 체류기간이 길고 학교생활에 적응을 잘하는 이주노동자 자녀들은 자신이 자기 나라 사람이 아닌 한국 사람의 신분으로 한국에서 계속 살고 싶어 하는 경향을 보인다. 또한 이주노동자가정 청소년의 경우 71.4%가 자신이 외국인이라고 생각하고 있으며, 16.1%는 자신이 한국인, 외국인 모두라고 답하고 있다(정하성, 2009). 이러한 민족정체성과 자아정체성이 중요한 이유는 무엇보다도 자신의 삶을 계획하고 실천하여 궁극적으로 자율성을 누리는 성숙한 인간으로서 삶을 영위할 수 있도록 도와주는 자아존중감과 밀접한 관련을 보이기 때문이다.

이처럼 아동 및 청소년기는 개인의 정체성 발달에 있어서 가장 중요한 시기이다. 이러한 시기에 부모의 이주나 부모 중 한쪽의 이주로 서로 다른 배경을 가진 부모 아래에서 생활하거나 타국의 새로운 문화 속에서 성장하는 다문화가정 자녀들은 정체성 발달에 있어서 소수민족의 일원으로 주류문화를 접하게 되어 새 문화를 수용하고 다원문화 속에서 타민족의 특성을 배우고 수용하며, 타민족의 친구들을 사귈 수 있는 등 자아성장에 긍정적인 영향을 미칠 수도 있다. 하지만 문화적응 과정에서 발생하는 스트레스와 정체성 형성의 어려움은 심리사회적 문제를 유발하는 위험요소로 작용할 수도 있다(노충래, 2000).

(2) 자아존중감

자아존중감은 개인의 자아체계, 성격 및 행동을 이해하는 데 중요한 심리적 개념으로 자신에 대한 평가를 통하여 자기존중의 정도를 파악하며, 자기 자신을 가치 있는 사람으로 인식하고 느끼는 정도를 말한다. 따라서 자신에 대한 주관적인 평가를 자아존중감이라고 할 수 있다. 일반적으로 자신에 대한 존중감이 높은 사람일수록 자신을 수용하고 높이 존중하는데, 자기 자신을 긍정적인 사람으로 보고 가치 있는 인간으로 느끼는 것은 정서적 적응에 매우 중요하다. 자아존중감은 자신의 일상적인 행동에 영향을 미칠 뿐만 아니라 다른 사람에 대해서 느끼는 방식, 행동하는 방식, 선택하는 방식 등에도 영향을 미친다. 따라서 자아존중감이 높다는 것은 긍정적이고 적극적인 사고방식으로 인간관계, 학업수행 등을 할 수 있다는 것을 의미한다. 예컨대, 자아존중감이 높을수록 자신감을 가지고 건강한 선택을 할 수 있어 문제를 스스로 해결해 갈 수 있다. 특히 청소년기의 자아존중감은 자신의 역할을 얼마나 성공적으로 수행하는가에 대한 자기평가의 결과와 타인들의 동의 여부에 의해 형성되므로, 이에 적절한 지원과 지도가 필요하다.

반면에 자아존중감이 낮은 사람은 자기 자신을 부정하고, 자아에 대해 불만족하며, 자기 경멸에 이르게 되어 불안한 심리상태를 갖게 되며, 소극적인 생활태도를 유지하게 되어 사회적응에 문제가 나타난다. 자아존중감 상실의 경우에는 미래에 대한 비전을 외면하게 되며, 현실에 부적응현상을 나타나게 한다. 자아존중감이 낮은 청소년들 가운데에는 만성적인 무력감에 시달리다 청년기에 우울증으로 발전하는 경우가 많고, 약물중독 및 비행 행동과도 밀접한 관련이 있기 때문에 미래의 청소년 비행 예방을 위해서도 절실하다(정하성, 2009).

하지만 다문화가정의 아동과 청소년의 경우에는 정체성의 혼란과 이에 맞물린 낮은 자아존중감으로 많은 어려움을 겪고 있다(정하성, 2009). 우리나라 대다수의 국민들은 단일민족이라는 이념을 바탕으로 민족 동질성에 기초한 단일문화 중심의 교육적 배경 속에서 자라왔기 때문에 타 문화에 대한 편견과 고정관념이 상대적으로 강할 뿐만 아니라 문화적 다양성을 이해하고 존중하는 다문화적 인성도 부족하다. 따라서 이런 보편적인 국민적 의식과 맞물려서 다문화가정 자녀에 대한 정부와 사회의 지원책이 미비한 현실에서 다문화가정 아동이나 청소년들이 많은 고통을 겪으며 생활하고 있다(정하성, 2009).

자아존중감은 중요한 타인의 관심에 대한 수용이나 사회적 수용에 의해 자신의 능력 발달과 함께 발달한다. 따라서 다문화가정의 아동이나 청소년의 자아존중감을 높여 주려면 사회적 관심과 수용이 무엇보다 중요하다고 하겠다(정하성, 2009). 이에 다문화가정의 부모에 대한 정체성 교육을 먼저 시켜서 자존감을 높여주면 다문화 아동과 청소년의 자아존중감을 좀 더 효율적으로 높여줄 수 있다. 그리고 이러한 지원은 아동기와 청소년기의 자아존중감이 청년기 적응에 직접적인 영향을 미치므로 가정과 지역사회 및 학교에서 일관성 있게 실시하는 것이 중요하다고 하겠다.

(3) 문화적응

문화적응이란 새로운 문화적 환경에 노출되거나 적응해야 하는 사람들 모두에게 적용되는 것으로 문화 간 접촉의 결과 사회문화적이고 심리적인 변화가 발생하는 현상을 말한다(Berry, 2003). 연구 초기에는 문화적응을 이주자들이 고유의 문화와 정체성을 상실하고 주류사회의 규범과 가치를 습득하게 되는 일차원적 개념으로 간주하였으나(Lafromboise, Coleman, & Gerton, 1993), 축적된 연구결과를 통해 이와 같은 일차원적 모델은 실제 주류사회에서 자신의 고유한 정체성을 유지하면서도 잘 적응하고 있는 사람들이나 혹은 자신의 원래 민족정체성은 물론 이주사회와도 상호작용하지 않는 사람들을 설명할 수 없다는 점에서 비판을 받아왔다(Ouarasse & van de Vijver, 2005). 그로 인해 문화적응의 과정에 모국의 문화에 대한 연결성과 정착한 사회에 대한 연결성의 두 가지 독립적인 차원이 존재한다는 다차원적 모델이 등장하게 되었으며, 이는 한 사회 내에 다양한 문화가 공존할 수 있는 다문화주의를 가능하게 한다는 점에서 현재 각광을 받고 있다(Berry et al., 2006).

베리(Berry, 1974, 1980)가 제시한 차원 모형은 문화적응을 두 가지 주요한 질문에 근거하여 네 가지 결과로 범주화하였다. 즉, 새로운 사회에 정착하는 이주자들은 문화적응의 과정에서 두 가지 주요한 질문에 직면하게 된다. 자신의 고유한 문화와 정

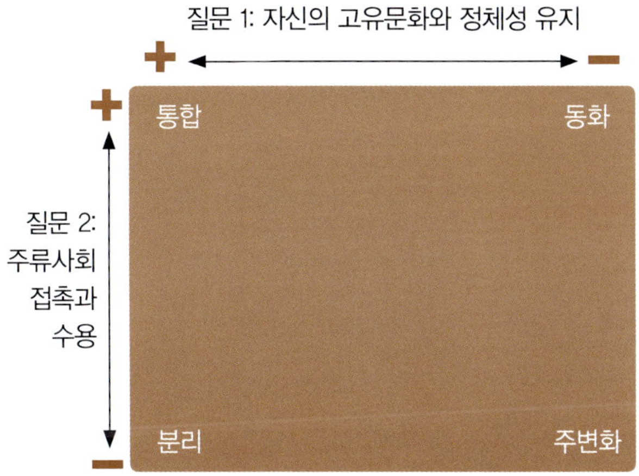

그림 4-1 문화적응 수준

체성을 얼마나 유지할 것인가, 그리고 주류사회와 얼마나 접촉하고 주류사회의 규범과 문화를 얼마나 수용할 것인가인데, 그 질문에 대한 답에 근거하여 동화, 분리, 통합, 주변화라는 네 가지 반응을 보여준다. 이러한 개인의 문화적응 수준 이외에 다문화가정 아동과 청소년들을 위한 주요 보호요인이 될 수 있는 건강한 부모-자녀 관계에 걸림돌이 될 수 있다는 점에서 부모자식 간의 문화적응도 차이(acculturation gap)도 다문화가정 아동이나 청소년의 생활에 매우 중요한 요소이다(Kwak, 2003).

이러한 문화적응 수준은 다문화가정의 구성원 모두에게 큰 영향을 미칠 수 있고, 특히 다문화가정 아동과 청소년에게는 더욱 그러하다. 문화적 차이가 수반된 국가 간의 이동은 이주자들에게 극심한 심리적 스트레스로 작용할 수 있기에 나이가 어린 아동의 경우, 이주로 인한 스트레스가 더욱 크게 작용할 것이라는 예상이 가능하다. 실제로 외국에서 수행된 초기 연구들은 이러한 가정하에 이주아동의 적응에 대해서 연구를 수행하였고, 그 결과 이주한 아동들이 일상생활에서 좀 더 위축되고 또래에 의해 덜 받아들여지는 경향이 있다고 보고되기도 한다(Schaller, 1972; 곽금주, 2008 재인용). 그러나 또 다른 연구들은 학업성취와 관련하여 이주집단의 아동들이 토착아동에 비해 높은 학업성취 결과를 나타낸다는 상반되는 보고를 하기도 한다(Fuligni, 1998).

이와 같은 상반된 결과에 대한 설명을 위해, 쿠오와 트사이(Kuo & Tsai, 1986)는 주류문화에 적응하는 과정에서 발생할 수 있는 스트레스를 극복할 수 있는 요인으로 강인성(hardiness)을 지적하면서, 개인 내적인 강한 의지 및 노력을 지적하였다. 따라서 새로운 사회에서의 문화적응이 반드시 부정적인 것일 필요는 없지만, 그러한 이민과 이주, 그리고 적응 과정 가운데 이들 가족 및 자녀들은 다양한 심리사회적 위험에 노출되어 어려움을 겪을 가능성이 높다는 것은 배제할 수 없는 사실이다(노충래 · 홍진주, 2006).

이처럼 문화적응 스트레스를 연구한 외국 학자들(Kuo & Tsai, 1986; Rumbaut, 1994)은 문화적 적응 및 정착과정에서의 스트레스로 인해 정신건강을 위협하고, 이것이 각종 신체화 증상(예: 소화 장애, 근육통, 두통 등)으로 나타나기도 한다고 보고하고 있다. 예를 들어, 소수민족계의 정신건강을 연구해 온 룸바우트(Rumbaut, 1994) 등과 같은 학자들은 문화적응 과정 및 정착단계에서 오는 스트레스는 이민자들 및 자녀들의 정신건강에 부정적 영향을 끼치며, 우울증, 낮은 자긍심, 불안감, 관계의 갈등 등을 경험하고, 신체건강에도 영향을 미친다고 주장하고 있다. 즉, 문화적응 과정에서 겪는 성인의 문화적응 스트레스는 그들의 자긍심에 부정적 영향을 주고, 이러한 스트레스와 무력감, 낮은 자긍심 등은 가족 내에서 자녀에게 전이되어 그들에게 내면화됨으로써 자녀들 또한 심리적 갈등 및 부적응을 경험할 수 있게 되는 것이다(노충래, 2000).

3. 다문화가정의 아동과 청소년의 생태적 맥락과 발달

아동과 청소년들의 발달을 이해하고 도모하기 위해 아동을 둘러싼 주변 환경을 정확하게 이해하고 진단하는 것은 무엇보다 중요한 일이다. 브론펜브레너(Bronfenbrenner, 1979)가 개발한 생태체계이론에 따르면, 인간의 발달이 개인의 성숙

요인에 의해서만 아니라 개인과 환경과의 상호작용에 의해서 이루어진다고 설명하고 있다. 즉, 인간의 발달이 미시체계, 중간체계, 외부체계, 거시체계의 네 가지 체계와 활발한 상호작용을 통해서 이루어진다고 주장한다. 미시체계란 가족이나 학교같이 아동과 청소년에게 가장 가까운 환경을 말하며 여기에는 사회적 네트워크에 들어 있는 친구 및 다른 집단도 포함된다. 중간체계는 두 개의 미시체계를 포함하며 관련된 미시체계들 간에 이루어지는 상호작용 양식이 중요하다. 중간체계에서 가족과 주변 사람들과의 상호작용이 아동에게 긍정적인 경험을 주기 위해서는 아동을 둘러싼 사회적 망과 구성원들 사이에 일정한 접촉이 있어야 하며 이들 사이에 어느 정도 합의가 존재하여야 한다. 외부체계와 거시체계는 직접적인 사회망 외부에 존재하며 아동청소년과 직접적인 접촉을 하지는 않지만 아동과 청소년 발달에 간접적으로 중요한 역할을 한다(정하성, 2009). 따라서 생태체계들을 고려하는 것은 다문화가정 아동과 청소년의 발달결과를 이해하고 설명하는 데 있어 필수적이다. 특히 이들을 둘러싼 미시체계 중에서 가족, 친구, 학교의 역할은 매우 중요하다고 하겠다.

1) 또래관계

출생 초기의 사회성 발달은 부모와의 애착형성에 기초하지만, 성장함에 따라 점차 접촉 대상이 확대되어 학교나 또래집단의 비중이 커지게 된다. 특히, 아동기에 또래와의 상호작용을 통하여 아동의 인지적, 성격적 그리고 사회적 발달이 촉진된다는 점에서 또래관계의 중요성이 있다. 또래는 부모와 같이 강화자의 역할을 하는 동시에 모델의 역할도 하고, 아동은 또래의 인정을 받기 위하여 행동하며 또래의 행동을 관찰함으로써 많은 지식을 습득한다(정옥분, 2005).

나이가 어린 유아들도 또래의 행동을 모방하여 친사회적 행동을 하기도 하고 공격적 행동을 하기도 한다. 때로 이런 또래들은 아동의 준거집단으로서 비교의 대상이 되어 자신의 능력이나 흥미 혹은 기술을 또래들과 비교하여 평가하기 시작한다. 청소년기에는 또래집단에 소속됨으로써 사교성이 증진되는가 하면, 지도력이나 복종적 태도를 스스로 체득하기도 한다. 그리고 외로움에서 벗어날 수 있으며 가족구성원 간의 갈등으로 고통받을 때에도 또래들로부터 위안을 얻을 수 있다. 게다가 청소년기에는 부모로부터 독립하기를 원하면서 친구에게 의존하기 시작하므로 또래는 아동기 동안 가족에 의해 제공되었던 정서적 지원의 일부를 청소년들에게 제공하는 역할을 한다는 점에서 그 중요성이 있다고 하겠다(장휘숙, 2009).

하지만 다문화가정 자녀는 정체성의 혼란과 집단따돌림과 같은 건강하지 못한 또래관계 경험을 하는 경우가 잦다. 특히 다문화가정 자녀들은 자신의 의사와는 무관하게 결정된 요인 또는 본인의 노력으로 해결되기 어려운 이유로 집단따돌림을 경험하기 때문에 매우 건강하지 못한 정서적 충격을 경험하게 된다.

심지어 다문화가정 유아의 유아교육기관에서의 적응과정을 조사한 몇몇의 연구들(김병순, 2007; 김희태 · 권영덕, 2007; 박미경, 2007)에서도 유아교육기관에서 또래들과 잘 지내지 못해 혼자 놀이를 하거나 교실 안을 배회하거나 언어적인 표현도 부족한 경우가 많다고 보고하였다. 경기도가족여성연구원(2010)에 따르면 다문화가정 학생들의 66%가 단순히 부모가 외국인이라는 이유나 별다른 이유 없이 차별과 따돌림을 당하고 있다. 다문화가정의 자녀들은 어린 나이에 어린이집이나 유치원, 초등학교 때부터 자신의 외모적인 특성이나 또는 언어의 불완전함 때문에 같은 또래 친구들로부터 놀림을 당하게 되기가 일쑤이고 고학년으로 올라갈수록 학교에서 적응수준이 더 낮아질 거라고 예측되고 있다(이영주, 2007). 하지만 또래의 지지는 다문화 아동의 적응과 정체성 문제 해결의 계기가 될 수도 있다(김성길 · 김효선, 2011)는 점에서 더욱 중요하다 하겠다.

건강한 또래관계를 형성하지 못한 경우에는 현재와 미래의 학업은 물론 행동적 및 정서적 적응에 큰 영향을 주기도 하는데, 또래들에게 거부당하는 아동들은 비행과 범죄, 학업실패, 정신적 문제 등 많은 부정적 결과를 초래할 수 있다(정옥분, 2005). 따라서 앞으로 다문화가정 아동 · 청소년의 또래관계에 대한 연구는 더욱 심도 있게 이루어져야 하며, 그에 근거한 또래관계 개입 프로그램의 개발도 매우 필요한 실정이다.

2) 학교생활 적응

학교는 가정과 더불어 가장 중요한 사회화 기관이다. 현대사회에 접어들면서 가정의 교육적 기능이 약화됨에 따라 학교는 아동의 사회화 과정에서 더욱 중요한 역할을 하게 되었다. 게다가 때로는 청소년들에게 학교는 가정보다도 더 중요한 의미를 갖는다.

여성가족부의 2012 전국다문화가족실태조사에 따르면, 만 9세 미만 자녀의 낮 시간 보살핌 방법으로 어린이집이나 유치원과 같은 보육시설을 이용하는 비율은 64.4%로 나타났다(국가지표체계, 2013). 연령에 다소 차이는 있지만 같은 시기 유치원이나 어린이집을 이용한 0~5세 아동이 74.1%인(보건복지부, 2013) 점을 고려하면 다문화 아동의 보육시설 이용률은 상대적으로 낮은 것으로 나타났다. 즉, 상대적으로 취약한 여건에 있는 다문화가정의 영유아들이 보육 및 교육기관의 혜택마저 받지 못하고 방치되고 있는 상황이다(문혁준 외, 2009 재인용).

학령기 아동의 학교생활부분에 대한 조사를 보면, 2015년 기준 초 · 중 · 고에 재학 중인 결혼이민자가정의 자녀 수는 74,360명으로 초등학생이 거의 대부분을 차지하고 있다(약 73%). 선행연구들에 따르면, 다문화가정 자녀들은 언어발달 지체 및 문화 부적응으로 인해 학교수업에 대한 이해도가 낮을 수 있다.

2011년 38,000명이던 다문화 학생은 4년 만에 2배 이상 증가하였다. 하지만 이와 동시에 우리나라 교육환경에 적응하지 못하는 다문화 학생도 증가하고 있다. 2014년도(2014.3~2015.2)에 학교를 그만둔 다문화 학생은 688명으로 전체 다문화 초 · 중 · 고 학생 67,806명 중 1.01%에 해당하며(교육부, 2016), 이는 일반 초 · 중 · 고 학생의 학업중단율 0.83%와 비교하면 높은 수치이다.

2015 다문화가족실태조사에 따르면, 만 9~24세 다문화 가족의 자녀는 82,476명

이었으며, 이들의 취학률은 초등학교 97.6%, 중등학교 93.5%, 고등학교 89.9%, 고등교육기관 53.3%로 우리나라 전체 취학률에 비해 낮은 수준이며 학급이 올라가면서 그 격차가 커져 고등학교는 3.6%, 고등교육기관은 14.8%에 달한다(여성가족부, 2016). 하지만 이러한 조사결과조차 이미 학교시스템에 들어간 다문화가정 자녀들의 경우만 국한하는 것으로 까다로운 절차 때문에 새로이 한국의 학교시스템에 들어가는 걸 포기하는 다문화가정 자녀의 수가 상당하다는 점도 간과해서는 안 된다.

따라서 다문화가정 자녀들의 학업성취도를 높이기 위한 프로그램 개발이 시급하고, 취업교육이나 적성 혹은 특성을 살리는 방안들을 적극적으로 모색하는 시도가 필요하다.

3) 부모-자녀관계

결혼이민자가정의 자녀들은 태어나면서부터 아버지와 어머니의 가치관과 생활태도가 서로 다른 이중문화 환경에서 성장하게 되면서 갈등과 혼란을 경험하게 된다. 우리 사회에서 자녀교육은 주로 어머니에 의해서 이루어지게 되는데, 한국말이 서투르고 한국의 풍습에 익숙하지 못한 어머니들은 자녀교육에 어려움을 겪으며, 자녀들이 자신의 정체성과 가치관을 정립할 수 있도록 적절한 도움을 제공하는 데 어려움을 겪는다. 이에 다문화가정의 자녀는 자신의 정체성에 대한 혼란과 더불어 자신들에 대한 사회의 편견, 그리고 가정과 학교교육 사이에서 겪는 여러 가치들에 대한 혼란 속에서 어려운 성장과정을 거치게 되며 주변인으로 성장해 갈 위험성이 상존한다(권오희, 2006).

일부 특정지역의 다문화가정을 연구대상으로 한 심층면담 및 설문조사(김갑성, 2008; 설동훈 외, 2005; 오성배, 2005) 결과, 이주여성들에게 한국 사회에서 생활하는 데 가장 어려운 문제는 자녀양육과 교육이며, 특히 자녀교육에서 한국어 습득, 학교 공부 지도, 사교육비 문제가 가장 큰 비중을 차지하는 것으로 나타났다(김갑성, 2008).

이러한 결과는 이주여성으로서 한국 사회 적응과 아동양육이라는 이중고를 안게 되는 이주여성 어머니들은 그들의 의사소통의 어려움으로 인해 주류 한국 사회에서 자녀양육 및 교육에 많은 애로사항을 경험하고 있다는 것으로 유추해 볼 수 있다(문혁준 외, 2009).

하지만 다문화가정 어머니의 개인 변인에 따른 양육태도를 살펴본 연구(김영옥 · 임진숙 · 정상녀, 2008; 정기선 외, 2007)들에 따르면, 이들 가정의 인구사회적 특성에 따른 양육태도는 유의한 차이가 없는 것으로 나타났다. 단지 어머니의 개인 변인 중, 특히 자녀와의 관계에서 만족도가 매우 높을수록, 어머니와 자녀의 의사소통 시 어머니 자신의 모국어 사용보다는 한국어를 주로 사용하여 의사소통을 할 경우에 어머니의 양육태도가 더 자율적인 것으로 보고되었다. 하지만 이 연구들이 자녀양육과 교육의 현안을 다루었지만, 여전히 연구의 범위나 성격 자체는 실태조사 수준에 그치고 있다. 이에 결혼이민자가정의 자녀 및 부모 관련 특성변인에 따른 개별 가정이 처한 다양한 사회맥락적 상황(가족관계, 가족생활문화, 부부관계, 부모-자녀교육기관과의 관계, 지원프로그램과의 관계 등)이 고려된 자녀출산, 양육 및 교육으로 이어지는 문제를 보다 다각적이며 총체적인 시각으로 다루어야 할 필요성이 있다.

여성가족부의 2015 전국다문화가족실태조사에 따르면, 다문화가정의 청소년들은 아버지와 대화하는 시간이 하루 30분 미만인 경우가 39.2%로 가장 많고, 어머니와의 대화시간은 30분~1시간 미만이 28.9%로 가장 많아 아버지에 비해 어머니와의 대화시간이 상대적으로 더 긴 것으로 나타났다. 하지만 다문화가정 청소년들의 부모와의 대화시간은 우리나라 전체 청소년에 비해서는 아버지, 어머니와의 대화시간 모두 더 짧은 것으로 보고되었다(여성가족부, 2016).

게다가 다문화가정의 부모들도 자녀양육에 있어서는 일반 가정의 부모들과 유사한 고충을 토로하고 있다. 이재분 외(2002)에 따르면, 일반 가정에서처럼 이들도 자녀의 사교육지원을 부담으로 느끼고 있었다. 즉, 대부분의 다문화가정 어머니들은 경제적으로 부담이 되기는 하지만 사교육이 자녀들의 학습에 중요하다고 생각하고 있으며, 아이가 여럿인 경우에도 모두 사교육을 시키려고 애쓰는 편이었다. 또한 그들은 자녀의 학습지도를 위한 교육정보 습득에 큰 어려움을 느낀다고 했는데, 학부모들을 위한 자녀의 학습지도부터 진로지도, 그리고 부모 자신의 한국 사회 적응에 이르기까지 다양한 정보를 필요로 하고 있었다. 따라서 다문화가정의 부모들에게 교육 관련 정보를 시급히 제공할 필요가 있다. 아울러 다문화가정 학부모들이 필요한 정보를 얻고자 할 때, TV나 신문 등 매스컴을 많이 활용하고 있다는 점을 감안해, 이를 활용하는 것이 하나의 방법이 될 것이다.

understanding of
multicultural society

Chapter 05

다문화교육

understanding of multicultural society

Chapter 05
다문화교육

한국 사회는 급격하게 다문화사회로 변모하고 있으며, 우리나라에 체류하는 외국인의 수가 2016년 6월 30일자로 200만 명을 돌파해 200만 1,828명이 됐다. 이는 우리나라 전체 인구의 3.9%에 해당되는 수치이며, 국내 체류 외국인의 수는 2007년에 100만 명을 돌파한 이래 불과 9년 만에 200만 명을 넘어설 정도로 빠르게 증가하고 있는 것이다(재외동포신포, 2016.07.28). 한국에 거주하는 외국인 수가 증가하고, 국제결혼가정, 외국인 근로자 가정 등 다문화가정의 자녀가 학교에 취학함에 따라 인적 교류와 문화 접촉 증가에 따른 갈등 가능성도 증가하고 있으며, 이에 대한 실제적인 대응 전략이 강력하게 요구되고 있다고 판단된다. 그러나 학교 및 교육현장의 모습은 다문화가정이 겪고 있는 다양한 딜레마 ① 사회 · 경제적인 취약성, ② 낮은 한국어 수준, ③ 외국인 부모의 특성, ④ 문화 부적응 등으로 인해 어려운 상황에 직면해 있으며(김경식 · 신종훈 · 최성보 · 이현철, 2008), 다문화가정 및 학생에 대한 교사 및 교육 주체들의 낮은 이해수준으로 인해 더욱 더 어려운 상황을 맞이하고 있다.

실제로 일반 학생들의 다문화 의식과 관련해서 다문화라는 용어를 들어본 적이 '있다'가 56.3%에 그치고 있으며, 일반인들의 다문화사회에 대한 정책 필요 인식은 75%이지만 해당 내용에 대한 '세금은 낼 수 없다'라는 것이 80%의 높은 비율로 나타나 인식 간에 차이가 있음을 보여주고 있다(전경숙, 2007). 그러므로 다문화가정과 그

구성원들을 위한 효과적인 교육지원을 통해 언어 · 문화적 격차를 해소하고 그들이 한국 사회 내 기능적인 구성원으로서 자리매김할 수 있도록 세심한 관심과 노력들이 요구된다고 할 수 있다.

이러한 맥락에서 본 장에서는 한국 사회 속에서 왜 다문화교육이 필요한 것인가에 대하여 살펴보고, 그러한 필요성을 바탕으로 한국 다문화교육의 현황과 실태는 어떠한가를 확인하고자 한다.

1. 한국의 다문화교육 필요성: 왜 다문화교육이 필요한가?

본 절에서는 한국 사회 내에서 다문화교육의 필요성을 크게 4가지 축으로 이해하고자 한다. 첫째, 국내 체류 외국인의 급속한 증가, 둘째, 새로운 가족 형태: 다문화가정의 등장, 셋째, 다문화 학생 증가에 따른 교육 수요 발생, 넷째, 다문화 구성원들의 한국 사회 내 역량강화와 자국민들과의 갈등 해소를 위한 필요성이다. 이를 구체적으로 살펴보면 다음과 같다.

1) 국내 체류 외국인의 급속한 증가

과거 우리 사회의 경우 외국인력의 도입에 폐쇄적이었으나, 1990년대 초반 이후 산업연수생제도를 바탕으로 저숙련 외국인력의 유입이 본격화되기 시작하였으며, '인력부족'을 겪어 오고 있는 중소기업의 요구에 부응하여 급속도록 확산되었다. 이 과정에서 외국인력에 대한 국내 기업들의 편법적 활용, 불법장기체류 외국인력의 급증 및 이들에 대한 법적 보호제도의 미비 등을 이유로 많은 비판을 받아왔다. 이에 따라 수차례에 걸쳐 제도의 미비점들이 보완되기 시작하였으며, 최근에는 외국인력

표 5-1 국내 체류 외국인 증감추이 (단위: 명)

연도	총계	장기체류			단기체류
		소계	등록	거소신고	
2005년	747,467	510,509	485,144	25,365	236,958
2006년	910,149	660,607	631,219	29,388	249,542
2007년	1,066,273	800,262	765,746	34,516	266,011
2008년	1,158,866	895,464	854,007	41,457	263,402
2009년	1,168,477	920,887	870,636	50,251	247,590
2010년	1,261,415	1,002,742	918,917	83,825	258,673
2011년	1,395,077	1,117,481	982,461	135,020	277,596
2012년	1,445,103	1,120,599	932,983	187,616	324,504
2013년	1,576,034	1,219,192	985,923	233,269	356,842
2014년	1,797,618	1,377,945	1,091,531	286,414	419,673
2015년	1,899,519	1,467,873	1,091,087	324,786	431,646
2016년	2,001,828	1,481,603	1,137,736	343,867	520,225

출처: 출입국 · 외국인정책 통계월보(2016년 6월호). 법무부.

을 연수자가 아닌 근로자 신분으로 고용하기 위한 고용허가제도가 도입되기에 이르렀다(한진희 · 최용석, 2005).

2016년 3월 말 기준으로 체류 외국인은 2,001,828명이며 이 중 장기체류와 단기체류 중 장기체류는 1,481,603명이며 단기체류는 520,225명이다. 현장 집계의 한계를 고려할 때 불법체류자들을 포함한다면 국내의 외국인은 훨씬 많다고 할 수 있다. 이러한 추세는 국내의 상황과 직접적으로 관련되어 있는데 외국인 근로자들을 고용하는 사업장의 경우, 대부분이 3D업종의 영세사업장으로 국내 노동자가 취업을 회피하는 곳이며, 이들은 연수생에게 생활할 수 있는 숙박시설을 제공할 수 있는 것 등의 연수업체의 기본적인 자격 요건을 충족시켜 줄 수 있는 여력이 부족한 상황이 대부분이기 때문이다(김경식, 2008). 또한 1990년대부터 농어촌지역의 특성, 종교적 이유 등으로 인해 국제결혼이 증가하기 시작하였으며, 최근에는 총 혼인건수 대비 국제결혼이 차지하는 비율이 10% 이상까지 급증하였다(이혜진, 2009). 이와 같은 다양한 집단의 국내 체류 외국인의 급속한 증가는 한국 사회 내 다문화교육의 필요성을 강력하게 대두시키고 있는 요소이다.

2) 새로운 가족 형태: 다문화가정의 등장

국내 체류 외국인의 급증의 한 요소로 주요하게 작용하고 있는 것이 바로 결혼이주자집단들이다. 전술하였지만 한국 사회의 저출산으로 인한 인구 감소, 농촌지역 출신의 국제결혼 선호 등으로 인해 한국 내 국제결혼이민자가 증가하고 있으며, 이 중 여성의 비율은 약 88%에 이른다(이혜진, 2009).

하지만 최근 통계청에 따르면 국제결혼 건수는 2007년 37,000여 건에서 2010년 34,000여 건으로 줄었고, 2014년에는 23,000여 건으로 집계됐다. 과거 국제결혼의 다수를 차지했던 한국 남성과 중국 · 베트남 · 필리핀 여성의 결혼도 계속 줄어들고 있고, 한국 여성과 일본 · 중국 남성과의 결혼 역시 급감하고 있다(조선일보, 2016). 이는 최근의 변화된 추세를 반영하고 있는 내용으로서 국제결혼과 관련된 또 다른 변화를 의미한다. 그럼에도 불구하고 한국 사회 내 지속적으로 다문화가정이 등장하고 있는 것은 변함없는 사실이며, 이는 한국 사회 내 '새로운 가족 형태인 다문화가정'과 관련된 우리 사회의 따뜻한 관심과 배려가 요청되는 사항임을 의미하는 것이기도 하다.

실제로 다문화가정 내에서 나타나는 다양한 딜레마들은 우리의 집중적인 관심이 요청되는데, 한국 남성들과 결혼한 이주여성들은 언어로 인한 의사소통의 어려움, 남편과의 사고방식과 습관, 성격의 차이 등으로 인한 부부간 갈등, 한국인 남편이나 시부모로부터 당하는 육체적, 언어적 폭력과 구타 등의 학대문제, 사회적 편견, 자녀양육의 어려움 등 여러 가지 현실적 딜레마에 봉착하고 있기 때문이다. 즉, 다문화가족을 힘들게 하는 것은 문화적 차이나 언어적 장벽으로 인한 이주 당사자의 적응의 어려움과 함께 그로 인한 가족 간의 대화 부족, 자녀양육에 있어서의 일치된 가치관의 부재와 언어 습득 기회 제공의 부족, 그리고 그러한 부족함을 대신해 줄 수 있는 체계적인 도움의 부족 등이 함께 어우러져 가족들의 폐쇄적인 태도를 조장하고, 그 결과 사회로부터 단절되고 소외된 채 살아가게 되는 가정이 많다는 것이다. 특히, 한국인부부 가정의 이혼율은 감소추세에 있음에도 불구하고 국제결혼가정의 이혼율은 급격하게 증가하고 있고, 이혼사유의 5대 원인이 가족갈등(20.2%), 언어소통의 불가(19.2%), 법률(14.0%), 체류(8.9%), 가정폭력(7.35%)이라는 조사결과(여성긴급 전화 1366)는 이러한 사실을 반증하고 있으며, 또한 결혼이주여성의 가정과 지역에서의 적응이 매우 힘들다는 것을 시사한다.

이에 정부는 물론 민간단체 차원에서도 다문화가정의 안정적 정착과 행복한 삶을 위한 노력을 다각도로 시도하고는 있으나, 한국어 교육을 제외하고는 많은 다문화교육 등의 프로그램이 형식적이고 의례적이며 일회적 또는 단기간의 행사로 그치는 경우가 많고, 비효율적 고비용 프로그램이라는 지적을 받고 있어 좀 더 내실 있는 접근이 요구된다고 볼 수 있다.

3) 다문화 학생 증가에 따른 교육 수요 발생

다문화가정의 급속한 증가는 자연스럽게 다문화 학생의 증가를 초래하고 있으며, 이들의 학교현장의 새로운 교육 수요자들로서 성장하고 있다. 2015년 3월 교육부가 발표한 '2015년 다문화 학생 교육지원 계획'에 따르면 일반 학령인구(초 · 중 · 고)는 매년 감소(약 20만 명)하는 반면에 다문화 학생 수는 증가(약 8천~10천 명) 추세에 있었으며, 2014년 다문화 학생이 전체 초 · 중 · 고 학생의 1%를 넘어서고 있다고 제시하였다(교육부, 2015). 구체적으로 초 · 중 · 고 다문화 학생 수는 2012년 46,954명, 2013년 55,780명, 2014년 67,806명으로 계속 증가하고 있음을 확인할 수 있다. 특히, 다문화가정의 미취학 아동은 12.1만 명으로, 향후 초 · 중등교육에 진입하는 다

표 5-2 다문화 학생 현황 (단위 : 명)

구분	2012년				2013년				2014년			
	초	중	고	계	초	중	고	계	초	중	고	계
한국출생	29,303	8,196	2,541	40,040	32,831	9,174	3,809	45,814	41,575	10,325	5,598	57,498
중도입국	2,676	986	626	4,288	3,065	1,144	713	4,922	3,268	1,389	945	5,602
외국인자녀	1,813	465	348	2,626	3,534	976	534	5,044	3,454	811	441	4,706
계	33,792	9,647	3,515	46,954	39,430	11,294	5,056	55,780	48,297	12,525	6,984	67,806
비율	74.1%	19.7%	6.2%		70.7%	20.3%	9.0%		71.2%	18.5%	10.3%	

출처: 교육부(2015).

표 5-3 다문화 학생의 증가 추이 (단위 : 명)

연도 / 인원수	2009	2010	2011	2012	2013	2014
다문화 학생 수(A)	26,015	31,788	38,678	46,954	55,780	67,806
전체 학생 수(B)	7,447,159	7,236,248	6,986,853	6,732,071	6,529,196	6,333,617
다문화 학생 비율 (A/B*100)	0.35%	0.44%	0.55%	0.70%	0.86%	1.07%

출처: 교육부(2015).

문화 학생 수는 지속적으로 높아질 것으로 예상된다(교육부, 2015). 이는 다문화 학생들을 위한 직접적인 교육과 지원을 위한 맞춤형 체제를 요청하는 것이며, 한국 사회에서 그들이 영위하게 될 생애가 건강하게 이루어질 수 있도록 다양한 정책들과 전략들이 필요함을 의미하는 것이다.

이러한 상황은 다문화가정 아동을 위한 학교현장의 충실한 준비와 정책의 필요성이 요구되고 있는 것이며, 특별히 그들의 학업성취, 언어발달, 자아정체감 형성 등과 같은 핵심적인 교육적 과업 달성을 위한 시급한 대책이 필요하다고 판단된다. 이를 좀 더 구체적으로 살펴보면 먼저 교육학 영역에서 결혼이주여성 연구를 포함하여 다문화 관련 연구를 살펴보면 학교교육현장은 우리 사회의 급속한 다문화사회로의 변화에 능동적으로 대처하고 있지 못한 실정이며, 그로 인한 다양한 교육적 문제에 직면하고 있다고 할 수 있다.

이러한 교육적 상황을 많은 연구자들이 분석하여 보고하고 있는데, 그동안의 다문화가정 아동이나 국내 거주 이주노동자 자녀들은 다룬 연구들을 살펴보면 다문화 자녀들의 학교생활에서 나타나는 인권문제를 다루거나(박경태 외, 1999; 장혜경, 2004), 교육의 문제를 다루며(설동훈 외, 2003; 배은주, 2006), 나아가 다문화교육의 방향과 선진국의 동향을 소개(장인실, 2003; 오성배, 2006)하고 있다. 또한 다문화가정의 실태, 다문화가정의 부모의 어려움 등을 확인할 수 있는데, 결혼이주여성에 관한 연구와 다문화가정 실태 조사들이 비교적 많이 이뤄졌음을 볼 수 있다. 그러나 실제로 다문화 학생의 교육과 학교생활 적응에 관한 연구는 드문 실정이며, 그들의 관점에서 분석되고 이해되는 것보다는 우리의 교육적 상황에서 그들을 바라보고 이해하고자 하는 성격이 매우 강하다고 볼 수 있다. 그러므로 이러한 접근은 다문화집단의 현실적인 정책 제안에 어려움이 있으며, 교육현장 개선을 위한 기초자료 수준에만 머물고 있어 다문화 학생의 현실적인 요구에 긴밀하게 반응을 보일 수 없는 실정임을 시사하는 것이다.

실제로 다문화 학생의 연구가 이뤄지고 있다고 하더라도 단순히 다문화가정 자녀의 문제와 관련된 연구들이 주를 이루고 있으며, 현재 논의의 핵심은 학업수행 및 적응상의 어려움을 드러내며 이를 극복하기 위한 지원방안에 초점을 두고 있다. 즉 경제적 궁핍함, 언어와 문화의 차이로 인한 학업수행의 곤란함에 대한 적극적인 지원을 제시하기는 하지만 이러한 지원은 추상적이고 거시적인 측면에서 필요하다는 담론이 주류를 이루고 있다고 볼 수 있다.

또한 다문화 학생의 학교부적응 양상을 살펴보면 국제결혼가정 2세들의 경우 말을 배우는 가장 중요한 시기인 유아기에 한국말이 서툰 어머니에 의해 교육을 받고 자라기에 언어발달이 지체되고 의사소통에 제한을 받고 있어 언어능력의 부족으로 말미암아 학습부진의 어려움을 겪고 있다. 그리고 문화가 다른 부모들로 인해 한국문화에 대한 이해도 부족하며, 아이들의 성장과정에서 정체성의 혼란을 경험하고 학급 내에서도 단지 다문화가정 자녀라는 단순한 이유만으로 집단따돌림을 당하는 경험도 하게 된다. 이와 함께 외국인 근로자 자녀의 학교실태를 살펴보면, 학교생활 적응의 양상에 있어서도 국제결혼가정 자녀와 마찬가지로, 언어능력의 부족으로 말미암아 학습부진의 정도가 심각하며, 모국에 대한 긍지를 상실하며 정체성의 혼란을 경험한다. 또한 나이와 맞지 않는 학년배정의 문제로 나이 어린 학급동료와의 학교생활이 재미없어 장기적으로 학교를 결석하는 사례가 있거나 집단따돌림 등으로 건강하지 못한 정서적 충격을 경험하기도 한다. 이를 종합하면 다문화가정에 대한 적절한 교육과 지도가 요구되고 있는 것이며, 이를 효과적으로 지도할 수 있는 교사 양성과 그들을 향한 다문화교육도 내실 있게 진행되어야 함을 확인할 수 있다.

4) 역량강화와 갈등 해소: 건강한 사회구성원으로서의 성장

현재 한국 사회 내 다문화 당사자들의 경우 기능적인 사회구성원으로서 역할을 감당하기보다는 복지 및 정책지원의 수혜자적 '대상'으로 전락하고 있는 실정이다. 이는 비효율적 정책 비용의 증가와 사회 내 정착 어려움을 낳게 하는 주요한 요인이기도 하며, 나아가 건강한 사회통합의 큰 틀 속에서 반드시 해결되어야 할 과업이다. 이러한 상황을 만들어내는 요소들에는 다양한 수준의 요인들이 존재할 수 있지만 대표적으로 우리의 다문화지원 정책이 형식적이고 의례적이며, 일회성 행사로 끝나 버리는 경우가 많기 때문이다. 이를 해결하기 위하여 가장 시급히 요구되는 것은 실제적으로 이주자들이 한국 사회와 문화를 이해하고 적응하기 위한 적합한 사회통합시스템 구축을 통해 그들을 진정 우리의 기능적 역할을 담당할 수 있는 존재로 나아가게끔 도와주는 체계가 필요하다. 다시 말하면 급격히 진행된 한국의 다문화현상으로 인하여 다양한 국가기관에서 산발적이고 무질서하게 이루어지고 있는 다문화관련 지원을 보다 효율적으로 실시할 수 있는 제도의 구축과 실행이 필요한 가운데, 이주민과 직접적으로 대화하고 한국 사회의 기능적인 역할까지 담당할 수 있는 건강한

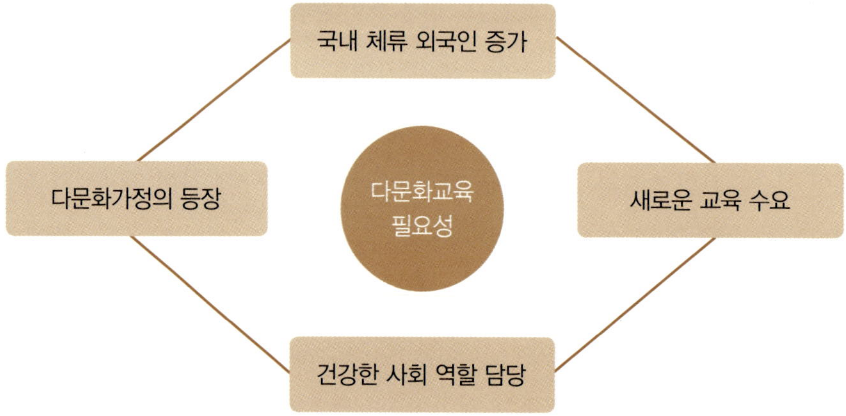

그림 5-1 다문화교육의 4가지 필요성

구성원으로서의 양성 및 훈련이 필요하다는 것이다. 이는 지금까지 정책 제도적 수준을 넘어 구체적이고 실제적인 이주자들의 삶을 터치할 수 있는 정책과 제도로의 발전을 의미하는 것이며, 다문화교육이 본질적으로 왜 필요한가에 대하여 다문화 주체들의 시각에서 요구되는 현실적인 요구이다. 그러므로 우리의 다문화교육은 단선적인 차원에서만 다루어질 것이 아니라 진정한 사회통합으로 나아가기 위해 이주자뿐만 아니라 그 배우자와 가족, 그리고 같은 지역에 거주하는 지역민을 포함하는 포괄적이고 종합적인 생태체계적인 관점에서의 다문화교육이 실행되어야 할 것이다. 또한 이러한 접근은 단순히 다문화 이주민들뿐만 아니라 자국민들의 다문화 이해와 인식의 폭을 확장시키는 측면도 함께 수행되어야 효과적으로 달성할 수 있음을 기억하고 자국민들에 대한 다문화교육의 측면도 소홀하게 다루어져서는 안 될 것이다.

전술한 내용들을 종합하여 본다면 한국 사회의 다문화교육의 필요성은 크게 4가지 축으로 이해될 수 있다. 첫째, 국내 체류 외국인의 급속한 증가, 둘째, 새로운 가족 형태인 다문화가정의 등장, 셋째, 다문화 학생 증가에 따른 교육 수요 발생, 넷째, 다문화 구성원들의 한국 사회 내 역량강화와 자국민들과의 갈등 해소를 위한 필요성이다.

2. 한국의 다문화교육 방향

한국 다문화교육의 필요성을 살펴봄으로 국내 체류 외국인의 급속한 증가, 새로운 가족 형태 등장, 다문화 학생 증가에 따른 교육 수요 발생, 다문화가정 및 그 구성원들의 한국 사회 내 기능적 역할 담당의 필요성에 따른 다문화교육이 시급히 요청되고 있음을 확인할 수 있다. 이러한 맥락과 관련하여 본 절에서는 과연 한국 내 다문화교육은 전술한 맥락에 얼마나 탄력적으로 반응하고 있으며, 이를 위해 주요 부처에서는 어떠한 측면으로 구성되고 있는가를 살펴보고자 한다.

우선 기본적으로 우리나라는 재한외국인처우기본법과 다문화가족지원법 등의 법률이 제정되어 해당 법률에 근거하여 다문화교육정책들이 추진되고 있다. 특히 다문화가족지원법에 의하면 국가와 지방자치단체는 결혼이민자 등이 대한민국에서 생활하는데 필요한 기본적 정보를 제공하고, 사회적응교육과 직업교육 등의 능력 향상을 위한 한국어교육을 받을 수 있도록 필요한 지원을 할 수 있다고 밝히고 있다(다문화가족지원법 제6조 제1항; 김종세, 2012 재인용). 이와 관련하여 교육부는 실제적인 사업들을 추진하고 있는데 2006년 본격적으로 다문화가정 자녀교육지원계획을 발표하였으며, 이는 '다문화가정 자녀교육지원계획'으로 추진되었다(교육과학기술부, 2006). 이후 지속적으로 교육지원계획을 발표함으로써 정책적인 방향과 주요 내용들을 확립하게 되었다. 2016년 현재 '다문화교육지원계획'을 발표하였는데 다문화 학생의 가정 생성배경, 출생지 등 특성을 고려한 지원을 통해 다문화 학생이 우리 사회의 인재로 성장하고, 나아가 모든 학생이 인종과 문화의 차이에 관계없이 더불어 살아갈 수 있도록 다문화 이해교육을 확대해 나갈 계획을 설정하고 있다(교육부, 2016).

다음으로 여성가족부는 다문화가족정책 기본계획을 추진하고 있으며, 2017년까지 아래와 같이 정책들을 수행하고자 다양한 접근들을 추진하고 있다. 기본적으로 다문화가족정책의 비전은 '활기찬 다문화가족, 함께하는 사회'를 설정하고 있으며, 목표로는 사회발전 동력으로서의 다문화가족 역량강화와 다양성이 존중되는 다문화사회

표 5-4 여성가족부의 다문화가족정책 기본계획(2013~2017)

구성	내용
정책 비전	활기찬 다문화가족, 함께하는 사회
정책 목표	• 사회발전 동력으로서의 다문화가족 역량강화 • 다양성이 존중되는 다문화사회 구현
정책 영역	• 다양한 문화가 있는 다문화가족 구성 • 다문화가족 자녀의 성장과 발달 지원 • 안정적인 가족생활 기반 구축 • 결혼이민자 사회경제적 진출 확대 • 다문화가족에 대한 사회적 수용성 제고 • 정책추진체계 정비

구현으로 잡고 있다. 이를 위해서 여성가족부는 다양한 문화가 있는 다문화가족 구성, 다문화가족 자녀의 성장과 발달 지원, 안정적인 가족생활 기반 구축, 결혼이민자 사회경제적 진출 확대, 다문화가족에 대한 사회적 수용성 제고, 정책추진체계 정비의 6가지 영역을 구체적으로 정하여 다문화가족정책의 틀을 설정하고 있다(여성가족부, 2013). 이러한 기본계획에서는 기본적으로 다문화교육을 통한 방향성을 전제하고 있으며, 교육적 과정을 통하여 각 영역의 목표를 달성하고자 노력하고 있는데 다문화 구성원들의 역량강화에 초점이 맞추어져 있다고 볼 수 있다.

법무부는 2008년 5월 다문화사회통합 주요 거점대학으로 ABT(Active Brain Tower) 20개 대학을 선정하고 이를 중심으로 '다문화사회 전문가 양성 과정'을 개설하기로 하였으며(법무부, 2008), 이에 따라 다문화사회 통합프로그램을 구축하게 되었다. ABT대학은 다문화이해 증진과 이민자 사회통합을 위한 다문화사회 전문강사의 양성과 각종 이민자 프로그램을 추진하고, 다문화사회 통합에 대한 연구를 위한 다문화사회 통합연구소와 이민정책 전문대학원 개설 등의 다양한 노력을 수행하고자 한다. 이를 통해서 다문화사회 전문가 자격 과정이 시행되며 이를 이수한 다문화 전문강사들이 교육기관, 기업체, 시민단체 등에서 다문화교육을 수행하는 활동이 이루어질 수 있는 기본적인 인프라를 구축하기 위함이다.

한편, 보건복지부는 다문화가족지원법을 시행하면서 다문화가족 구성원들이 안정적인 가족생활을 영위할 수 있도록 지원하고, 이들의 삶의 질 향상과 사회통합에 이바지하는 것을 목적으로 다양한 활동들을 수행하고 있다. 여기에는 국가와 지방자치단체의 제도 및 여건의 조성을 위한 시책을 수립 · 시행하게끔 하고 있으며, 평등한 가족관계의 유지와 가정폭력 피해자에 대한 보호, 교육지원도 핵심적으로 다루고 있다. 특히 다문화가족지원법 제10조 아동 보육 · 교육 항목에서는 국가와 지방자치단체가 다문화가족 구성원으로서 아동이 학교생활에 신속히 적응할 수 있도록 교육지원 대책을 마련하고 이들에 대한 방과후 교육 프로그램을 지원하도록 하고 있다. 또한 한국어교육을 위한 교재지원 및 학습지원 등 언어능력 제고를 위한 지원도 시행하도록 하고 있어[1] 다문화교육 차원에서 의미가 크다고 할 수 있다.

1 다문화가족지원법 제10조(아동 보육 · 교육)에 관련된 세부 항목 중 ②번 항목의 내용이 이에 해당한다.

understanding of
multicultural society

Chapter 06

다문화교육의 현황과 과제

understanding of multicultural society

Chapter 06

다문화교육의 현황과 과제[1]

요즘 우리 사회는 다문화 열풍 속에 살고 있다. 외국인과 함께 등장하는 TV 프로그램에서 다양한 피부색과 얼굴 모습을 한 외국인을 접할 수 있고, 또한 학술활동 분야에서도 인기 있는 주제가 되고 있다. 하지만 지난날 우리 사회는 배달민족을 강조한 나머지 인종주의적 편견과 차별이 지나칠 정도라고 해도 과언이 아니다. 단절된 문화와 말씨, 피부색의 차이로 인한 국제결혼 이민자와 다문화가정 자녀의 고통은 우리와는 상관없는 일이었으며, 그들에 대한 무관심과 편견은 '배제와 상실'의 철저한 고통으로 일관되었다.

하지만 이러한 무관심과 편견은 현재 변화를 요구받고 있으며 다문화사회로의 이양에 적합한 인식의 필요성을 느끼게 하고 있다. 다시 말하면 21세기 한국 사회는 점차 다문화사회로 변화하고 있을 뿐만 아니라, 인종과 종족 간의 문화 차이나 실제적인 이익관계로 인해 대내외적으로 도전을 받고 있는 실정이다.

우리 사회가 다문화사회에 진입하고 있는가의 여부는 관점에 따라 다를 수는 있다. 2007년 제71회 총회에서 외국인 거주자와 혼혈인이 크게 늘어난 한국 사회는 이제 다민족사회가 된 만큼 '단일민족'이라는 개념을 극복해야 한다고 지적하고 있다

1 이 장 내용 중 2절과 3절은 대구광역시교육청 2009년 장학자료집에 게재된 내용을 수정 · 보완하였음.

(동아일보, 2007.08.19). 한국은 이제 다민족사회라는 점을 정부 차원에서 받아들이고 이에 맞춰 교육, 문화 등 여러 분야에서 조치를 취해야 하며, 특히 역사와 문화를 초 · 중등학교 교과목에 포함시킬 것을 권고하였다. 이젠 우리 사회도 자연스럽게 다문화사회인가 아닌가를 논할 시점을 지나 이미 이 문제를 준비해야 할 시점에 도달한 것이다.

다인종 다문화사회로의 진입과 함께 다양한 갈등을 경험했던 외국의 경우 평화공존을 위한 다문화교육을 시행해 오고 있다. 우리 사회도 이미 다문화사회로의 진입이 이루어지고 있어 다문화사회로의 전환을 더 이상 거부할 수 없음을 점차 받아들이고 있는 실정이다. 다른 나라들이 다문화사회로 진입하면서 경험한 상황에 빗대어 우리 사회가 직면하게 될 앞으로의 문제들을 쉽게 예측해 볼 수 있다. 2015년 전국다문화가족실태조사 결과, 다문화가구의 월평균 가구소득은 200~300만 원 미만이 30.4%로 가장 많고, 그 다음으로는 100~200만 원 미만(23.8%), 300~400만 원 미만(20.5%), 400~500만 원 미만(9.4%), 100만 원 미만 8.8%의 순으로 200만 원 미만이 32.6%나 된다. 또한 다문화가구 전체의 국민기초생활보장급여 수급가구 비율은 5.1%로 2012년(5.0%)과 거의 차이가 없으며, 결혼이민자 · 귀화자들은 단순노무직(29.0%)과 서비스직(18.7%)에 주로 취업하고 있다(정해숙 외, 2016).

따라서 우리 사회도 구성원들 간의 갈등의 골이 깊어지지 않도록 다인종 다문화의 평화적 공존을 위한 교육이 마련되어야 할 것이다. 특히 '따돌림→학업 포기→구직난 → 가난'이라는 악순환은 그들에 대한 교육기회 제공의 의미를 넘어 다문화 학생들로 하여금 원만한 학교생활에의 적응과 함께 교육성취를 높여 교육 불평등을 해소하는 노력이 필요함을 강력하게 시사하고 있다. 또한 성장과정에서 정체성의 혼란을 경험하고 있는 다문화가정 출신 청소년들에게 자아정체성 확립이야말로 가장 중요한 청소년기의 발달과업인 만큼 적절한 교육이 이루어져야 할 것이다.

1. 다문화교육의 현황

우리 정부는 2006년 4월 빈부격차차별시정위원회 주관으로 교육부, 법무부, 보건복지부, 여성가족부 등이 참가한 가운데 '혼혈인 등 소수인종 사회통합대책'을 확대할 계획을 발표하였다. 이러한 계획은 시민권을 가진 또는 갖게 될 결혼이주자 및 그 자녀에게 초점을 맞추고 있으며, 다문화교육적 요소들이 포함되어 있다. 이후 이러한 정부의 노력은 다양한 부서와 기관들에 기반을 두고 진행되었는데 대표적으로 고용노동부, 법무부, 보건복지부, 여성가족부, 그리고 교육부를 중심으로 확인할 수 있다.

먼저 고용노동부는 '사단법인 외국인 노동자 인권을 위한 모임'을 설립하여 외국인 이주노동자 및 이주민들의 다양성을 인정하고 소수자의 인권을 존중하는 다문화사회를 지향할 것을 천명하고, 나아가 아시아지역의 인권과 민주주의 신장에 기여하는 목적으로 국내 외국인 이주노동자의 인권보호 활동과 한국생활 적응 및 한국문화 이해 프로그램 구축 등을 시행하였다(노동부, 2006). 2014년도의 주요 실적을 살펴보면, 무료 노동상담/무료 의료상담 및 지원, 무료 한국어교실 운영 및 다국어도서관 운영, 이주노동자 산업안전보건수준 향상을 위한 활동, 다문화사회를 위한 인식개선활동, 결혼이주여성 역량강화지원활동, 이주민의 인권보호와 향상을 위한 연대활동 등으로 보고되었다.

법무부는 2008년 5월 다문화사회통합 주요 거점대학 ABT(Active Brain Tower)대학을 선정하여, 다문화 이해증진과 이민자 사회통합을 위한 다문화사회 전문 강사의 양성과 각종 이민자 프로그램을 추진하고 다문화사회통합에 대한 연구를 펼치도록 하였다. 2014년에는 사회통합 프로그램 다문화사회 전문가 인정 기준을 마련하고 다문화사회 전문가 양성에 필요한 학위과정이나 관련과목을 개설하는 대학은 개강일 전까지 법무부에서 규정한 서식에 맞춰 개설계획서를 법무부장관에게 통보하도록 하였다. 사회통합프로그램은 증가하는 외국인 이주자들의 한국 사회 적응을 돕기 위한 방안으로 재한외국인에게 한국의 제도, 법률, 역사, 풍습, 언어 및 생활정보 교육을 실시할 전문가를 양성하는 데 그 목적이 있다.

또한 보건복지부는 2008년 9월 22일부터 다문화가족지원법을 시행하였다(보건복지부, 2008). 이는 한국 사회에서 다문화가족 구성원이 안정적인 가족생활을 영위할 수 있도록 함으로써 이들의 삶의 질 향상과 사회통합에 이바지하는 것을 목적으로 하고 있으며, 여기에는 국가와 지방자치단체의 제도 및 여건 조성을 위한 시책을 수립 · 시행하도록 하고 있다. 또한 평등한 가족관계의 유지와 가정폭력 피해자에 대한 보호와 지원 및 교육지원을 핵심으로 하고 있으며, 보건복지부장관은 다문화가족의 현황 및 실태를 파악하고 다문화가족 지원을 위한 정책수립에 활용하기 위하여 3년마다 다문화가족에 대한 실태조사를 실시하고 그 결과를 공표하여야 한다. 특히 제10조 아동 보육 · 교육 항목에서는 국가와 지방자치단체가 다문화가족 구성원인 아동이 학교생활에 신속히 적응할 수 있도록 교육지원대책을 마련하고, 이들에 대해 학과 외 또는 방과 후 교육 프로그램을 지원하도록 하고 있다. 또한 한국어 교육을 위한 교재지원 및 학습지원 등 언어능력 제고를 위한 지원을 하도록 하고 있다.[2]

여성가족부는 결혼이주여성에 대한 자녀양육법을 지도하는 것을 주요 내용으로 하고 있다. 이는 결혼이주여성에 대한 한국어 · 한국문화 · 이해교육 및 자녀양육법 지도 등을 통해 자녀들의 학교생활 적응을 유도하는 것을 의미한다. 그 외에도 부부교육 및 가족상담, 결혼이주여성 멘토링, 한국어 교재 개발과 한국어교실 운영, 결혼이민자지원센터 설립 등이 있다. 초창기 결혼이주여성에 대한 관심은 국내 외국인 관련 지원 노력들이 대부분 그렇듯이 시민단체에서 시작되었다. 이후 2005년 정부는 결혼이민자 생활 안정대책을 논의하여, 결혼이민자지원센터를 운영하고 구축하는 등 결혼이민자가족의 사회적응과 자녀양육을 지원하는 생활안정대책을 발표하였으며 현재는 새정부 조직개편과 함께 신설된 다문화가족과에서 이를 전담하게 되었

2 다문화가족지원법 제10조(아동 보육 · 교육)에 관련된 세부 항목 중 ②번 항목의 내용이 이에 해당한다.

다. 또한 결혼등록제 도입을 주된 내용으로 하는 '결혼중개업관리에 관한 법률' 시행(2008. 6), 정보제공, 사회적응교육 등 다문화가족지원 정책을 체계화한 '다문화가족지원법'(2008. 9)을 시행하게 되었다(정태영, 2009). 특히 다문화가족지원법 제12조에 따라 국비 또는 지방비를 지원받아 각 시 · 군 · 구 단위로 다문화가족과 결혼이민자가 사회에 잘 적응하여 안정적으로 생활할 수 있도록 지원하는 다문화가족지원센터가 운영되고 있다. 이 센터에서 하는 사업은 다음과 같다(여성가족부, 2016).

첫째, 한국어교육(집합 · 방문): 생활언어를 익히고 문화를 이해할 수 있도록 체계적 · 단계적 한국어교육 실시 – 집합교육 대상(결혼이민자, 중도입국자녀(만 18세 이하)), 방문교육 대상[결혼이민자(입국 5년 이하), 중도입국자녀(만 18세 이하)]

둘째, 다문화가족통합교육(집합): 다문화가족구성원 간 가족 내 역할 및 가족문화에 대한 향상 교육 – 가족, 배우자, 부부, 자녀 등 대상을 세분화하여 적합한 가족관계 증진교육 제공(가족교육, 배우자 · 부부교육, 부모자녀교육, 다문화 이해교육)

셋째, 부모교육서비스(방문): 집합교육 참여가 어려운 지역 등 만 12세 미만의 자녀가 있는 결혼이민자에게 생애주기별(임신 · 신생아, 유아기, 아동기) 자녀의 양육 관련 교육 · 정보제공, 가족상담 등

넷째, 자녀생활서비스(방문): 다문화가족 자녀(만 3세~만 12세)에게 생활지원 서비스제공(알림장 읽어주기, 숙제지도 등)

다섯째, 개인 · 가족상담 · 사례관리(센터내방 · 방문 · 전화): 다문화가족의 내부 스트레스 완화 및 자존감 향상 지원

교육부는 다문화교육에 관련된 실질적인 정책을 수립하고 실행하고 있다. 2006년 다문화가정 교육지원대책을 통해 인권보호 및 사회통합과 다문화가정 자녀들의 교육 소외를 방지하고, 이들에 대한 인적자원개발 방안을 모색하고자 다문화가정 자녀교육지원대책을 마련하였다(교육인적자원부, 2006). 그 후 2007년도 다문화가정 자녀교육지원계획, 2008년 다문화 학생의 역량 강화를 위한 교육지원방안 등 매년 다문화가정 자녀교육지원계획을 수립, 시행하고 있다. 특히 2012년에는 다문화 학생이

지속적으로 증가함에 따라 학교가 중심이 되어 다문화 친화적 교육 환경을 조성하고, 중도입국자녀 등 다문화 학생의 개인별 특징이 다양화되어 이를 고려한 맞춤형 교육을 실시하기 위한 다문화 학생 교육 선진화 방안이 소개되었다(〈표 6-1〉 참조).

표 6-1 2012년 다문화 학생 교육 선진화 방안

① 다문화 학생 공교육 진입 지원을 위한 예비학교 및 다문화코디네이터 운영
② 한국어 교육과정(KSL) 도입 및 기초학력 책임 지도 강화
  * KSL(Korean as a Second Language : 제2언어로서의 한국어)
③ 다문화 학생과 일반 학생이 함께 배우는 이중언어 교육 강화
④ 다문화 학생 진로 · 진학 지도 강화
⑤ 다문화친화적 학교 환경 조성
  * 글로벌 선도학교 150개교 육성(거점형 120개교 + 집중지원형 30개교)
⑥ 일반 학생과 학부모에 대한 지원 강화

2015년에도 다문화 학생 교육지원계획이 소개되었는데 그 주요 내용은 다음과 같다(교육부, 2015).

첫째, 맞춤형 교육으로 기초학력 및 진로교육 강화

둘째, 다문화 이해교육 강화

셋째, 부처간 연계, 지역 내 연계를 통한 정책 효율성 제고

2016년에도 다문화 학생 교육지원계획이 소개되었는데 그 계획의 방향은 다음과 같다(교육부, 2016).

첫째, 맞춤형 교육으로 공교육 진입과 적응을 지원

둘째, 다문화 수용성 제고를 위한 다문화 이해교육 확대

셋째, 효율적 지원을 위한 부처 간 협업, 지역 내 연계 강화

2017년에도 다문화 학생 교육지원계획이 소개되었는데 그 계획의 방향은 다음과 같다(교육부, 2017).

첫째, 다문화 학생 맞춤형 교육지원 강화

둘째, 학교 구성원의 다문화 이해 제고

셋째, 다문화교육 활성화의 기반 마련

시 · 도 교육청 차원의 움직임은 크게 ① 부모(특히 외국인 어머니)를 대상으로 한 한국문화교육, 한글교육, ② 국제결혼가정 자녀를 대상으로 한 한글교육, 상담, 보충학습, ③ 일반 학생을 대상으로 한 타 문화 이해교육 등으로 방침을 정하고 있다(조영달, 2006a; 2006b; 주경란, 2009 재인용).

또한 지방자치단체의 경우 각 지방에 분포되어 있는 외국인 노동자의 숫자와 그 분야에 있어서 지역적 특색을 고려하여, 다양한 분야의 사업을 추진하고 있으며, 이

표 6-2 지방자치단체 및 민간단체 다문화교육 유형

	적응교육		다문화교육	
	지방자치단체	민간단체	지방자치단체	민간단체
언어 영역	한국어 교육	한국어 교육		베트남어 교실, 중국어 교실
가정 영역	한국 가정문화 교육, 부부교육, 자녀교육	한국 가정문화 교육, 부부교육, 자녀교육	여성 이민자 출신 국가의 문화 이해를 위한 부부캠프	여성 이민자 출신 국가의 문화 이해를 위한 부부캠프, 자녀 정체성 교육
생활, 예절, 음식	가족예절 배우기, 생활문화 적응교육, 한국요리 체험	가족예절 배우기, 생활문화 적응교육, 한국요리 체험		세계 결혼 시범
전통 체험	우리 고장 문화재 탐방, 이주아동 국내적응교육 캠프 프로그램, 한국문화체험	우리 고장 문화재 탐방	다문화 이해	이주 노동자문화 축제, 음식문화 축제, 세계 전통의상 입기, 외국인 밀집지역 탐방
기능 영역	컴퓨터 교실	컴퓨터 교실, 직업훈련		아시아 전통음식 교육
지식 영역	한국문화 및 역사교육	한국문화 및 역사교육		외국인 배우자들의 시민권, 다문화 이해
심리 영역	가족 카운슬링	가족 카운슬링		갈등해소를 위한 가족 치유
생활 영역	직업 훈련			나라별 공동체 지원, 국경 없는 마을

출처: 정태영(2009).

에 따른 예산 역시 지역마다 다르다. 공통적인 지원 내용으로는 주로 한국어 교육과 전통문화체험, 자녀교육을 위한 지원사업 등이 있다. 한편 민간단체의 경우를 살펴보면 외국인 노동자와 국제결혼을 통한 이주여성, 새터민들의 사회정착과 적응을 위한 다양한 지원과 인권 향상을 위한 노력으로부터 시작되었으며, 특히 종교단체의 활동이 돋보이며 이러한 민간단체의 활동 속에 다문화교육이 포함되어 있다(정태영, 2009).

전술한 다문화교육과 관련된 한국 사회의 현황을 살펴볼 때 우리나라의 다문화교육의 정책 목표는 다문화 학생 및 학부모의 교육역량 강화와 우리 사회의 다문화 이해 및 수용성 증진에 초점이 맞추어져 있다. 따라서 우리나라 다문화교육 정책은 다문화가정과 그 자녀들이 주류문화에 잘 적응해 살아갈 수 있도록 하는 데 주안점을 두고 있으며 다문화교육의 초기 단계인 동화주의에서 벗어나지 못하고 있음을 엿볼 수 있다.

이와 관련하여 다문화교육의 개선을 위해 몇 가지 의미 있는 내용들을 살펴보면 다음과 같다.

첫째, 다양한 다문화교육 기관 및 정부 부처의 내용들은 중첩되는 부분이 많아 해당 기관의 특성과 맥락을 고려하여 개발 및 발전시켜 나갈 필요가 있다.

둘째, 다문화교육을 수행하는 전문기관 및 인재의 개발이 필요하다. 국가수준에서 해당 분야와 내용을 육성하고자 많은 노력을 하고 있지만, 다문화는 사회 변화의 광범위성으로 인해 그러한 변화에 제대로 따라가기가 쉽지 않아 다문화 전문인력의 공급과 양성에 어려움이 있다. 또한 다문화교육을 수행하는 담당자들의 전문성 향상을 위한 노력도 시급하다고 볼 수 있다.

셋째, 다문화교육의 대상과 그 내용이 매우 제한적이다. 다문화교육의 대상을 단순히 그들의 사회적 범주의 형태, 즉 다문화가정의 자녀, 외국인 노동자 등과 같이 거시적인 측면에서 구분한다면 그들의 출신과 배경에서 도출되는 다양성을 이해하기 힘들고, 자연스럽게 교육과정과 내용 또한 제한적일 수밖에 없다. 그러므로 다문화교육의 대상과 내용을 구체화시키고 확장하여 접근할 필요가 있다. 또한 다문화교육은 자국민을 위한 다문화 이해교육으로도 확장시킬 필요가 있다.

마지막으로 막대한 예산과 사회적 관심 속에서 수행되고 있는 다양한 기관의 다문화교육 프로그램에 대한 평가 체제가 미비하다. 해당 다문화교육의 효과성 검증을 위한 평가 항목 개발과 다문화교육 기관과 운영 프로그램에 대한 관리 · 감독이 적극적인 수준에서 진행되어야 할 것이다.

2. 학교 다문화교육의 현황

1) 다문화가정 취학연령 아동 현황과 교육기회

국제결혼가정 자녀의 재학생 수는 매년 급격하게 증가하고 있다. 통계청이 발표한 '2015청소년통계'자료를 보면 일반 학령인구(초 · 중 · 고)는 매년 감소(약 20만 명)하는 반면에 2014년 다문화 학생 수는 67,806명으로 1년 전보다 12,026명(21.6%) 증가하였으며, 2014년 다문화 학생이 전체 초 · 중 · 고 학생의 1%를 넘어서고 있다. 2016년 다문화 학생을 학교급별로 보면 초등학생이 74,024명으로 전체 다문화 학생의 74.6%를 차지했으며, 다음으로 중학생 15,105명(15.2%), 고등학생 10,057명(10.1%) 등의 순으로 많았다(2016년 다문화 학생은 99,186명).

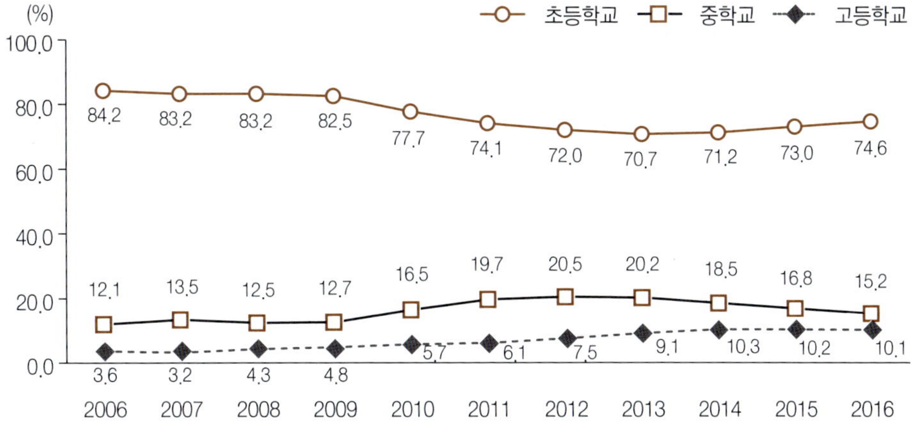

그림 6-1 학교급별 다문화 학생 비중

출처: 통계청, 교육부.

이처럼 국제결혼 자녀들은 국제결혼 증가로 공교육에 진입할 학생 수가 급증하고 있는 가운데, 교육 기회의 측면에서 어려움을 겪고 있다. 2014년 말 교육부의 통계에 따르면 〈표 6-3〉에서 보는 바와 같이 다문화 학생의 학업중단율은 초등학교 0.8%, 중학교 1.2%, 고등학교 2.1% 순으로 상급학교에 진학할수록 높은 중단율을 보이는 것으로 나타났다. 2014년 학교를 그만둔 다문화 학생은 전국에 572명으로 다문화 학생 중 1.0%에 달한다. 이러한 수치는 절대적으로 큰 수치는 아니지만 일반 초 · 중 · 고교생의 학업중단율과 비교하면 높은 수치다. 또 일반 학생들의 학업중단율은 매년 갈수록 낮아지는 추세지만 다문화 학생들은 떨어지지 않고 있다.

표 6-3 다문화 학생 학업중단률 현황(2013~2014년)

연도	구분	초	중	고	계
2013 (2012.3~2013.2)	재학생 수	33,792	9,647	3,515	46,954
	학업중단자 수	278	110	73	461
	학업중단률(%)	0.8	1.2	2.1	1.0
2014 (2013.3~2014.2)	재학생 수	39,430	11,294	5,056	55,780
	학업중단자 수	328	140	104	572
	학업중단률(%)	0.8	1.2	2.1	1.0

* 재학생 수는 4월 1일 기준, 학업중단자 수는 해당 기간 동안 학업을 중단한 학생 수
* 전체 학생 학업중단률(角: 초 0.6, 중 0.8, 고 1.6)
출처: 2015년 다문화 학생 교육지원계획 발표자료.

다문화 학생 중 문제가 되는 것은 국제결혼이주여성의 자녀로서 특히 동남아 출신 국제결혼이주여성의 자녀이다(이학춘, 2009). 이들은 전체 국제결혼이주여성 자녀 취학아동 수 중 우리보다 저개발국가 출신자 가정 자녀 수가 53.11%로 이들이 상대적으로 학교에서 왕따를 경험하는 아동들이다.

혼혈인들은 학창시절부터 주변에서 놀림을 받으며 자라고 그 결과 학교에서 중도탈락하는 경우가 많다. 직업을 가질 능력을 갖추지 못한 채 사회에 내몰리게 된다. 중도탈락의 이유는 가정의 경제적 어려움보다는 학교생활의 적응에 어려움을 겪기 때문이다.[3] 이주노동자 자녀들도 학교교육이 시혜적 차원에서 이루어지고, 상대적으로 관심을 적게 받으며 중도탈락하는 경우도 많다(김정원, 2005). 특히 언어의 어려움을 지닌 결혼이주여성 어머니를 둔 자녀들은 언어발달 상태가 늦고 정체성 혼란으로 취학도 늦춰지는 경우도 있다(오성배, 2005).

심지어 결혼이주여성들의 일부 아이들은 생활고와 부적응으로 엄마의 나라로 보

3 학업중단의 주된 사유로서는 친구와 선생님과의 관계의 어려움, 가정형편이 어려워서, 학교공부가 어려워서, 그 외 부모의 이혼 등 가족의 해체, 한국어를 잘 몰라서 등이었다. 이를 지원하기 위하여 교육부는 2006년 이후 매년 '다문화 학생 교육지원계획'을 수립하여 추진 중이고 여성가족부에서도 '다문화가족지원정책 기본계획'에 근거하여 미취학 다문화가정 자녀를 지원 중이다.

내지고 있다(한국일보, 2008.11.3).[4] 부모가 아이들을 키울 형편이 안 되고 학교가 이들을 따뜻하게 받아들이지 못하기 때문이다. 이들 외가행 아이들은 국적이 한국이라 비자가 만료되면 불법체류자 신분에 따라 현지에서 정규교육과 의료 등의 혜택을 받을 수 없고, 한국에 다시 데려온다 해도 한국 교육에 적응하기가 더욱 어려워지고 정체성 혼란이 커지게 된다.

이러한 국제결혼가정 자녀의 경우 국적과 교육권이 보장되지만 학습자들의 국어 능력과 학습부진이 문제점으로 대두되고 있다. 반면에 외국인 노동자 중 특히 불법체류자인 자녀의 경우 학습권(교육권) 자체가 사회적 문제로 대두되고 있다(조영달 외, 2006; 교육과학기술부, 2008 내부 자료). 2006년 현재 국내의 외국인 자녀 중 취학 연령대인 7세 이상 18세 이하는 17,813명으로 추정된다. 이중 외국인 학교 재학생 7,800명을 제외하면 국내 학교 유입 가능 인원은 약 9,500명으로 추정되지만, 국내 학교 재학생은 1,574명에 불과한 것으로 확인되고 있다. 따라서 약 8,000명의 외국인 자녀들이 정상적인 학교교육을 받지 못하고 있는 것으로 나타나고 있다. 외국인 노동자의 자녀들이 취학을 하지 않는 이유는 '돈을 벌기 위해, 한국어 소통이 안 되어서, 불법체류자이기 때문에' 등의 순으로 나타나고 있다(설동훈, 2005).

교육부는 2003년도부터 불법체류자 자녀의 경우도 국내 초·중등학교 입학을 희망할 경우 해당 지역의 거주 사실을 입증하는 서류(전월세 계약서, 거주확인보증서)로 대신 제출할 수 있도록 하고 있으나, 그 부모의 신분노출 위험 때문에 실제 취학률은 약 6%에 머무는 것으로 파악되고 있다. UN의 아동권리협약이나 '이주노동자와 그 가족의 권리보호에 관한 국제협약(UN, 訟)'에 따라 불법체류노동자의 자녀들도 합법체류근로자의 자녀와 동등한 교육을 받을 권리가 보장되지만, 불법체류자 신분인 부모의 입장에서 자신의 신분 노출을 감수하면서까지 자녀를 공교육에 취학시키는 경

4 베트남 한국 대사관이 파악한 베트남 내 한국 국적 아동은 호치민시에만 16명이다. 아이만 맡겨진 경우도 있고 한국에 시집왔다가 이혼한 베트남 여성이 아이를 데려가 살고 있는 경우도 있다.

우가 많지 않을 것으로 짐작된다. 특히 외국국적 아동은 체류자격 유무와 상관없이 우리나라 관련법에 따른 의무교육대상이 아니므로 읍 · 면 · 동의 장이 작성하는 취학아동명부에 당연히 포함되지도 않는다.[5]

이처럼 가정교육이 상대적으로 부족할 수 있는 다문화가정 자녀들은 다른 아동들보다도 공교육이 더욱 필요한 상황임에도 불구하고 공교육으로의 접근기회를 제대로 배분받지 못하고 있다. 이것은 언어와 문화의 차이를 완전히 극복하지 못한 이주여성이 자녀교육의 상당 부분을 담당하는 경우가 많아 다문화가정 자녀들의 언어발달 정체와 정체성 혼란 등의 문제를 유발할 수 있음을 시사한다. 이러한 상황은 공교육의 출발점에서부터 교육 기회의 격차가 발생하고 있음을 확인하게 해준다.

2) 학교 다문화교육의 현황

다문화사회의 도래에 따른 다문화교육에 대한 요구 증가와 함께 그에 따른 다문화교육 활동이 다방면에서 확산되고 있다. 그중 학교에서 전개되는 다문화교육이야말로 다문화교육의 핵심적인 영역이라고 할 것이다. 하지만 학교현장의 다문화사회에 대한 준비는 학교교육 전반에 걸쳐 미약한 수준에 있으며, 다문화 학생과 그 특성에 대한 실태조차 파악하고 있지 못한 실정이다.

조영달 외(2010)는 초 · 중등학교의 다문화교육 프로그램을 다문화교육의 목표와 내용, 대상과 범위, 운영방식에 주목하여 분석하였으며, 정책연구학교 교사들에 대한 심층면접을 수행하였다. 연구결과는 첫째, 학교 다문화교육 프로그램의 목표 및 내용으로는 다문화 이해능력 증진, 문화교육, 언어교육, 공동체의식 함양, 자아정체성, 학교생활적응 등의 여섯 가지 유형이 발견되었다. 여섯 가지 유형들 중에서는

---

5 외국국적 아동은 「초 · 중등교육법 시행령」 제19조에 따라 거주지가 속하는 학구 내 초등학교의 장에게 입학 또는 전학을 신청할 수 있다. 자세한 내용은 교육과학기술부가 2013년 12월에 배포한 '다문화 학생 학적관리 매뉴얼'에 소개되어 있다.

문화교육과 언어교육이 주를 이루며, 문화교육 중에서는 한국문화적응교육, 언어교육 중에서는 한국어교육의 비중이 큰 것으로 나타났다. 학교급별로는 초등학교에서는 언어교육, 중등학교에서는 정체성 교육의 비중이 상대적으로 더 컸다. 학교특성별로는 일반 학교에 비해 정책연구학교에서 다문화 이해능력 증진 유형이 더 많이 발견되었다.

둘째, 다문화교육의 대상과 범위를 살펴본 결과, 학교 다문화교육은 대부분 학생을 대상으로 운영되고 있으며, 학부모 및 교사를 대상으로 한 프로그램은 희소했다. 학생 대상 프로그램들은 주로 다문화 학생이나 전체 학생을 대상으로 운영되었으며 일반 학생 대상 프로그램은 많지 않았다. 일반학교는 다문화 학생 대상 프로그램이 주를 이루는 데 비해, 정책연구학교에서는 전체 학생 대상 프로그램들이 많았다.

셋째, 다문화교육 운영방식을 살펴본 결과, 다문화교육 프로그램들은 정규 교육과정보다는 비정규 교육과정에 포함된 경우가 많았으며, 내부 교사들이 주로 운영을 담당하고 있었다. 한편, 다문화교육 운영 환경 및 맥락을 이해하기 위해 교사들과의 심층면접을 수행한 결과, 교사들은 다문화교육의 성격 및 목표를 '외국문화 이해교육'이나 '한국 사회 적응교육'으로 인식하는 경우가 많았고, 이중언어교육을 외국어교육의 일환으로 적용하고 있음이 드러났다. 또한 교사들은 교사들의 전문성 부족, 외부지원 및 여건조성의 미흡, '역차별'과 '구별 짓기'에 대한 학교 구성원들의 문제제기 등을 다문화교육 운영의 어려움으로 언급하였다.

이와 같이 다문화교육 도입 초기에 현장에서 이루어지는 다문화교육은 주어진 환경 제약 속에서 동화주의적인 교사들의 관점에 기초하여 학부모와 학생들의 반발을 최소화하는 방식으로 운영되고 있음을 확인할 수 있었다.

이러한 학교 다문화교육의 현실은 각 시 · 도 교육청 또는 시 · 군 교육지원청에서 단위 학교로 하달된 공문에서도 잘 나타나고 있다. 전재영(2011)은 학교에 하달된 공문 분석을 통해 학교 다문화교육의 현실을 다음과 같이 정리하고 있다.

첫째, 다문화 학생 수와 관련된 현황 파악이 단일 업무로 가장 빈번하게 하달되었고, 그 다음으로 다문화교육 자료 보급, 각종 다문화교육 워크숍, 직무연수, 관련 회의 참석 안내 및 다문화 학생의 지역 다문화 행사 참석 안내가 주를 이루고 있다.

둘째, 다문화가정 자녀 교육지원사업 계획 및 결과 보고, 대학생 멘토링 지원사업 계획 및 신청은 매년 고정적으로 반복되고 있어, 시행이 정착단계에 들어간 것을 확인할 수 있다.

셋째, 다문화교육 관련 실적이 시 · 도 교육청 평가의 요소로 반영되고 있다.

넷째, 다문화교육 정책연구학교 공모계획 및 운영보고회 참석에 관한 비중이 높았다.

다섯째, 학교 본연의 기능인 다문화교육과 관련한 실질적인 상급기관의 지도 · 감독과 관련한 공문이 거의 존재하지 않는다.

3) 다문화 학생의 학교생활

다문화가정의 아동은 학교생활에서 나름대로 독특한 문화를 지닌다. 다문화 학생들의 학교생활은 침묵의 삶이었다. 아이들은 수업시간에는 얌전히, 되도록 조용히 지낸다. 그저 교사가 정해준 학급에서의 역할에 충실할 뿐이다(배은주, 2006). 그들 스스로는 특별히 자신의 가정사에 관한 언급은 하지 않는 것이 자연스러운 것이다. 이는 그들이 속한 사회 및 공동체가 제공하는 무형적인 질서 내에서 느껴지는 차별과 일반적이지 않음에 대한 직감적인 대응방식으로 나타나고 있는 것이며, 분명 그것은 우리 사회가 제공하고 있는 시선에 대한 무언의 대응이고, 무능력한 어린 아이의 입장에서 선택할 수밖에 없는 불만의 표시인 것이다.

특히 다문화가정 아이들은 사회적인 요인과 가정환경적인 요인으로 한글을 제대로 익히지 못하는 경우가 많다. 통상 어머니로부터 양육의 과정에서 자연스레 모국어를 습득하지만, 어머니의 한국어 사용능력이 떨어져 한국어를 배울 환경이 적합하지 않다. 이러한 결핍된 언어적 사회화에 따른 의사소통의 어려움은 다문화가정의 부모 세대에 그치는 문제가 아니다. 다문화 학생의 학업성취뿐만 아니라 대인관계에도 여러 가지 부정적인 영향을 준다.

다문화가정 자녀는 어머니의 다른 언어와 문화로 인해서 부모와 자녀 간의 상호작용이 일반 가정의 자녀와는 다른 모습을 보이기도 한다. 다문화가정 자녀들 가정에서의 상호작용은 소극적인 학교생활로 이어져 교우관계 형성에도 영향을 미치게 된다. 다문화가정의 자녀들도 학교에서 또래와 복잡한 교우관계를 형성하기도 한다. 다만 이들의 교우관계는 일반 학생에 비해서 덜 적극적이고, 덜 개방적인 행동양식으로 표출된다. 구체적으로 살펴보면 친구들과 함께 어울리는 활동보다는 혼자만의 시간이 많으며, 소극적인 행동을 자주 하는가 하면 친구들의 행동만 따라하는 수동적인 행동 양상을 보인다. 친구들의 주위만 맴돌아 다니는 행동을 보이고, 열등감이 높아서 친구들의 작은 놀림에도 신경질적인 반응을 보이고는 한다.

다문화가정 자녀들의 언어능력 부족에 따른 학습부진은 따돌림을 당하는 원인이 되기도 하며, 소극적인 학교생활로 인하여 학습활동에서뿐만 아니라 자신이 다문화가정의 자녀라는 자신의 현실을 회피하는 경향을 보이고 있어 스스로 또래집단에서 멀어지기도 한다. 심지어 행동이 거칠고 욕설과 은어 및 속어를 쉽게 익혀 사용하는 양상을 보이기도 하며, 한국어 사용능력이 떨어지기에 남학생의 경우에는 남학생과 대화하기보다는 오히려 여학생과 대화하기를 선호하는 경향도 있다.

이러한 언어표현의 어려움은 학급에서 올바르지 못한 대우를 당해도 담임교사에게 알리는 등 적극적인 의사표현보다는 일방적으로 참고 견디는 것이 오히려 편하다는 생각을 하며, 또한 학습활동에서 정확한 언어를 구사하지 못해 수업 중에 발표를 잘하지 못하고 어려움을 느끼게 된다. 이런 행동들이 지속적으로 반복됨에 따라 학생의 문화적인 배경과 겹쳐지면서 교우관계에도 소극적이 되며, 그로 인해 학교생활은 점점 더 지겨울 수밖에 없다.

우리나라 학생이 경험하는 집단따돌림과 국제결혼가정 자녀가 경험하는 집단따돌림이 그 내용에 있어서 전혀 다르게 나타나고 있다. 교우관계에서도 따돌림을 당한 경험이 있는 아동이 17.6%나 되며, 특히 동남아시아 출신 어머니를 가진 아동은 외모상의 특성 때문에 따돌림을 당하는 경우가 많다고 한다(설동훈 외, 2005). 또한 일반 학생의 경우 집단따돌림을 경험하는 주된 이유는 잘난 척해서(29.4%)라는 반응을 보인 반면, 다문화가정 자녀는 그 성격상의 특성과는 무관하게 단순히 다문화가정의 자녀라는 이유이다(조영달, 2006). 이주노동자 자녀들은 외국이라는 낯섦, 다른 피부색 등으로 인해 급우들로부터 차별을 당한다. 그 차별은 원만한 교우관계 형성을 방해하고, 학교를 옮김으로써 빚어지는 학습단절을 낳기도 한다(배은주, 2006).

교사와의 관계에 있어서도 서로 가까운 거리에 있지만, 상호 교류가 그리 원활하게 이뤄지지 않는다. 다문화가정의 학생들은 소극적일 뿐만 아니라 자신감도 부족하며 담임교사의 눈치를 많이 보는 편이다. 심지어 어떤 학생들은 교사의 관심을 끌기 위해서 과장된 행동이나 특이한 행동을 하는가 하면 지나치게 위축된 태도를 보이기도 한다. 코시안 아동들은 수업상황에서 형식을 갖춘 질문과 답변에 매우 소극적인 태도를 보인다(오성배, 2005). 발표에 대한 자신감도 부족하고 어법에 맞지 않는 문장을 나열하는 경우도 많다. 북한이탈주민 자녀들의 경우도 수업태도는 비교적 양호하였으나 질문과 발표를 하는 데 소극적이다(김미숙, 2005). 이처럼 다문화가정의 아이들은 가정의 특수한 사정으로 인해 학교생활에서 느끼는 심리적 중압감이 일반인이 예상하는 것보다 훨씬 높은 편이다.

다문화가정의 학생들은 부모의 무관심 속에 방치된 환경에 장기적으로 노출됨으로써 지적인 능력 저하와 자신감이 결여되며, 학교에서도 담임교사와 정서적 교감을 떨어뜨리는 결과를 가져왔다. 담임교사도 기회가 될 때마다 이들에 대한 격려와 관심을 보여주어야 함에도 그렇지 못하고, 아이들도 학습에 필요한 기본적인 준비상태, 즉 과제물 작성과 준비물을 챙겨오는 습관이 제대로 형성되어 있지 않았다. 학부모들도 언어적 장벽과 함께 한국 교육문화에 대한 낮은 이해도가 학교교육에 대한 무관심으로 이어져 교사와의 관계를 원활하게 형성하지 못하고 있으며, 이것은 자녀에게 부정적인 영향을 미치게 된다.

부족한 언어적 사회화는 언어능력의 결손과 학업성취의 부진을 초래하기 마련이다. 한국어를 유창하게 사용하지 못하는 어머니 밑에서 자란 자녀들은 당연히 언어능력이 떨어지게 되고, 이로 인해 초등학교에 입학하여도 학업성취도가 낮아지는 악순환의 고리가 계속 유지되는 것이다. 이것은 어머니의 학력 자체는 다른 일반 가정과 별다른 차이가 없지만 다문화가정의 언어환경적 측면이 다른 가정과 큰 차이를 보인다는 점에서 그 원인을 유추할 수 있다.

어머니가 자녀에게 언어 자극을 많이 주어야 정상적인 언어발달이 이루어진다. 저학년의 경우에는 문장과 단어 이해력이 떨어지며, 문법적인 측면에서 문장형식이 틀리거나 맞춤법에 어긋나는 표현이 많아 언어 체계가 일반 학생에 비해서 차이가 있을 수 있다고 판단된다. 특히 다문화가정의 학생들은 단순한 문자 해독능력도 떨어지고, 발음과 억양이 부정확하여 학생 자신의 생각을 논리정연하게 표현하지 못하고 있다. 특히 통합교과수업보다는 주지교과수업에서 더 많은 어려움을 느낀다. 전반적으로 받아쓰기 활동 수준이 매우 낮으며, 생각쓰기 활동에서는 두서없는 표현방식이 자주 나타난다.

다문화가정의 어머니들도 교육에 대한 열정은 어느 정도 있었으나, 국어 사용 능력이 부족하여 가정에서 제대로 된 교육을 하기가 쉽지 않았다. 방과후 가정교육도 어머니가 한국어를 이해하기 힘들기 때문에 어머니로부터 도움을 받지 못한다. 심지어 알림장의 전반적인 내용도 이해하지 못하고 있다(오성배, 2005). 결혼이주여성들은 한국에 거주하는 기간이 오래되면 될수록 의사소통능력은 점차 높아지지만, 체계적인 한국어 교육을 받지 않았기에 자녀들에게 부정적인 영향을 미치게 된다.

언어능력의 저하는 자녀의 학업성취도와 직결되며, 낮은 학업성취도를 보인 학생들은 성장하면 할수록 심각한 사회문제로 비화될 가능성이 있다. 다문화가정 자녀들은 말을 배우는 가장 중요한 시기인 유아기에 한국말이 서투른 외국인 어머니 밑에서 성장하기 때문에 언어발달이 늦고 의사소통에 제한을 받는다. 따라서 언어능력의 부족은 학습부진을 초래하고 있다. 특히 이 아이들은 일상적인 의사소통에는 큰 문제가 없으나 독해와 어휘능력, 쓰기, 작문능력이 현저히 떨어진다(이학춘, 2009).

다문화 학생들은 성장하는 과정에서 정체성의 혼란을 경험하게 된다. 이런 문제는 중국 조선족 어머니의 다음과 같은 말에서 잘 표현된다. "조선족은 한국 사람도 중국 사람도 아니거든요. 그 가운데서 이 문화도 저 문화도 아닌 조선족 문화를 가지고 있거든요. 그러니까 한국문화를 완벽하게 알고 있지는 못하거든요." 필리핀 어머니의 말에서도 엿볼 수 있는데, "둘째인 딸아이가 사춘기라서 그런지 요새 부쩍 엄마는 우리 사회에 대해서 잘 모르는 것이 너무 많다고, 그래서 이런 것도 잘 모르고 저런 것도 잘 못 가르쳐준다고 짜증을 많이 냅니다"(김경식 외, 2008).

특히 우리의 교육과정은 혈연중심의 단일민족주의를 부각시키고 있으며, 서양편향성을 드러낸다(박철희, 2008). OECD의 다문화교육 목적[6]에 따라 우리 사회의 교육을 분석해 볼 때 우리 학교 문화의 자문화중심성은 교육과정에서 아주 심각한 정도이다. 과도한 민족주의적 지향성은 순혈주의적 가치를 조장하게 하고 동시에 경쟁적, 외재화된 물신적 교육으로 말미암아 타 인종에 대한 태도가 교육 양극화의 양상으로 표출되기도 한다. 그 결과 학력저하도 문제이지만 학교생활상의 소외와 편견 그리고 인종적 차별이 가장 큰 문제가 되고 있다(강순원, 2008). 이처럼 다문화 이해 교육의 필요성에도 불구하고 여전히 혈연중심의 폐쇄적인 민족주의는 다문화 학생들의 정체성 문제와 부적응을 유발하게 된다.

학교진학 기회에서 불리한 여건과 학교에서의 부적응은 교육 결과의 부실로 나타난다. 국제결혼자녀 가운데 기초학력 미달자는 초등학생의 경우 7.5%, 중학생의 경우 9.5%나 된다(전체 초등학생의 경우 1.45%임). 이주노동자 자녀들의 학업성취도는 개인에 따라 차이가 크고 한국어의 능숙함에 따라 차이가 크다(배은주, 2006). 코시안

---

6 OECD는 1989년 다문화교육 프로그램 구성에 있어 최소한 다음의 목적을 전제해야 한다고 한다. 즉, 학교문화의 자문화중심성을 극복하고 학교 내의 다양한 문화의 실재함을 합법화할 것, 학교와 가정 간의 연속성을 강화함으로써 부모나 그들 문화를 통한 잘못된 입장에 빠지지 않도록 교육함, 주입식 교육이 아닌 적극적 획득과정으로 언어나 문화를 가르침, 교수상의 차별과 편견을 제거함, 모두를 위한 교육기회균등을 보장함, 교육체제와 학교의 다원주의를 보장함, 아동권리를 존중함 등이다(강순원, 2008).

아동은 문장 이해능력, 독후감, 받아쓰기, 맞춤법 등의 능력은 동료 학생들에 비해 현저하게 떨어진다. 다른 과목의 이해도와 비교하여도 문장쓰기나 이해능력은 매우 부족하다(오성배, 2005).

외국인 노동자 자녀들도 학교적응에 심각한 소외현상을 경험하고 있다. 그 원인은 첫째, 언어능력 부족으로 인해 학습부진의 정도가 심각하고, 둘째, 정체성의 혼란을 경험하며, 셋째, 집단따돌림 등으로 건강하지 못한 정신적 충격을 경험하고 있다(조영달, 2006).

표 6-4 외국인 아동이 겪고 있는 고통

구 분	전체(50명)	초등학교(31명)	중등학교(19명)
미숙한 한국어	30.0	32.3	26.3
한국어로만 수업이 진행되어 따라가기 힘듦	26.0	32.3	15.8
낮은 성적	16.0	3.2	36.8
따돌림, 놀림, 구타	12.0	16.1	5.3
친구 사귀기 힘듦	8.0	6.5	10.5
소비수준의 차이에서 오는 소외감	4.0	6.5	–
기타	4.0	3.1	5.3

다문화사회로의 전개에 따라 다문화교육은 그 필요성에 따라 학교를 비롯한 다양한 기관에서 그 나름의 교육이 이루어지고 있다. 하지만 이상에서 보듯 다문화가정 자녀들은 가정경제의 어려움과 함께 언어사회화의 결핍으로 인하여 학교생활의 부적응으로 이어지고 있다. 초기 언어사회화의 어려움 때문에 한국어에 어려움을 가진 학생들은 학교생활에 흥미를 갖지 못하고 적응의 어려움을 호소하는 경우가 많다. 한국어에 어느 정도 능숙하더라도 교우관계나 교사관계에서 소극적인 경우가 많으며 학업성취도가 떨어지고 정체성의 혼란과 겹쳐지면서 학교생활에서 소외로 인한 고통을 호소하기도 한다. 다문화 학생들의 경우 사회 · 문화, 가정환경, 어머니의 특

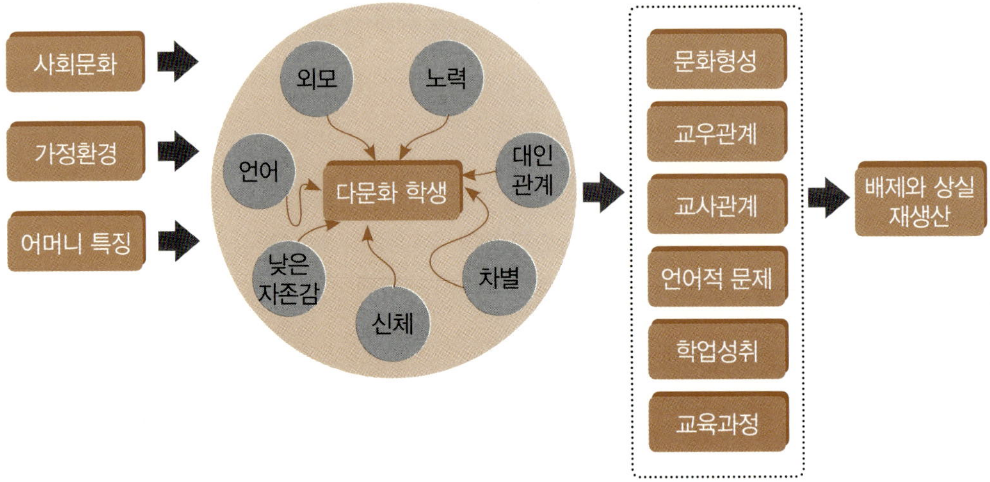

그림 6-2 다문화 학생의 학교생활과 딜레마

출처: 김경식 외(2008).

징 등과 같은 구조적인 환경에 의해 다문화 학생만의 특징적인 환경을 구축하게 되었다. 이러한 환경은 다문화 학생들이 학교생활에서 자기들만의 문화, 독특한 교우관계, 교사관계의 어려움, 언어적 능력의 한계, 학습부진, 적절한 교육과정 부재 등으로 고통을 받게 만든다. 이는 자연스럽게 학생들을 건강한 학교생활로부터 또다시 배제와 상실로 이끌고 있다([그림 6-2] 참조). 이러한 모습은 미국 다문화가정의 빈곤, 학령전 교육에의 낮은 참여율, 낮은 수준의 초 · 중 · 고등학교 환경, 부정적인 자기이미지, 제한된 지역사회 자원, 적절한 역할모델의 부재 등으로 어려움을 겪는 모습(최승희, 2006)과 일맥상통한다.

이들 다문화가정의 자녀들이 학교교육에서 제대로 활동할 수 있도록 적절한 준비와 대응을 하지 못한다면, 다문화 학생들은 건전한 교우관계를 형성하지 못할 것이고, 교사로부터 적절한 관계와 피드백을 상실하게 될 것이며, 교육과정으로부터 기본적인 내용 습득에 어려워할 것이고, 학습에 의욕을 상실하여 학습부진아로서 학교생활을 영위하게 될 것이다. 이는 자연스럽게 낮은 교육성취로 이어져 또 하나의 사회 소외계층을 재생산하도록 만드는 메커니즘의 탄생을 예고한다.

따라서 교육부는 매년 다문화 학생 교육지원계획을 내놓고 학교 다문화교육의 내실을 기하고 있다. 일반 학생의 다문화 수용도 및 이해도를 높이기 위해 다문화 중점학교를 지정·운영하며, 우수 교육사례를 발굴하여 타 학교로 전파하고 있다. 다문화 학생과 일반 학생이 다름을 존중하고 어울려 살 수 있도록 학교교육과정 등을 통해 다문화 감수성 제고, 다문화 이해 및 반편견교육 등을 실시하고 있다.

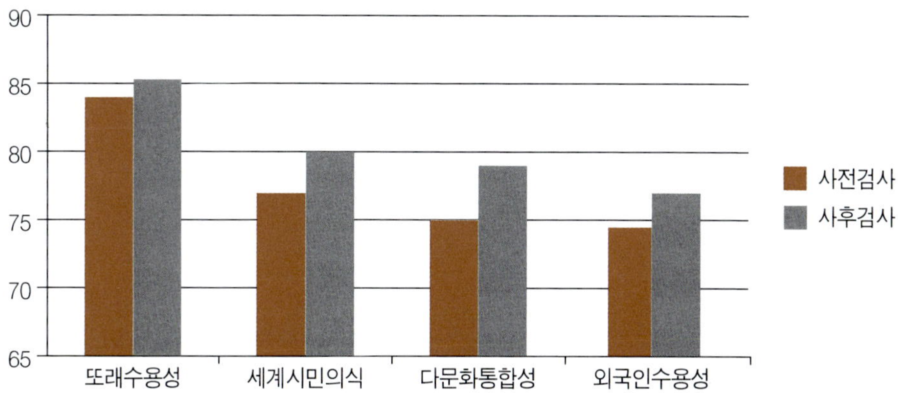

그림 6-3 2014년 중점학교 운영성과 효과성 측정 결과

출처: 중앙다문화센터.

3. 학교 다문화교육과 교사

다문화가정 자녀들은 가정생활을 비롯하여 학교생활에서도 다양한 측면에서 어려움을 겪고 있다. 새로운 소외계층으로 등장한 이들에게 단순히 교육기회의 확대만이 아니라 그들이 학교에서 잘 적응할 수 있도록 적절한 교사의 개입이 절실히 요구된다.

다문화교육을 위해 필요한 교사 자질은 교사의 다문화적 태도, 다문화수업 능력, 다문화가정 자녀 지도능력, 다문화적 문제상황 해결능력 등 다양하다. 마셜(Marshall,

2002)은 다문화교육에서 교사에게 요구되는 능력은 스스로 문화적 태도를 성찰하고 문화적으로 상이한 집단과 효과적으로 상호작용할 수 있는 간문화적 능력, 학생 · 학부모 · 지역사회 등에 대한 관심과 지식, 효과적인 교수전략 탐색능력, 학교행정에 대한 열정 등을 들고 있다.

게이(Gay, 2000)도 다문화교육 프로그램을 실행하는 교사의 역할을 문화조직자(cultural organizer), 문화매개자(cultural mediator), 사회적 맥락의 조정자(orchestrator of social contexts)로 구분하여 설명하고 있다. 문화조직자는 다문화교육의 내용이 다양한 지식, 경험, 문화 등을 포함하는 것이며, 문화매개자는 서로 다른 문화집단의 학생들이 학습과정에서 효과적으로 의사소통할 수 있도록 돕는 것이고, 사회적 맥락조정자는 서로 다른 구성원들의 학습에 효과적인 다양한 학습 환경을 조성하는 것이다.

뱅크스(Banks, 2008)는 다문화교육을 실현하기 위하여 교사들이 유념하여야 할 사항을 다음과 같이 제시하고 있다.

① 문화 간의 차이는 물리적으로 실재하는 어떤 것이 아니라 가치, 신념, 상징, 관점의 차이이다. 문화적 차이는 상대적인 것이며, 절대적인 기준을 제시할 수 없다. 특정 문화를 기준으로 학생의 문화를 평가하거나 재단하지 말아야 한다.

② 문화의 역동성과 복잡성에 주목해야 한다. 어떤 문화적 단위든 다채로운 하위문화들을 포함하고 있다. 특정집단에 대하여 획일적인 이미지와 성향을 부여하는 것은 곧 편견의 산물이라는 것을 명심해야 한다.

③ 다양한 소수집단들에 대한 지식을 가지고 있어야 한다. 각 집단들의 핵심가치, 중요한 역사적 경험, 현재 처한 상황 등에 대해 충분히 이해하고 있어야 하며, 수업전략을 세울 때 이를 고려해야 한다.

④ 학생들의 문화적 · 인종적 · 언어적 · 계층적 특징을 고려하여 수업을 조직할 수 있어야 한다. 교사는 문서의 형태로 존재하는 교육과정과 교과서를 경험으로 구체화하는 전문가이다. 교사는 다양한 배경을 가진 학생의 요구에 적합한

학습경험을 제공할 수 있어야 한다.

또한 모경환(2009)은 다문화적 학교와 학급에서 효과적으로 학생들을 가르칠 수 있는 자신감이 요구된다고 하였다. 교수에 대한 효능감, 즉 학생들을 잘 가르칠 수 있다는 자신감이 교사의 중요한 특성인 것처럼, 교사는 다문화적 환경에서 효과적으로 가르칠 수 있는 자신감인 다문화적 효능감(multicultural efficacy)이 필요하다고 보는 것이다.

4. 학교 다문화교육의 과제

다문화사회에서 가장 필요한 정신은 조화와 공존이다. 그러나 오랫동안 단일문화를 형성해 온 한국 사회의 경우 다문화사회의 흐름에 맞게 사회를 변화시키는 것이 쉬운 일은 아니다. 단일민족이라는 신화와 혈통을 중요시하는 민족적 정서와 문화적 폐쇄성은 다문화시대를 준비하는 사회적 과제에 대한 장애가 되고 있다. 관용이라든지 다양성의 존중, 차이의 고려와 같은 것에 대한 교육적인 요구는 늘 있어 왔으나, 정말 해야 하는지, 차이가 차별이 되지 않도록 얼마나 많은 고민이 필요한지는 아직 겪어 보지 못했던 것이 사실이다(곽한영, 2007).

다문화사회로의 전환기를 맞이하여 다문화가정 배경을 지닌 새로운 소외계층이 발생하게 되었으며, 이것은 곧 사회양극화 현상의 또 다른 한 단면을 보이게 된다. 특히 소외계층 자녀들의 문제는 성장과정에서 발생하여 시간이 지남에 따라 더욱 큰 문제를 야기할 가능성이 있다. 따라서 새로운 계층의 구성원과 자녀들의 수가 폭증하는 시점에서 다문화사회로의 전환기에 교육적인 대책이 시급하게 마련되어야 할 것이다. 특히 다인종 · 다문화사회를 대비하여 인간 삶의 형태의 다양성에 대한 교육을 강화할 필요가 있다. 우리 사회 역시 다문화가정을 이해하려는 노력은 그 어느 때

보다 절실하다. 그들은 우리의 한 구성원으로 받아들이고 함께 살아가는 방법들을 강구해야 할 것이다. 이들에 대한 이해와 관심을 가져 우리의 이웃으로 인정하고 하나로 융화될 때 이들의 가정은 물론 우리 사회가 안정될 것이다. 또한 다문화가정 출신 자녀들을 '우리'와 다른 '그들'로 보는 태도보다는 이들이 우리 사회구성원의 중요한 구성요소라는 점을 인식하고 이들의 문화를 이해하려는 노력이 보다 절실히 요구된다.

다문화가정 출신 청소년들은 언어, 학교성적, 교우관계 등으로 인한 학교부적응뿐만 아니라 정체성 혼란이나 자아존중감의 저하와 같은 문제로 어려움을 겪고 있다. 이러한 문제해결을 위해서는 다문화교육이 필요하다는 것을 누구나 공감하는 사실이다. 특히 문화적 편견 극복과 차별을 해소하고 다문화교육이 성공하기 위해서는 학교교육이 그 무엇보다 중요하다. 다문화교육은 다문화가정 청소년들이 다양성을 수용할 수 있는 사고를 가지고 상호작용을 하며, 자아정체감을 확립할 뿐만 아니라 다른 사람을 위해서도 지지해 줄 수 있도록 교육하는 것이다.

다문화교육 경험이 일천한 우리 사회에서 학교 다문화교육이 유의미하게 이루어지도록 하기 위해서는 최근까지 다문화교육을 집중적으로 실행하고 있는 학교의 구성원을 대상으로 다문화교육 경험에 대한 반응과 평가를 살펴볼 필요가 있다. 왜냐하면 앞으로의 다문화교육 기본 방향을 정립하는 데 좋은 시사점을 함의하고 있기 때문이다.

다문화교육에 참여한 일반 가정 학생들의 반응은 전반적으로 긍정적이었지만, 다문화교육에 참여한 다문화 학생들의 주된 반응은 부정적인 면이 많았다(박윤경, 2009). 다문화 학생들의 반응은 첫째, 모든 다문화가정을 동일한 집단으로 간주하는 문화이해수업에 대한 불만을 제기하였다. 국제이해교육이나 문화이해수업에서 활용하는 자료에 나타난 비참한 다문화가정의 모습이 자신의 현실이나 부모의 출신 국가의 상황과는 맞지 않는다는 것이다. 둘째, 자신들을 일반 학생들과 따로 범주화하거나 '구별 짓기' 하는 것에 대한 거부감을 표시하였다. 다문화 학생들에게 특별한 프로그램을 제공하는 것을 학교 입장에서는 필요한 일이자 배려라고 생각하지만, 정작 일부 학생들은 자신의 자유로운 학교생활을 침해하는 것이라고 생각하였다. 셋째, 정체성 강화 및 자존감 향상을 위한 프로그램에 대해서는 크게 만족했다. 넷째, 다문화교육을 통해서 자신과 다문화가정에 대한 일반 가정 학생의 태도가 변화한 것에 대해 만족감을 표하였다. 다섯째, 결혼이주여성 및 다문화가정 학부모를 인적 자원으로 활용하는 것이 긍정적인 자존감 형성에 도움이 된다고 평가하였다.

일반 학생의 반응은 첫째, 새로운 문화를 소개하는 문화이해수업에 대한 만족을 표하였다. 국제이해교육을 포함한 문화이해교육이 자신의 현실과 맞지 않다는 다문화 학생들의 불만과는 달리, 일반 가정 학생들은 문화이해교육이 여러 나라의 문화에 대해 새로운 것을 알아갈 수 있는 기회가 되었다며 만족스러워 했다. 둘째, 다문화교육을 통해 외국인, 특히 후진국 출신 외국인에 대한 두려움과 편견이 감소되었다고 평가하였다. 여기서 주목할 점은 일반 가정 학생들이 말하는 편견의 대상이 다문화가정이 아니라 우리가 후진국이라고 인식하는 국가의 국민들이라는 점이다.

이상의 반응과 함께 그동안 여러 연구자들의 연구결과들을 바탕으로 우리가 함께 고민할 사항을 다음과 같이 정리해 본다.

첫째, 다문화가정 자녀의 다양한 학교생활 적응 유형을 파악하여 피상적이고 섣부른 성급한 일반화가 아닌 심층적이고 다각적인 차원의 분석으로 그에 알맞은 다문화가정 자녀의 학교생활 적응에 맞는 프로그램 마련이 필요하다. 또한 다문화 학생들은 다문화교육 경험에 대한 부정적인 반응에서 보듯이 일반 학생들과 따로 범주화하거나 '구별 짓기' 하는 것에 대한 거부감이 있다는 점을 참작하여야 할 것이다. 일반적으로 다문화가정 출신 자녀들은 학교생활에 어려움을 겪는 것으로 받아들여지고 있지만, 최근 연구된 일부 연구들 중 정하성 · 우룡(2007), 노충래 · 홍진주(2006)의 연구는 양호한 학교생활 정도를 보이고 있으며, 학교생활에 만족하고 있음을 소개하고 있다는 점이다. 또한 다문화가정 자녀는 그 성격상의 특성과는 무관하게 단순히 다문화가정의 자녀라는 이유로 따돌림을 받기도 한다. 다문화가정 자녀들 중에는 부모님이 외국인이라는 것을 친구들이 더 이상 몰랐으면 좋겠다는 경우가 많다.

그런데 다문화교육이라는 이름하에 전개되는 섣부른 교육이 오히려 이들을 불편하게 하고 어려움을 초래할 수 있다는 점이다. 다문화가정 출신의 자녀들은 그들 스스로는 자신의 가정사에 관한 언급은 하지 않는 것이 자연스러운 것이다. 이는 그들이 속한 사회 및 공동체가 제공하는 무형적인 질서 내에서 느껴지는 차별과 일반적이지 않음에 대한 직감적인 대응방식으로 나타나고 있는 것이며, 분명 그것은 우리 사회가 제공하고 있는 시선에 대한 무언의 대응이고, 무능력한 어린 아이의 입장에서 선택할 수밖에 없는 불만의 표시인 것이다. 다문화 학생들과 관련된 구성원들 사이에서 보이지 않는 문화, 즉 다문화 학생들과의 관계에서는 부모님을 포함한 가족에 대해 언급은 하지 않는 것이 독특한 '룰'로 자리 잡고 있다.

둘째, 학교 현장에서 다문화 학생과 교사는 그리 원만한 관계가 아니다. 현장에서 다문화 학생을 지도하는 교사들은 이들 학생들을 더 잘 지도하여 학교생활에 빨리 적응할 수 있도록 도와주어야 하지만 현실은 그러하지 못하다. 기본적인 교과 지도나 학생의 문화를 이해시킬 수 있는 다양한 교수 · 학습자료가 부족하여 담임을 맡았을 때 장애우나 결손가정보다 더 많은 당혹감을 느낀다고 한다. 이들의 고민과 당혹감을 해결하여 줄 수 있는 노력이 필요하다.

현재의 다문화교육은 모든 것을 일선 교사들이 직접 채워가야 하는 상황이다. 그런데 교사들은 아무런 준비가 되어 있지 않은 상태이다. 많은 경우 '맨 땅에 헤딩하기'라고 할 정도로 시행착오로 점철되고 있는 상황에서 교육효과를 기대하기는 쉽지 않다. 더욱이 교사 개인 스스로 교육방향을 수립하고 내용과 방법을 채워가다 보니 개인적 차원의 의도와 무관하게 일반적 편견이 여과 없이 교육현장에서 재생산되고 심지어 공식화, 제도화될 우려도 배제할 수 없다(김이선, 2008).

교육의 질적 수준은 그 무엇보다도 교사의 수준을 넘어설 수 없다고 한다. 현재 7차 교육과정 내용 중 중요한 변화의 하나는 교육과정 중심이 교사에서 학생 개개인의 능력을 고려한 학생중심의 교육과정 지향으로 바뀐 것이다. 그러나 교사의 질적 수준을 높일 수 있는 의식의 변화 없이는 교육의 변화를 기대할 수 없다. 따라서 다문화가정에 대한 교사의 의식 변화와 함께 이들 교육을 위한 자기주도적인 노력이 다시금 강조될 필요가 있다.

셋째, 학부모를 대상으로 하는 언어와 문화 이해 프로그램뿐만 아니라 자녀의 특성에 대한 이해, 한국의 교육문화에 대한 이해교육이 필요하다. 학부모는 자녀교육에 대한 지식과 학교교육의 지도와 계획에 대해 많은 관심을 가지고 있으면서도 쉽게 이해할 수 없는 부문이 많이 있다. 가정에 따라 다소 차이는 있지만 자녀교육에 대하여 아버지보다 어머니가 더 많은 관심을 가지고 참여하는 것이 우리의 일반적인 모습이다. 그런데 우리나라 다문화가정의 대부분은 어머니가 외국인인 경우가 상대적으로 많아 자녀의 학교교육과 관련하여 이들에 대한 적절한 안내교육이 요청되고 있다.

물론 교육청이나 각종 단체에서 다문화가정을 위한 학부모 연수를 하고 있다. 하지만 이는 포괄적인 국가나 지역교육에 대한 전반적인 소개에 지나지 않는다. 즉, 다문화가정의 어머니들은 자녀가 다니는 학교교육에 대한 관심이 더 큼에도 불구하고 이에 대한 적절한 오리엔테이션을 제공받지 못한다.

다문화가정의 어머니도 교육에 대한 기대가 크지만 최근 우리 학교의 변화된 모습이나 우리나라의 학교교육에 대한 배경 지식이 전무한 상태이기에 자녀를 올바르게 교육하고 지도할 수 없다고 한다. 그렇기에 다문화가정의 자녀교육을 위하여 학교 차원에서 다문화가정 학부모 연수회를 강화하는 방안도 필요할 것이다.

넷째, 약자와 소수자에 대한 배려 속에 우리의 문화정체성을 유지하는 다문화교육이어야 한다. 일선 교육현장에서 전개되고 있는 교육과정에서 다문화교육의 성격을 얼마나 담고 있는지 그 실태를 파악해 볼 필요가 있다. 세계화라는 말에 걸맞게 현대사회는 다양한 국가 간의 문화가 여러 수준에서 매우 다양하게 교류가 이루어지고 있다. 어쩌면 현대사회는 자기 고유문화에 대한 관심 증대와 함께 우리와 다른 문화에 대한 다양성을 인정하는 수용적 자세가 요구된다. 자기 문화에 대한 정체성 확립은 물론 능동적으로 다른 문화를 이해할 필요가 있는 것이다. 국내 거주 외국인 110여만 명은 국내 인구의 2%에 불가하며 그중 50% 이상이 단기순환으로 귀국하는 외국인 노동자라는 점을 생각한다면, 우리에게 필요한 것은 당장 단일민족주의를 선진국과 같이 다문화주의로 대체하기보다는 한국의 특색에 맞는 다문화교육의 정립이 요청된다 할 것이다.

문화는 시간과 공간이라는 제약된 환경 속에서 사람들이 이루어 내는 독특한 행동양식이기에 문화의 정체성과 독특성이 성립된다. 한 문화가 독점적으로 문화를 점령하면 다른 문화는 주변문화가 되어 사라질 것이다. 따라서 세계의 여러 문화와 경쟁하고 호흡하면서 우리나라의 문화정체성을 보존하고 세계화하는 방향으로 문화교육이 추진되어야 한다. 물론 이러한 문화교육은 특수성과 보편성이 조화를 이루어야 한다. 즉, 문화교육은 개방적인 입장에서 자문화중심주의에 빠져서는 안 되고 문화의 상대성과 보편성의 의미를 고려하여야 한다. 문화의 세계화에 적극 노력하고 세계 문화 속에서 자기문화의 우수성을 유지하는 것이 중요하며 문화교육은 이러한 조화를 이루는 데 일조해야 한다.

다문화적 상황을 접하게 될 때, 소수문화집단 출신의 개인은 자신이 가진 문화가 주류문화가 아니라는 것 때문에 자신의 문화를 부정하거나 점점 주류문화에 저항하게 되고, 그 후 문화의 다양성에 눈 뜨는 과정을 거치면서 문화 간의 공존의 중요성을 이해하게 된다. 반대로 주류문화집단에 속한 개인은 이미 주류인 자신의 문화에 대한 우월감으로 소수문화집단에 대하여 경시하고 차별하는 시각을 보이다가 소수문화집단을 수용하고 이해하며 공존하는 방향으로 인식을 변화시켜 간다(구정화 외, 2009: 170). 따라서 다문화사회로의 진입단계에 있는 우리로서는 초기 주류문화와 소수문화가 충돌하거나 갈등을 일으키는 과정에 문화 간 이해나 문화에서의 주류문화와 소수문화에 대한 편견 등을 교육내용으로 다루는 문화교육이 요청된다.

다문화교육은 사회적 다양성의 수용과 통합에 목적이 있다. 지역사회에서 다문화교육의 핵심은 소수자 주체화, 다수자 변화, 공동체 형성에 있다. 다문화교육은 소수자에 대하여서는 새로운 문화에 대한 적응과 사회적 주체화에 초점이 있다. 즉, 출신 문화에 대한 자긍심을 가지고 새로운 문화에 대한 대응력을 향상시키는 것이다. 이에 비해 다수자에 대하여는 다양한 문화를 이해하고 수용할 줄 아는 '관용의 힘'을 길러주는 것이다. 다른 문화의 차이를 인정하고 그 문화적 가치를 자기 삶의 자양분으로 삼는 적극적인 다문화교육은 획일적인 역사관을 극복해야 한다. 그러한 측면에서 다문화교육은 타자에 관한 교육이다. 다수자와 소수자는 더불어 행복한 세상을 위한 공동체 형성을 위해 서로 힘을 합쳐 나가야 한다. 다문화교육은 우리 역사 안에 함께해온 이민족의 역사를 발굴 · 기술하는 작업을 포함하여 순수혈통주의나 민족적 우월주의의 극복을 통해 제3의 정체성을 형성하는 것이다. 이것이 다문화 공동체 교육의 지향점이다(김형민, 2008).

다섯째, 교육기회의 보상적 배분이다. 한국 사회의 언어와 문화에 제대로 적응하지 못한 채 살아가는 다문화 학생에게 교육의 기회를 배려함으로써 한국 사회를 이해하고 적응하여 엄연한 사회구성원으로 존재할 수 있게 할 필요가 있다(오성배, 2006). 하지만 최근 다문화교육에 대한 지나친 관심이 오히려 그동안 관심을 가져왔던 기존의 사회 약자에 대한 정책이나 관심의 약화를 초래하고 있다는 점을 간과해서도 안 될 것이다.

특히 결핍된 언어적 사회화에 따른 언어능력의 결손과 학업성취의 부진을 해소하기 위하여 취학전 교육, 방과 후 학교, 주말교육 프로그램, 방학 중 프로그램, 멘토링 시스템 등 다양한 프로그램을 활성화할 필요가 있다. 원만한 교우관계의 형성이나 학업에 대한 흥미를 유발하기 위해서도 다문화 학생의 특성에 맞는 다양한 프로그램으로 한국어 학습에 대한 지원이 필요하다. 아울러 다문화 학생들에게 실질적인 도움이 되도록 그들의 수준과 요구에 맞는 프로그램의 준비와 질 관리가 이루어져야 한다.

중학교 수준에서는 학교생활 적응 중 언어 적응에 더 초점을 맞추는 것이 필요하며, 언어 적응 중에서도 교과학습에 더 중점을 두는 것이 학습자의 학습력을 높여 자아존중감을 높이게 된다. 한 사람의 정체성은 어떤 언어를 사용하느냐에 따라 크게 영향을 받는다. 다문화가정 자녀들은 사용하는 언어 때문에 국가 정체성 형성에 혼란을 겪게 된다. 소수문화집단 출신의 자녀라면 소수집단의 언어와 주류문화집단의 언어 모두를 잘 구사할 수 있도록 도와주는 것이 필요하다. 이는 부모 자녀 세대 간의 의사소통만이 아니라 한 개인의 정체성 확립에 도움이 될 것이며, 나아가 세계화 시대의 인재 양성에도 도움이 될 것이다.

여섯째, 모든 사회구성원을 대상으로 하는 다문화 이해교육의 시행이다. 다문화 이해란 자국문화의 이해를 바탕으로 타국의 문화 이해를 권고하고 있다. 개별국가들의 고유한 문화가 없이는 문화의 다양성을 이룰 수 없고 세계 문화를 풍요롭게 할 수 없기 때문에 개별 문화 하나하나의 소중함을 강조하는 것이다(최인숙, 2007). 다문화 이해교육은 학생을 대상으로 하는 다문화 이해교육과 시민을 대상으로 하는 다문화 이해교육이 함께 이루어져야 한다. 다문화교육을 통하여 한국 사회를 구성하고 있는 소수집단의 다양한 목소리를 청취할 수 있는 기회들이 제공되어야 하며, 더 나아가 이들의 불평등 문제해결에 참여할 수 있도록 하는 교육이 이루어져야 한다(황규호 · 양영자, 2008). 아울러 우리 사회에 살고 있는 다문화가정 이웃들의 생생한 목소리를 확인하고 이들이 겪고 있는 어려움들을 확인하는 노력을 기울여야 한다.

다문화교육은 소수뿐 아니라 주류계층을 포함한 모든 학생들이 문화적 · 민족적으로 다양한 사회와 세계에서 효과적으로 기능하는 데 필요한 지식, 기능, 태도를 기를 수 있도록 그것을 가르치는 교육기관들을 재구성하고 혁신하려는 운동이다. 그러나 우리나라 교육과정이나 교과지도 내용에 있어서는 주류문화를 중요시하는 반면 사회적 약자에 속하는 집단의 문화에 대해서 상대적으로 관심을 기울이지 않는 것으로 보인다(정탁준, 2007).

그러므로 현재의 다문화시대에 학생들로 하여금 다양한 문화에 대한 다양성과 차이점을 인정하고 포용할 수 있는 인성을 지도할 수 있는 내용들이 교육과정에 포함되어야 한다. 또한 학생들이 자신과 언어, 얼굴, 피부색 등 보이는 모습은 달라도 우리는 하나라는 공동체 의식의 함양과 함께 긍정적이고 올바른 행동양식을 키울 수 있는 교육이 필요하다. 이러한 교육과정에서의 언급은 앞으로 우리나라에서 북한이탈주민 자녀, 외국인 이민 자녀, 외국인 노동자 자녀, 불법외국인 노동자 자녀, 장애인 등 소수자들에 대한 관심을 높이는 계기가 될 수도 있을 것이다.

일곱째, 문화 간 감수성은 교육과 훈련에 의해 계발이 가능하다. 청소년기에 갖는 이질적인 문화를 가진 사람들과의 체험은 청소년들의 문화 간 감수성 발달에 영향을 미친다(서종남, 2009). 따라서 학교교육은 기존의 가치와 규범을 전달하는 일방통행의 문화교육이 아닌 체험중심의 문화교육이어야 한다. 현대의 사이버 문화 속에서 이루어지고 있는 이론적인, 가상적인 문화교육에서 탈피하여 실제로 접하고 활동하는 체험중심 문화교육으로 나아가야 한다. 문화는 살아 숨쉬는 생명체이므로 직접 보고, 느끼고, 감상하고, 경험을 공유하는 것이 이론이나 가상박물관에 접속하는 것보다 훨씬 더 중요하고 가치 있는 것이다. 또한 문화교육은 학교와 사회의 여러 기관을 연계한 문화교육이어야 한다. 문화교육을 학교 울타리 내에 또는 문화시설 내에 한정시켜서는 안 된다. 따라서 학교중심의 문화교육뿐만 아니라 평생학습, 학습사회 건설 차원에서 문화교육을 증진시켜야 하며, 나아가 교육 패러다임에서 학습 패러다임으로, 공급자중심의 학교교육에서 수요자중심의 평생학습으로 바뀌어야 한다. 그리고 문화교육은 문화적 감수성과 창의력을 키워주는 문화교육이어야 한다.

문화교육의 방향은 학생들의 감각을 인정하고, 그들의 문화를 받아들이는 방식을 파악하여 많이 접하게 해줌으로써, 우리 문화와 세계문화와의 교류를 통해 문화의 진정한 의미를 알게 해주는 것이다. 이러한 쌍방향의 의사소통은 결국 학생들의 열려 있는 감각들을 키워주고 다양한 시각들과 가치관을 형성하며 바람직한 이상사회를 만들어 가는 진정한 문화교육의 방향이 될 것이다.

여덟째, 청소년들의 자아존중감을 끌어올리기 위한 방안으로 자신감을 배양하여 성취동기를 강화하는 것이다. 학생들은 초등학교에서 중학교로의 전환기를 거치면서 자아존중감이 저하되고 심리적 증상과 행동문제가 증가하며 또래관계가 악화되며(Chung et al., 1998), 학업수행능력도 저하되고 학교에 대한 동기도 감소된다(이희정 · 조윤주, 2010). 또한 청소년들은 학창시절에 성공과 실패를 맞보게 된다. 성공이라는 경험을 통해 성취감이나 기쁨을 느끼며 실패를 통해 좌절감이나 슬픔을 느낀다. 실패를 거듭한 학생들은 실패로 얼마나 쉽게 상처를 받게 되는지를 알고 있기 때문에 실패로부터 벗어날 수가 없고, 학구적 문제에서 낙오자라고 느끼며 무능력하다는 것을 학습하게 된다(Schmuck & Schmuck, 2001). 따라서 교사는 다문화 학생들의 학업성취를 끌어올릴 수 있도록 그들의 가능성을 인정하고 격려하며, 현실적인 학습목표를 세우고 긍정적인 자기기대를 갖도록 할 필요가 있다.

마지막으로, 고립아 · 배척아의 부적응행동은 교우집단의 배척 및 소외에서 이루어지기 때문에 교우집단에 참여유도 및 활발한 교우관계를 갖게 하는 것이다. 신의와 인간애를 바탕으로 한 긍정적인 교우관계는 강한 응집력을 가지며 청소년들은 그 속에서 미래에 대한 꿈과 우정을 나누며 학교생활에도 잘 적응하게 된다. 급우집단 내에서 학생들이 지각한 우정의 위치는 학생들의 학업수행에 분명한 함의를 갖는다. 우정구조 내에서 학생들의 위치를 추정할 때, 위치가 정확하고 그 구조 속에서 부정적으로 평가받은 학생들은 위치가 정확하고 호의적으로 평가받은 학생들보다 자기들의 학구적 능력을 낮추어 사용하며, 자신과 학교에 대하여 호의적이지 못한 태도를 갖는 경향이 있다. 어떤 경우든 많은 학생들에게 있어서 교우에게 매력적이 된다는 것은 학업적으로 성공을 이루는 매우 중요한 변인이 될 수 있다. 교우로부터 비호의적이고 부정적인 피드백을 받는 학생은 매일 여러 시간 동안 위협적인 환경 속에 놓이게 된다. 교우로부터 거부당한다는 것은 학생들의 자신감을 떨어뜨리고, 어려운 과제에 부딪쳤을 때 이를 지속적으로 해결하려고 노력하는 동기를 약화시킨다. 다른 사람들과의 실제적인 상호의존과 더불어 대인간의 지지와 도움의 감정은 학생들의 성취노력과 학업수행을 높일 수 있다(Schmuck & Schmuck, 2001).

일반적으로 학급 내 인기아집단은 긍정적인 자아개념과 학업성취도가 높고 배척아집단은 부정적 자아개념과 학업성취도가 낮은 것으로 보고되고 있으며, 급우들로부터 선택을 받는 요인으로 '공부를 잘하고 성실하다. 모르는 것을 잘 가르쳐준다' 등이 작용하고 있다고 보고되고 있다. 좀 더 구체적으로 살펴보면, 과거에 성적이 우수한 아동들을 친구로 삼고자 했던 것과는 달리 요즘에는 학업성적뿐만 아니라 원만한 인간관계를 갖춘 아동들을 선호하며 학업성적이 좋다고 하여 꼭 학급 내에서 원만한 교우관계가 형성되는 것은 아니다(박은경, 2000).

특히, 다문화가정 자녀들이 상대적으로 학교에서 왕따를 경험하는 아동들이 많은 점을 감안한다면, 김석진(2006)이 소개한 교우관계 개선방안을 참작할 필요가 있다. 첫째, 고립아의 가정환경, 지적능력, 성격, 취미, 소질, 습관 등에 관한 객관적이고 정확한 고립아의 행동특성에 관한 자료수집을 바탕으로 고립아가 좋아하는 활동에서부터 접근해야 한다. 둘째, 고립아들의 공통적인 특성으로 가장 부족한 능력은 자기표현력, 즉 의사소통능력이다. 따라서 의사소통능력을 길러 친사회적(prosocial) 행동을 학습할 수 있는 장과 기회를 마련해 주어야 한다. 셋째, 친구맺기에서 유사성의 원리가 적용됨으로써 기초학력을 길러주어야 한다. 넷째, 친구맺기에서 친근성의 원리가 적용됨으로써 깨끗하고 단정한 용의를 하며, 친절하게 대하기 지도가 이루어져야 한다. 다섯째, 서로 공평하면서도 만족하게 갈등을 해결하는 방법을 찾아내며, 작은 갈등은 묵과해 버리는 지혜를 길러야 한다. 여섯째, 성취감을 자주 맛보게 하여 자신감을 길러주어야 한다.

understanding of
multicultural society

Chapter 07

다문화사회와 행정

u n d e r s t a n d i n g   o f   m u l t i c u l t u r a l   s o c i e t y

Chapter 07

다문화사회와 행정

오늘날의 문화는 섞임이 특색이다. 그 섞임의 문화 속에서 다문화사회가 성큼 우리 곁에 다가와 있다. 우리나라에 거주하는 장기체류자, 귀화자, 외국인 자녀는 2011년 기준으로 126만 명을 넘어섰으며, 전체 주민등록 인구의 2.6%를 차지했다.[1] 2005년 말 국내의 국제결혼 비율은 13.6%로, 그 2세들까지 합치면 20만 명으로 추정되었던 것이 2020년에는 국제결혼이민자 2세가 167만 명(전체 인구의 20%)으로 늘어날 것으로 예상되고, 국제결혼가족의 이혼도 크게 증가(46.8%)하리라 예상된다. 따라서 이들이 우리 사회의 일원으로 살아가는 데 불편이 없도록 사회통합정책이 요구된다. 2005년 프랑스 방리유 사태[2]에서 보듯이 다문화사회에서 일어나는 갈등이 사회통합으로 승화되지 않는다면 일탈의 문제, 범법의 문제로 변형되어(이기라 · 양창렬, 2007: 56) 엄청난 희생과 사회문제로 나타날 것이다. 이민자 사회통합정책이란 이민자와 국민 간의 상호존중을 기본원칙으로 하여 갈등을 사전에 적극적으로 예방하

---

1 법무부의 규정에 따르면 '이민자는 영구적, 일시적 사회구성원 자격을 부여받고 대한민국으로 이주한 외국인을 일컫는다. 이 개념에는 '귀화자도 포함한다'(법무부, 2008a). 그러나 이 범위에 조선족, 새터민 등을 포괄하여야 한다.

2 방리유의 사전적 의미는 '대도시를 둘러싼 주거밀집지역 전체'라는 뜻이다. 여기서는 이민자 출신 청소년 비행 또는 통합의 실패를 지칭한다. 프랑스에서 2003년과 2004년에 해마다 약 21,500대의 자동차가 불탔는데 이는 하룻밤에 평균 60대에 해당하고, 2005년에는 하룻밤에 평균 100대 꼴로 불탔다고 한다(2005년 10월까지 31,334대가 불탔다). 2005년의 경우를 사회비용으로 간단히 환산하면, 2005년의 사회비용=차량 1대값×31,334가 된다(이기라 · 양창렬, 2007: 20).

고 사회 · 경제 · 문화 · 정치적으로 포용하는 과정이며, 구체적으로는 ① 질서 있는 이민관리로, 부적응 사전예방, ② 비차별과 인권침해 예방 · 구제, ③ 사회적응과 개인의 능력발전을 유도하고 지원하는 국가정책이다(법무부, 2008b).[3]

흔히 거론하는 다문화사회라는 개념에서 우리와 서구는 차이가 있다. 즉 식민지를 다스린 경험을 가진 유럽의 몇몇 나라나 미국과 같은 국가에서는 다문화사회가 자연스럽게 자리를 잡게 되었지만 역사적 경험이 전혀 다른 우리나라도 그러한 모델로 진행되는 것이 바람직한 것인가라는 문제에 대한 해답을 내놓아야 한다. 외국에서는 자연스러울지 몰라도 우리 사회의 현상을 설명하고 문제를 해결하는 데 진정으로 적절한 것인지에 대하여 고민해 볼 필요가 있다.

본 장에서는 다문화 행정과 관련된 이슈를 중심으로 살펴본다.

1. 다문화사회와 법제

다문화 관련 법제는 국경관리, 체류관리, 사회통합에 걸쳐 있으며, 그 형태는 법률, 대통령령, 부령, 훈령, 고시, 지침 등으로 나타나 있다. 여기서는 법률, 대통령령, 부령까지를 정리한 것이 〈표 7-1〉이다.

다문화사회에서 문제의 핵심은 국가의 임무는 무엇인가라는 점이다. 이에 대한 법적 근거를 살펴보면 건강가정기본법(2005. 1. 1 시행) 제5조(국가 및 지방자치단체의 책임), 제21조(가정에 대한 지원) 등에 국가의 임무가 규정되어 있고, 결혼이민자나 외국인근로자 등 재한외국인의 인권옹호 등 처우에 관하여는 재한외국인처우기본법(2007. 7. 18 시행)이 적용되고 있다. 또 2008년 9월 22일부터 다문화가족지원법이 시

3 이민자 사회통합정책의 발전은 ① 차별 제거(elimination of inequalities: 경제생활 및 교육 등에서 불평등 해소)와 ② 능력습득(acquisition of competences: 언어습득 및 정보취득 등 이민자의 능력개발)의 성과로 나타난다(법무부, 2008).

표 7-1 다문화 법제 현황

구분	법령명	제정(개정) 일자
법률	출입국관리법	2010.5.14 개정
	국적법	2010.5.14 개정
	재외동포의 출입국과 법적 지위에 관한 법률	2008.12.19 개정
	재한외국인처우기본법	2007.5.17 제정
	다문화가족지원법	2008.3.21 제정
	외국인 근로자의 고용 등에 관한 법률	2008.2.29 개정
대통령령	출입국관리법 시행령	2009.9. 개정
	국적법 시행령	2008.10.6 개정
	재외동포의 출입국과 법적 지위에 관한 법률 시행령	2008.10.20 개정
	재한외국인처우기본법 시행령	2008.12.31 제정
	다문화가족지원법 시행령	2008.9.22 제정
	외국인 근로자의 고용 등에 관한 법률 시행령	2008.2.29 개정
부령	출입국관리법 시행규칙	2009.6.24 개정
	국적법 시행규칙	2008.9.3 개정
	재외동포의 출입국과 법적 지위에 관한 법률 시행규칙	2009.5.28 개정
	출국금지 업무처리규칙	2009.6.22 개정
	다문화가족지원법 시행규칙(보건복지가족부령)	2008.9.22 제정
	외국인 근로자의 고용 등에 관한 법률 시행규칙(노동부령)	2009.7.9 개정
	외국인출국정지 업무처리규칙	2009.6.22 개정
	외국인보호규칙	2005.9.23 개정

참고: 부령 중 관할 표시 없는 부령은 법무부 부령임.
출처: 법무부(2011).

행됨에 따라 결혼이민자 등 다문화가족의 안정적인 생활과 사회참여를 위한 각종 제도와 여건을 조성하고 지원하는 데 국가와 지방자치단체의 책무가 강화되었다. 이를 근거로 하면, 다문화사회에서 국가의 임무는 최대 폭으로 잡으면 인간다운 생활을 할 권리에 초점을 두면서 서비스적 국가로서의 기능을 요구하고, 최소 폭으로 잡으면 국민으로서의 권리와 의무에 천착한다고 할 수 있겠다. 대체적으로 행정의 관점에서는 국민으로서의 권리와 의무에 중심을 두고 인간다운 생활을 할 권리를 고려한다(이광석, 2009).

그 이유는 국가의 역할은 국가단위의 행정체제이므로 이 문제를 해결해 주는 데 초점이 있고 그 범위를 넘어서면 역차별의 문제가 발생하기 때문이다.[4] 이 중에서 다문화가족 지원 근거법은 재한외국인처우기본법과 다문화가족지원법이다. 〈표 7-2〉에 이 두 법을 비교하였다.

표 7-2 다문화가족 지원 근거법의 비교

구분	재한외국인처우기본법	다문화가족지원법
목적	• 국민과 재한외국인이 서로를 이해하고 존중하는 사회 환경을 만들어 대한민국의 발전과 사회통합에 이바지함	• 다문화가족 구성원의 안정적인 가족생활 지원으로 삶의 질 향상 및 사회통합에 이바지함
대상	• 재한외국인(합법적인 체류자)	• 결혼이민자와 그 가족 • 귀화자와 그 가족(※ 귀화자와 귀화자가 결합한 가족은 지원대상에서 제외)
연도별 시행계획	• 중앙행정기관과 지방자치단체는 연도별 시행계획을 수립 · 시행	• 재한외국인처우기본법 제6조(연도별 시행계획)에 따름
내용	• 재한외국인 등의 인권옹호 • 재한외국인의 사회적응지원 • 결혼이민자 및 그 자녀의 적응지원 • 국적취득 후 3년간 사회적응지원 • 전문 외국인력의 처우 개선 • 과거 대한민국 국적 보유자 처우 • 국민과 재한외국인 간 다문화에 대한 이해 증진	• 다문화 이해교육과 홍보 • 생활정보 제공 및 교육지원 • 평등한 가족관계의 유지지원 • 가정폭력 피해자 보호 · 지원 • 산전 · 산후 건강관리지원 • 아동 보육 · 교육
주무부처	법무부	여성가족부

출처: 법무부(2011).

4 그럼에도 현실적으로는 역차별의 현상을 볼 수 있다. 차후에는 이 문제가 주요한 이슈로 부상할 가능성이 크다.

가장 기본이 되는 법은 다문화가족지원법이다. 이 법에 집중해 보기로 한다. 다문화가족지원법은 2008년 3월 21일에 제정되어 2008년 9월 22일 시행령과 시행규칙이 공포되었다. 총 16개 조항으로 구성된 이 법령의 목적은 다문화가족 구성원이 안정적인 가족생활을 영위할 수 있도록 함으로써 삶의 질 향상과 사회통합에 이바지하기 위함이다. 이 법은 2011년 4월 4일에 개정되어 같은 해 10월 5일 시행되고 있다.

다문화가족지원법 제2조(정의)에서는 다문화가족과 결혼이민자를 다음과 같이 규정하고 있으며, 기타 다문화가족지원법 법령의 구조는 〈표 7-3〉과 같다.

표 7-3 다문화가족지원법령의 구조와 주요 내용

구분	주요 내용
다문화가족지원법 (16개 조항)	제1조 목적 제2조 정의 제3조 국가와 지방자치단체의 책무 제4조 실태조사 등 제5조 다문화가족에 대한 이해증진 제6조 생활정보제공 및 교육지원 제7조 평등한 가족관계의 유지를 위한 조치 제8조 가정폭력 피해자에 대한 보호 · 지원 제9조 산전 · 산후 건강관리 지원 제10조 아동보육 · 교육 제11조 다국어에 의한 서비스 지원 제12조 다문화가족지원센터의 지정 등 제13조 다문화가족지원업무 관련 공무원의 교육 제14조 사실혼 배우자 및 자녀의 처우 제15조 권한의 위임과 위탁 제16조 민간단체 등의 지원
다문화가족 지원법 시행령 (4개 조항)	제1조 목적 제2조 생활정보 제공 및 교육지원 제3조 다문화가족지원센터의 지정신청 등 제4조 권한의 위임
다문화가족 지원법 시행규칙 (4개 조항)	제1조 목적 제2조 다문화가족 실태조사의 대상 및 방법 등 제3조 다문화가족지원센터 전문인력의 기준 제4조 다문화가족지원센터의 지정 신청 등

출처: 이윤정(2010).

첫째, '다문화가족'이란 다음 각 목의 어느 하나에 해당하는 가족을 말한다.

- 재한외국인처우기본법 제2조 제3호의 결혼이민자와 국적법 제2조부터 제4조까지의 규정에 따라 대한민국 국적을 취득한 자로 이루어진 가족
- 국적법 제3조 및 제4조에 따라 대한민국 국적을 취득한 자와 같은 법 제2조부터 제4조까지의 규정에 따라 대한민국 국적을 취득한 자로 이루어진 가족

둘째, '결혼이민자 등'이란 다문화가족의 구성원으로서 다음 각 목의 어느 하나에 해당하는 자를 말한다.

- 재한외국인처우기본법 제2조 제3호의 결혼이민자
- 국적법 제4조에 따라 귀화허가를 받은 자

2. 다문화행정

1) 다문화행정의 이론적 기초

다문화행정에서는 '정부란 무엇인가?'를 중심으로 논의된다. 우선 정부에 대한 가설을 설정하는데, 정부란 위기를 관리하는 위기관리(crisis management)체제로 본다. 위기는 두 가지로 나눌 수 있는데, 하나는 산발적 위기(sporadic crisis)로서 체제 내의 위기를 말한다. 다른 하나의 위기는 주목할 만한 사건을 만들어 내는 구조, 즉 사회적 과정의 문법(grammar)을 지키지 않는 것을 말한다(Offe, 1984: 37). 여기에서 위기란 위기관리체제의 위기(crises of crisis management)를 말하는 것이다. 예를 들면 지난 시절 인구정책이나 현재 추세인 세계화(globalism)를 따르지 않는 정책으로는 체제의 위기를 불러일으킬 수 있기 때문에 다문화정책을 도입하지 않을 수 없고, 다문화정책을 관장하는 다문화행정이 필요해진다.

이와 관련하여 오페(Offe, 1984: 81)는 후기 자본주의 국가에서의 행정을 다음과 같

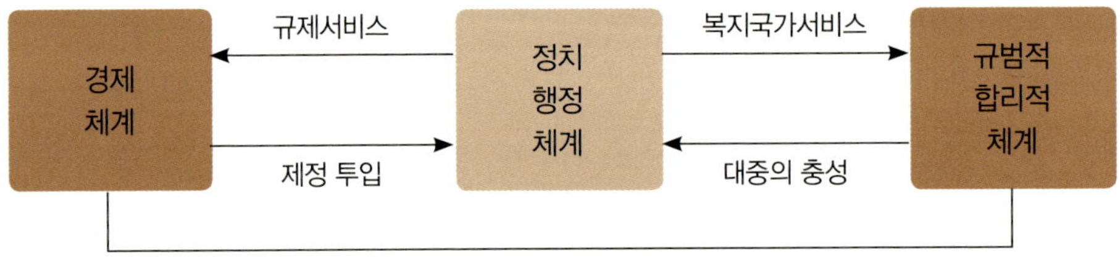

그림 7-1 정부의 의미와 역할

출처: 김태성 · 성경륭(1999). p. 145; Offe(1984). p. 52.

이 정의한다. 후기 자본주의 국가는 [그림 7-1]에서 보듯 축적기능을 수행하는 경제체계, 그 체제가 좋다는 신념을 심어주는 규범적 · 합리적 체계, 이 둘을 조화롭게 하는 정치행정체계 등 세 가지 유형의 하위 체계로 이루어져 있고 사회 전체는 상호간에 의존 및 규제하는 원리들로 구성된다고 한다.[5]

위 관점에서 볼 때 다문화행정의 본질은 규제서비스와 복지서비스로 요약할 수 있다.[6] 그런데 이 세 가지 하위체제의 선순환구조가 작동하지 않을 때 행정([그림 7-1]에서는 정치행정체계)은 무엇을 해야 하는가가 이슈이다. 이 현상이 나타나는 전형적인 사례가 신자유주의로, 이때 정치행정체계는 필연적으로 규제서비스를 완화하고 복지서비스를 축소하여 축적기능을 돕는다. 이 이론은 요즘 세계 여러 나라에서 볼 수 있는 현상을 잘 설명하고, 연금개혁이나 복지개혁, 규제완화 등의 본질을 잘 짚은 것으로 보인다.

그 의미는 사회구성원들이 그 밑바탕에 작용하는 법칙(underlying functional laws)을 위반하거나 그 법칙의 작동방식대로 행동하지 않을 경우에 통치불능이 발생한다는

---

5 경제체계는 사적으로 소유하는 상품들의 이윤추구를 위한 생성과 교환이 이루어지는 체계를 말하고, 규범체계는 사회 안정이 이루어지는 역할을 수행하는 체계이며, 정치행정체계는 이 두 유형의 체계들을 관리하는 체계이다. 경제체계는 복지국가가 장기적으로 지속하는 데 필수불가결하다. 그 이유는 대중으로부터 지지를 얻기 위해 복지서비스를 제공해 줄 수 있는 재원의 원천이기 때문이다(김태성 · 성경륭, 1999: 145).

6 행정학에서 행정규제론이라거나 규제정책론이라는 과목이 있어서 규제의 본질과 규제의 영향을 강의한다. 그러나 그 취지는 규제가 너무 많고 일상화된 행정 현상의 반작용이지, 규제 자체는 행정의 본질이다.

데에 있다. 통치불능이 발생하지 않도록 하기 위해 사회적 약자에 대한 규범적 · 합리적 체계는 아주 중요한 의미를 지닌다. 한국에서 사회적 약자의 한 부류가 다문화사회를 구성하는 이주민들이다. 국가가 필요해서 다문화정책을 도입하였음에도 이주민들에 대해 한국 사회에서의 주류와 동등하게 '인정'되지 않고 시혜적 관점을 지니기 쉬운 범주들이라는 함축이다. 따라서 이들에게 필요한 것은 시혜를 넘어 그들 자신이 한국 사회에서 인정받기 위한 인정투쟁이 필요하다. 즉 다문화 영역에서의 문제해결방안은 '인정투쟁의 인정'이다. 그러나 당사자는 아직 인지하지 못하거나 힘의 미약을 느끼거나 다른 어떠한 연유로 인정투쟁에 나서려 하지 않을 때, 일정 자격을 갖춘 상담소나 다문화센터에 한국인과 연대하여 권리를 일깨워 주도록 하는 정책의 도입을 함축한다. 이와 같이 정책 입안 및 소통을 위해서도 인정투쟁 이론은 다문화 현상의 연구에 공헌할 수 있다(이광석 · 이정주, 2017). 이것은 다원화된 사회에서 발생하는 문제들을 객관적으로, 그리고 과학적으로 해결할 뿐만 아니라 새로운 비전이나 미션, 핵심가치를 전파하여 더 나은 미래를 열어가는 것을 뜻한다(유민봉, 2012).

2) 마샬의 시민권 이론

토마스 마샬(T. H. Marshall)의 시민권 이론은 경제학자 알프레드 마샬(A. Marshall)의 질문에 답하려는 의도에서 연구된 것이라 한다(Pinker, 1995: 104). 알프레드 마샬의 질문이란 "최소한도의 직업을 제공함으로써 '모든 사람이 신사가 되도록 할 수 있음'이 증명될 수 있는가?"라는 질문이다. 이를 토마스 마샬은 '모든 사람이 시민이 되도록 할 수 있음'으로 바꾸어 대답하려 하였다.[7] 시민권이란 공동체의 일원으로 받아들이는 것으로 여기에는 세 가지의 요소가 있다. 그들은 자유권, 정치권 그리고

7 알프레드 마샬의 질문은 원문으로 "Will it eventually prove possible through the amelioration of economic and social progress to make every man by occupation at least a gentleman?"이며 이 중에서 토마스 마샬은 'gentleman'을 'civilized'로 바꾸고 이에 답하려고 하였다(George & Pinker, 1995: 104).

사회권을 말하는데, 이에 관한 자세한 내용은 〈표 7-4〉와 같다.

표 7-4 마샬의 시민권 이론

구분	제1단계(1st Stage)	제2단계(2nd Stage)	제3단계(3rd Stage)
시민권(Citizenship)	자유권(Civil right)	정치권(Political right)	사회권(Social right)
관련 제도 (Institutions associated)	법원(Court of justice)	의회/지방정부 (Parliament/Councils of local government)	교육제도/사회서비스 (Educational system/ Social services)
발전 시기 (Historic Review)	18~19세기	19~20세기	20세기

출처: Culpitt(1992); George & Page(1995); Baldock et al.(2003). pp. 71-77.

마샬의 시민권 이론은 사회통합에 중대한 시사점을 제공한다. 어떤 공동체가 이주노동자와 같은 사회적 약자에게 유한책임(limited liability)이 있음을 의미한다(George & Page, 1995: 112). 어떤 공동체가 그 책임을 방기(放棄)할 때는, 즉 국가가 그들의 고유성이나 살아갈 권리를 인정하지 않을 때에는 인정투쟁으로 이행될 수밖에 없다는 뜻이다. 실제로 캐나다, 스페인, 북아일란드, 이탈리아, 구(舊) 소련, 구(舊) 유고슬라비아 등에서의 분리주의자(separatists)의 투쟁은 이를 말한다(George & Page, 1995: 112). 이런 점에서 토마스 마샬의 시민권 이론은 인정투쟁에서도 심대한 영향력을 남겼다고 해석할 수 있다. 즉 이주민에게 자유권을 넘어 정치권으로, 정치권을 넘어 사회권으로의 이행이 문명사회의 방향이라는 점이다.

3) 복지권

시민권 이론은 이론차원의 논의이다. 이를 현실로 끌어내린 논의가 복지권(Welfare Right)이다. 복지권이란 국가로부터 복지를 제공받을 권리나 이를 최대한도로 향유할 수 있도록 보장하는 활동을 말한다. 이 권리는 1969년 이후 영국에서 발전해 왔고 미국이나 오스트레일리아에서도 수용되었다.[8] 즉 정부나 자원봉사단체(예를 들면 Citizens Advice Bureau)들이 사회보장제도에 근거한 복지혜택이나 세제혜택, 복지정보를 제공하고 법적 문제 해결을 위해 법무부 소속의 지방배심원(First-tier Tribunal)이나 고등배심법원(Upper Tribunal)에 대표를 파견하여 돕고 있다. 물론 소송으로 진행되면 변호사(solicitors and barristers)들이 무료로 소송을 대행하기도 한다. 복지권과 관련이 있는 영역들에서 복지권 옹호단체들이 하는 일은 대체로 복지수혜나 세제혜택의 자격 점검, 복잡한 복지수혜 신청서 작성에 도움을 주는 일, 사회보장법의 모든 영역에 자문과 대행, 그리고 법적 문제 이전에 해결을 위해 법무부 소속의 지방배심원(First-tier Tribunal)이나 고등배심법원(Upper Tribunal)에 대표를 파견하여 돕는 일, 사례관리 등이다.

한국에서 인정투쟁과 관련하여 복지권이 공헌할 수 있는 영역은 이주민의 권리옹호 활동이다.

4) 다문화행정의 의미

법무부에서는 다문화행정을 이민정책의 하위 행정으로 보아 앞서 언급한 다문화법제와 마찬가지로 국경관리, 체류관리, 사회통합의 업무 중 사회통합의 영역으로 보고 있으며 '이민자 적응지원 행정'과 '차별방지와 인권옹호를 위한 행정'으로 나누고 있다. 하지만 여기서 논의하는 다문화행정은 이민정책과는 분리하여 [그림 7-2]에서 보듯이 여성가족부와 보건복지부를 비롯한 부처에서 실시하는 독립된 행정이며 구체화된 행정의 한 부분이다. 중앙부처로부터 일선까지의 종적인 행정을 전달체계라고 하는데 다문화행정의 전달체계는 [그림 7-2]와 같이 정리할 수 있다.

---

8 복지권의 논의가 활발하게 된 것은 복지의 수혜자가 수취하는 비율(take-up rate)이 무척 낮다는 데 있었다. 그 이유로는 낙인효과(stigma)나 사회복지시스템의 복잡성을 언급하기도 하고, 수혜자집단의 조직화(Claimants Union movement)를 들기도 한다. 특히 지역의 일선 공무원(예컨대, 주택업무를 담당하는 공무원이나 사회복지사)이 복지혜택에 대해 상세히 안내할 필요성을 느끼곤 하였다. 따라서 영국에서 복지권이나 복지옹호제도가 정착할 수 있었다.

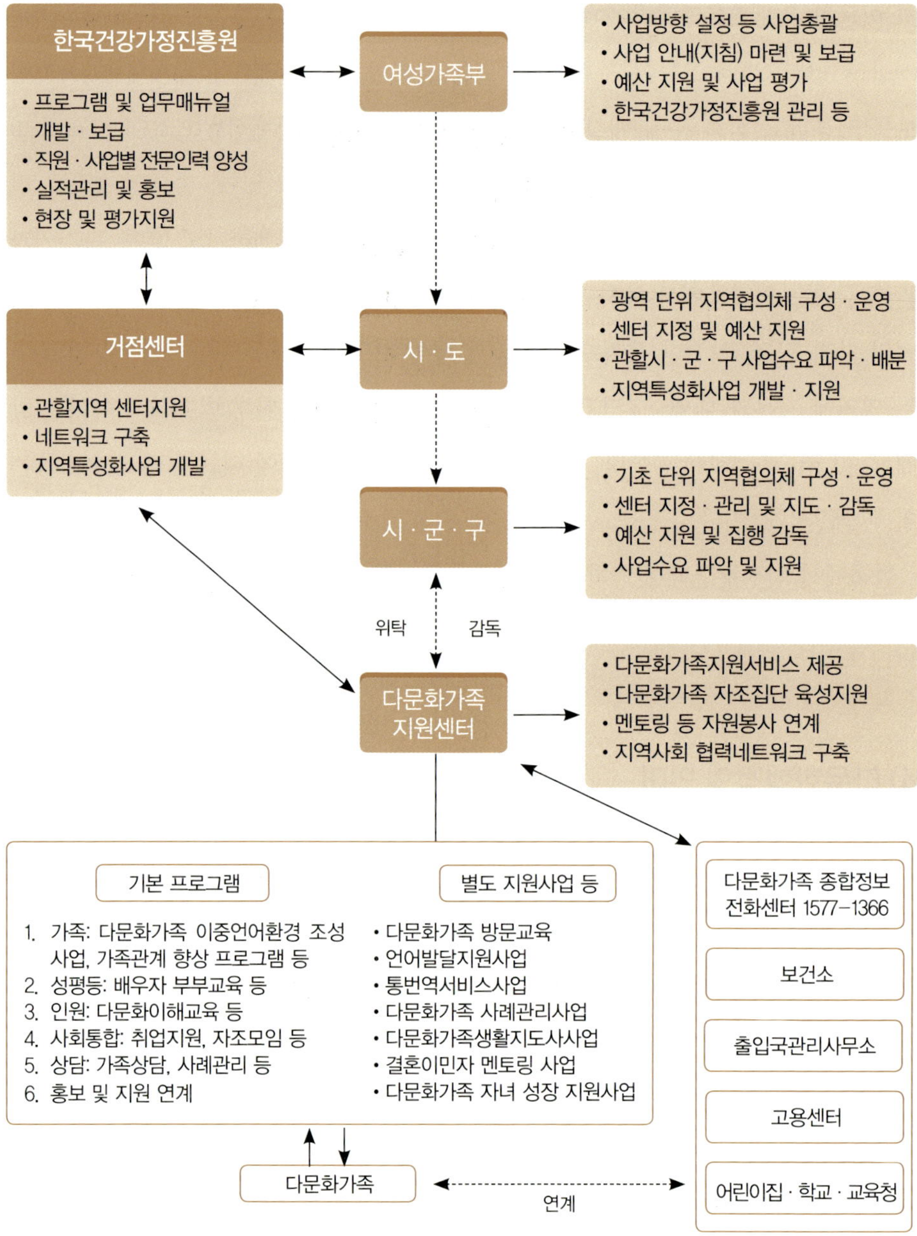

그림 7-2 다문화행정의 전달체계

출처: 여성가족부(2016).

표 7-5 각 부처의 다문화행정 사업 내용

부처	사업 내역
여성가족부	결혼이민자가족 방문교육관리
	결혼이민자 찾아가는 서비스(농림부에서 이관)
	결혼이민자가족 아동양육지원(여발기금에서 이관)
	결혼이민자가족 지원
	사전정보제공 및 위탁교육
	한국어교재 보급(교재개발은 문화부로 이관)
	다문화 이해교육 및 홍보
	결혼이민자가족 네트워크 구축, 운영
	결혼이민자가족지원 발전방안 연구
	결혼이민자가족 전국대회 개최
	결혼이민자가족을 위한 생활정보 제공(복지부 사업과 통합)
	결혼이민자가족센터 운영
	결혼이민자 육아휴게소 운영(여발기금)
법무부	이민자 네트워크 구축 사업
교육과학기술부	다문화교육센터 설치/지정 · 운영 ※'지방교육재정교부금법' 개정에 따라 교육청을 통한 지원사업은 2008년부터 지방비로 전환
문화체육관광부	결혼이민자, 이주노동자 및 그 자녀 한국어교육 지원
	한국어 교재 개발(여성가족부에서 이관)
	문화예술교육 프로그램지원 공모사업
	이주민 · 온누리안 다문화체험 지원, 청년 캠프
	이주노동자, 결혼이민자, 내국인이 함께 참여하는 축제행사
	박물관 문화체험 프로그램
	한지체험 등 민속문화체험 교실 운영
행정안전부	지방자치단체 외국인 주민의 정착지원
	외국인 주민 실태조사
	여성결혼이민자 부모초청 행사
고용노동부	다문화 수용 공감대 확산
	세계인의 날 행사
	직업상담 및 취업지원

출처: 법무부(2008) 수정.

다문화행정의 사업 내용은 여러 부처에 분산되어 있는데 이를 도표로 정리하면 〈표 7-5〉와 같다.

다문화행정의 중심이 되는 주제는 다문화가족 지원을 위한 국가정책이다. 이는 다문화가족의 한국 사회 적응부터 전 국민의 다문화사회에 대한 이해 증진까지를 표명하고 있으나 그 실행은 영역별 지원행정과 생애주기별 지원행정으로 나누어 살펴볼 수 있다.

먼저 영역별 지원행정은 첫째, 기초소양으로 언어와 문화영역, 둘째, 교육 및 보육영역, 셋째, 취업 및 일자리 영역, 넷째, 복지영역으로 구성된다.

첫째, 기초소양으로 언어와 문화영역을 살펴보자. 다문화사회 사이에 존재하는 경계를 넘으려는 사람에게 맨 처음 부딪치는 가장 큰 문제는 의사소통으로서 이는 진입장벽의 역할을 한다. 이 진입장벽은 부부간의 결혼생활이나 시댁 식구와의 교류, 직장에서의 원만한 작업수행을 방해하기도 한다. 종종 보도되는 외국인 아내에 대한 남편의 학대, 작업장에서 외국인 노동자에게 가하는 폭력 등은 원천적으로 의사소통 부재에서 발생한다(한겨레신문, 2007.10.17). 이들이 어떻게 의사소통하도록 할 것인가, 어떤 모습으로 받아들이는가에 대하여 우리 사회는 이렇다 할 전략을 보여주지 못하고 있다. 외부의 언어공동체에 소속되었던 구성원이 새로운 언어공동체로 진입할 때 진입장벽이 나타나는데 이에 대한 대책으로 언어복지의 제공을 주장하기도 한다(이광석, 2009). 이 언어복지의 제공은 행정의 몫이다. 구체적으로 언어권별로 특화된 취업전문기관 운영 및 직업훈련과 직업교육을 실시해야 한다. 문화영역으로서 배우자 및 그 가족에 대하여서도 이민국의 생활습관이나 가치관 및 문화적인 교육기회를 가져 원만한 가정을 형성할 수 있도록 교육기회를 제공하는 것이다.

이보다 광범한 지원으로 멘토(자원봉사자, 방문교사)를 지정하여 영유아의 교육을 적극 도와줄 필요성이 제기되고 있으며, 방문교사들 또한 퇴직한 전문직종의 인력을 활용하여 친할머니의 역할을 대행함으로써 어린 자녀들의 보육에 도움이 될 뿐 아니라 노인유휴인력을 활용할 수 있어 일거양득이다.

둘째, 교육 및 보육영역에서 기초적으로 언어, 문화적인 이질감으로 한국생활 적응이 어려운 이민자에게 문제는 언어능력의 부족이다. 이민자가족의 자녀들도 자녀양육이나 교육은 아내가 담당하고 있는데 그들이 한국어를 가르치지 못하므로 학업부진, 집단따돌림 등에 대하여 지속적인 대책이 필요하다. 방문교육, 온라인교육, 방송교육 등 다각적인 방법으로 보완하여야 하며 통·번역서비스 확대로 의사소통을 지원해야 한다.

셋째, 취업 및 일자리 영역을 보면 여성결혼이민자들은 가족과 남편을 돕기 위해서, 또 아이의 미래를 위해서 취업과 일에 대한 욕구가 강하다. 따라서 이들을 위한 취업과 일자리 창출을 위해 지방자치단체에서 노력하여야 한다(권영철, 2010).

넷째, 복지영역의 지원행정은 우선 정보가 제공되는 것이 우선이다. 따라서 정보장벽의 제거에서부터 시작하여야 한다. 정보에 접근하지 못하고 있는 이들에게 생활전반에 대한 정보를 제공하고 위급상황에 대처할 수 있도록 도움을 줄 수 있는 공공시스템이 마련되어야 한다. 여성결혼이민자가족이 한국 사회에서 보다 안정된 생활을 획득하기 위한 공공서비스와 복지를 위한 지방자치단체의 적극적인 지원이 필요하다(권영철, 2010).

생애주기별 지원행정은 〈표 7-6〉과 같다. 이에 따라 정부가 제시하고 있는 다문화가족의 생애주기별 정책과제는 총 7개 영역으로 결혼준비기, 가족형성기, 자녀양육기, 자녀교육기, 가족역량강화기, 가족해체의 경우, 생애주기 전(全)단계로 구성되어 있다. 이 중 결혼준비기에는 결혼중개 탈법방지 및 결혼예정자 사전준비지원으로 결혼당사자 인권보호를 위한 지원, 결혼이민예정자의 사전정보제공과 한국인 예비 배우자의 사전교육에 대한 지원이 포함되어 있다. 가족형성기에는 결혼이민자 조기적응 및 다문화가족의 안정적 생활지원으로 결혼이민자의 의사소통을 지원하고 다양한 생활정보를 제공함과 동시에 다문화가족생활보장 가족관계증진 및 가족위기를 예방할 수 있는 지원과제가 포함된다(이윤정, 2010). 다음으로 자녀양육기에는 임신·출산에 대한 지원(현재 구·군에서 시행 중인 '친정 엄마 맺어주기 운동' 등 현행 실시되는 신생아도우미 바우처제도)이 이루어지고 있고, 각 지방자치단체 홈페이지에 설치되어 있는 신생아 관련 코너도 다국어로 번역 · 게재하여야 할 것이다. 자녀교육기에는 다문화가족 자녀의 언어교육, 정보교육, 전통생활교육에 대한 다양하고 지속적인 교육지원이 이루어져야 하고 이를 해결하기 위하여 방과후 학습, 주민자치센터를 활용한 교육 등을 지속적으로 실시하여야 한다. 또한 다문화가족 자녀의 교육에 필수적인 숙제, 준비물 등 많은 부분을 도와줄 수 있는 자원봉사자를 지정하여 이들의 현실적인 어려움을 지속적으로 지원할 필요성이 있다. 다문화가족 자녀가 다니는 학교의

표 7-6 생애주기별 지원행정

주기별	정책과제	세부 추진과제
결혼준비기	결혼중개 탈법 방지 및 결혼예정자 사전 준비 지원	• 국제결혼 탈법 방지 및 결혼당사자 인권보호 • 결혼이민예정자 사전정보 제공 • 한국인 예비배우자 사전 교육
가족형성기	결혼이민자 조기적응 및 다문화가족의 안정적 생활지원	• 결혼이민자 의사소통 지원 • 다문화가족 생활보장 • 다양한 생활정보 제공 • 가족관계 증진 및 가족위기 예방
자녀양육기	다문화가족 자녀 임신 · 출산 · 양육 지원	• 임신출산 지원 • 부모의 자녀양육 능력 배양 • 영유아 보육 교육 강화 • 부모 · 자녀 건강관리
자녀교육기	다문화 아동 · 청소년 학습발달 및 역량개발 강화	• 아동 언어학습 · 정서 발달 지원 • 아동 · 청소년 역량개발지원 • 빈곤 · 위기 아동 청소년 지원 • 부모의 자녀교육 역량 강화
가족역량강화기	결혼이민자 경제 · 사회적 자립 역량 강화	• 결혼이민자 경제적 자립역량 강화 • 결혼이민자 사회연계 강화
가족해체 시	해체 다문화가족 자녀 및 한부모가족 보호 · 지원	• 한부모가족 지원 • 요보호 아동지원
⬆	⬆	⬆
전(全)단계	다문화사회 이행을 위한 기반 구축	• 사업추진 체계 정비 • 대국민 다문화 인식 제고

출처: 이윤정(2010).

방과후 수업시간을 활용하여 수업이 가능한 고급인력의 다문화가족의 부모를 선정, 제2외국어 혹은 외국의 전통문화 등을 소개하는 일일교사로 활용하여 이민자 사회참여 기회를 확대시킴은 물론 다문화가족 자녀의 사기를 높여 적극적인 학교생활을 유도하는 계기가 될 수 있도록 한다(권영철, 2010).

가족역량강화기에는 결혼이민자의 경제적 · 사회적 자립역량을 강화하고 결혼이민자의 사회연계를 강화할 수 있는 지원과제가 포함된다. 다문화가족이 해체될 경우에는 해체 다문화가족의 자녀 및 요보호아동 한부모가족을 보호 · 지원하는 내용이 포함된다. 그밖에 다문화가족지원사업의 추진체계를 정비하고 대국민 다문화인식을 제고하는 등 다문화사회 이해 기반을 구축하기 위한 과제는 생애주기 전단계에서 추진하고자 한다(이윤정, 2010).

5) 다문화행정 전달체계

행정은 사회의 요구를 받아들여, 정책을 결정하고, 집행하고, 평가하여 사회로 환류시키는 과정이다. 다문화행정은 다문화정책을 결정하고, 집행하고, 평가하는 일이다. 행정에서는 중앙부처와 일선(frontline)의 기능이 분화된다. 대체로 중앙부처는 정책과 관련되는 일을 수행하고 일선에서는 서비스 제공을 담당한다(Wilson & Game, 2002: 113). 이들 간의 연결을 전달체계라고 한다. 정부가 서비스를 일반인(the public)에게 제공하는 조직적 장치를 일컫는 전달체계를 중앙정부 차원과 자치단체 차원으로 나누어 살펴본다.

(1) 중앙정부

정부의 다문화행정의 인식은 시간이 지날수록 그 중요성이 커졌다. 구체적으로는 결혼이민자 지원을 위한 대책으로 나타났으며 이는 여러 단계로 정리되었다. 2005년 8월 제1차 대책은 결혼이민자의 체류불안 문제를 해결하는 것이었다.

2005년 11월 25일 제2차 대책은 생활안정대책이었고, 2006년은 다문화가정의 울타리를 엮는 역할을 하였으며 2007년에는 '다문화가족지원센터'를 확대하는 지원책이었다. 이를 도표로 나타낸 것이 〈표 7-7〉이다.

표 7-7 중앙정부의 다문화가족 지원정책의 발달

일시	내용
2005년 8월	안정적 체류지원, 생활정보 제공, 한국어 · 한국문화 이해교육, 가족관계 증진 및 가정폭력 피해자 지원, 기초생활보장, 취업을 위한 교육 · 훈련 및 일자리 연계지원 등
2005년 9월	'출입국관리법 시행령'을 개정하여, 거주 체류 자격을 가진 결혼이민자의 영주권 취득요건을 완화하고, 별도의 허가 절차 없이 취업도 자유롭게 할 수 있도록 제도를 개선함
2005년 11월 25일	결혼이민자가족의 사회적응 지원체계 구축, 자녀양육지원 등 생활안정대책을 발표
2006년 4월 26일	'혼혈인 및 이주자의 사회통합 기본방향'과 '여성결혼이민자 가족의 사회통합 지원 대책'에 관한 일곱 개 정책 과제를 제시하고 확정 · 발표함. 그 각각을 세분한 26개 단위과제에 대하여, 여성가족부 · 보건복지부 · 법무부 · 농림부 · 교육인적자원부 · 행정자치부 · 문화관광부 등 관련 부와 그 가족 · 이웃들의 '사회통합'과정을 아우르는 정책 체계를 구축함 ① '탈법적인 결혼 중개 방지 및 국제결혼 당사자 보호', ② '가정폭력 피해자에 대한 안정적인 체류 지원 강화', ③ '한국 사회 조기 적응 및 정착 지원', ④ '자녀의 학교생활 적응 지원', ⑤ '여성 결혼이민자가족의 안정적 생활환경 조성', ⑥ '다문화에 대한 사회적 인식 개선 및 업무 책임자 교육', ⑦ '추진체계 구축' 등 일곱 개 정책 과제
2006년	결혼이민자가 우리 사회에서 정착하는 데 필요한 지원을 함. 한국어 · 문화교육과 상담, 결혼이민자 가족 여름캠프, 결혼이민자 남편들의 모임, 지구촌 음식기행 등
2007년	'다문화가족지원센터'를 17곳에 더 신설하여, 총 38곳의 센터를 운영
2013년	① 센터설치를 이전에는 여성가족부 지정에서 시 · 군 · 구 위탁 또는 지정으로 변경 ② 한국어 집합 교육에서 1개반의 정원을 6명 이상에서 4명 이상으로 구성하기로 변경(군 단위 센터는 3명 이상) ③ 외부지원사업 관리를 시 · 도 사전 승인 의무화에서 시 · 군 · 구 사전 승인 의무화로 변경
2016년	① 건강가족지원센터와 다문화가족지원센터 통합서비스 운영기관(건가 · 다가 통합서비스 운영기관)을 78개소로 확대 ② 직원의 자격기준에 사례관리사, 가족생활지도사, 언어발달지도사, 방문교육지도사, 통번역지원사, 이중언어코치 등 추가 ③ 센터 사업인 사회통합 선택사업에서 "결혼이민자 정착단계별 지원패키지" 프로그램을 추가하고 건가 · 다가 통합서비스 운영기관은 공통필수사업으로 실시함

출처: 여성가족부(2013, 2016); 권영철(2010).

이러한 정책에서 보듯이 한국 정부는 다문화사회를 구현하려는 정책목표에 입각하여 결혼이민자와 그 가족에 대한 차별을 해소하고, 적극적 사회통합을 위한 노력으로 평가한다.

(2) 지방자치단체의 다문화행정

지방자치단체의 다문화행정은 광역자치단체인 대구광역시를 중심으로 살펴보자. 대구광역시의 다문화행정은 다문화가족의 안정적 정착을 제고하고, 다문화를 인정하고 존중하는 열린사회 조성을 주목표로 하며, 추진 근거는 2007년 6월에 제정된 '대구광역시 거주 외국인 지원조례'에 근거하고 있다(권영철, 2010). 대구광역시의 다문화행정을 도표로 나타내면 〈표 7-8〉과 같다.

표 7-8 대구시 다문화행정

구분	주요 추진(지원) 내용
여성청소년 가족과	다문화가족지원센터 운영, 다문화가족 방문교육사업(아동양육, 한글교육 등), 다문화정착 캠페인, 다문화가족 통·번역 사업, 가정폭력피해자 보호·지원, 다문화가족 리더스쿨 운영, 다문화가족 신문발행
보건위생과	무료진료 사업
자치협력과	거주외국인 실태조사, 세계인의 날 및 다문화 주간 행사
국제통상팀	외국인 근로자 지원, 외국인 근로자 위문행사
경제정책과	외국인 근로자지원센터 운영

출처: 이광석(2009).

주요 지원정책으로는[9] 첫째, 다문화가족 통합지원체제 확립으로 남구, 서구, 달서구, 달성군 4개소의 다문화가족지원센터를 운영하고 있고 다문화가족 방문교육사업을 시행하고 있다. 둘째, 다문화를 존중하는 사회조성사업으로 다문화가족 리더스쿨

9 이 부분은 권영철(2010)을 인용하였다.

운영, '마 · 메 · 엄마 2009' 전개, '무지개 가족신문' 발행, 세계음식 시식회, 인형극 발표 및 전시 그리고 문예행사, 다문화 백일장, 달리기대회 등을 시행하고 있다. 셋째, 가족지역사회 적응을 지원하기 위한 사업으로서는 주민자치센터를 통한 한글교실 운영, 상담문화교육, 한국 사회 초기 적응 프로젝트 실시, 정보화교육 등이 있다. 넷째, 역량강화사업으로 다문화가족 행복 쌓기, 사회적응교육, 예비배우자 및 배우자교육, 문화체험사업, 다문화 도서관 운영, 가족어울림마당, 문화탐방 등의 사업이 이루어지고 있다. 다섯째, 생활 및 정서적 안정을 지원하기 위한 사업으로서 생활 정착을 위한 지도자교육, 취업안내교육, 자조모임 활동 지원, 취업 및 부업 교육, 친정 엄마 맺어주기 사업, 다문화가족 멘토 맺기, 다문화가족 친정 방문, 사랑의 김장 담그기, 우리도 친정이 생겼어요 등이 있다. 여섯째, 다문화가족의 생활 편의를 위한 사업으로서, 무료 통역서비스 제공, 단체 상해보험 가입, 외국인 근로자 지원센터 운영, 긴급 구호비 지원 등이 있으며 기타 사업으로 지역 의료 기관과 연계한 건강검진 및 무료 의료서비스 제공 등이 있다.

(3) 다른 자치단체의 다문화행정

다른 자치단체의 다문화행정은 다문화가족 지원사업으로 나타나고 있는데, 각 시 · 군 · 구별 사업프로그램도 중복성이 많고 한정된 재원으로 많이 미흡한 실정이다. 이를 정리하면 〈표 7-9〉와 같다.

표 7-9 다른 자치단체의 다문화행정

자치단체	명칭과 의미	내용
경상북도	이여가새 행복 2010 ('이주여성 가족에게 새로운 행복이'라는 의미)	• 우리 말 공부방, 결혼이민자 가족 실태조사, 한국적응시스템 구축 등 • 다문화가정의 지원조례를 제정, 다문화정책 포럼의 정기적 개최, 상담 및 자원봉사시스템 구축, 한국생활적응시스템(AIC) 구축과 실태조사 실시 등

자치단체	명칭과 의미	내용
		• 결혼 전 지원(농어촌총각 결혼지원, 결혼중개업자 교육, 입국 등 체류와 관련된 절차 안내), 입국 초기 지원(생활교육, 한글교육, 친정 만들어 주기, 친정 보내주기 등), 정착기 생활안정 지원(다솜이 학교 운영으로 방과후 학습지원, 취업지원, 컴퓨터 지원, 상해보험 가입 등) 등으로 나누어서 사업을 실시하고 있음 • 공무원 교육 시 《다문화이해》 과목을 편성하여 인식전환을 통한 업무의 효율성 제고를 고려하고 있음 • 학교 내 다문화 이해교육도 강화하여 다문화 이해증진과 사회통합을 촉진시키고 있음
부산광역시	The Ice-breaking Project	• 2008년 7월 여성정책담당관실에 다문화가족지원 전담부서로 다문화가족지원담당을 신설 • 이주민이 지역사회에 순조롭게 정착하고, 지역민과의 상호소통이 가능하도록 하기 위해 5개 분야 23개 사업으로 구성하여 NGO와 공동연계를 구축
경기도 평택대학교	다문화가족센터	• 다문화가족 복지 전문가 양성, 가족지원센터의 모델 개발을 통한 다문화가족 네트워크 구축, 다문화 관련 지식 및 경험 매뉴얼 작업수행 등 다문화가족들에게 필요한 사안을 유형별로 구분하여 관련 기관에 보급해 주고 있다.
그 외	옥천 한국어 학당	• 전문 한국어강사를 임용하여 여성결혼이민자, 다문화가정 2세, 지역주민, 지역주민자녀 등을 대상으로 하는 국제 어학센터로 운영

출처: 권영철(2010).

6) 다문화행정의 문제점[10]

(1) 비효율적 전달체계

업무 소관에 따른 부처별 사업 시행으로 사업간 유사 · 중복, 부처 간 연계 · 협조체계 미흡 등 비효율문제가 발생한다. 이를 구체적으로 보면 다문화가족 관련 부처별 자체 전달체계를 통한 사업 시행으로 지역에서 혼선을 초래하는 경우도 있고, 정책대상의 중복으로 중복수혜 및 사각지대가 발생하고 있다. 예를 들면 법무부, 여성

10 이하 이 부분은 이명수(2015)를 이용하였다.

가족부, 지방자치단체 등이 각각 한국어 사업을 실시하여 지역에서 수요와 공급 사이에 괴리가 나타나고 있다. 따라서 이런 경우에는 지방자치단체로 전달체계를 일원화하여 지역별 수요자 욕구에 맞는 다양한 교육지원으로 접근성을 제고하고 중복수혜를 방지하여야 한다.

(2) 수요자 특성에 맞는 지원 미흡

다문화가족의 소득수준이나 체류기간 등을 고려한 지원이 미흡하다. 예를 들면 한국어 습득과 자녀양육 등 초기 적응 분야에 재원배분이 편중(2012년 예산 64%)된다거나 실질적 사회통합을 지원하는 데 한계를 보인다. 예컨대, 국내거주기간 장기화에 따른 이민자 증가 등으로 정책 수요가 초기적응에서 취업, 사회적 관계 등으로 변화하고 있지만 정책은 이를 따라가지 못하고 있다. 이를 정리한 것이 [그림 7-3]이다.

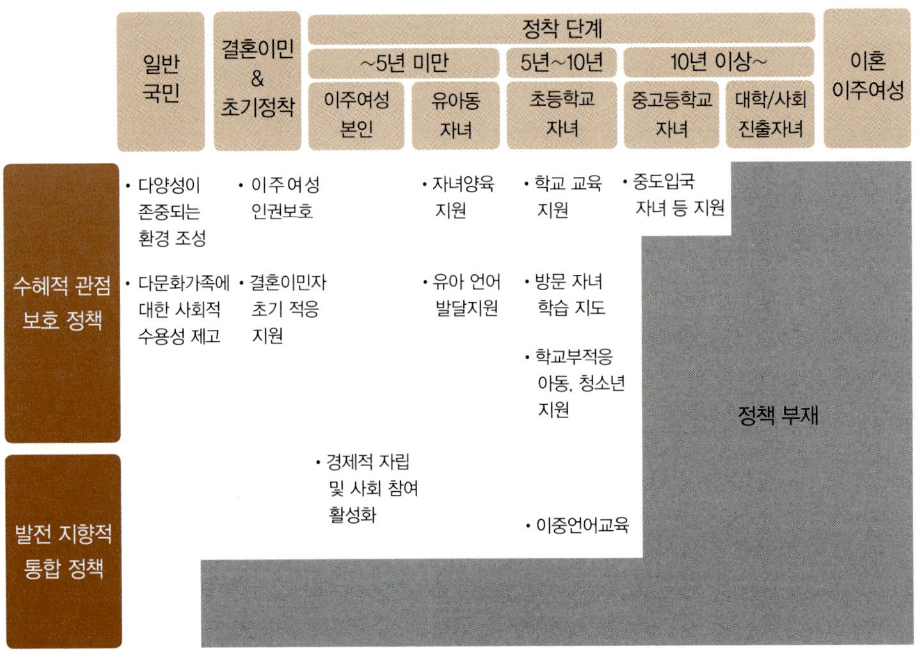

그림 7-3 다문화가족 세대 변화 및 관련 정책대상군

출처: 여성가족부(2016).

또 다문화가족 지원사업에서 지방의 역할과 권한의 강화가 필요하다. 이를 단기과제와 장기과제로 나누어 볼 수 있는데, 단기적으로는 초기적응 등 지역정착 차원에서 지원이 가능한 사업을 우선 선별하여 재원 배분 및 지방자치단체의 여건 등을 고려하여 이양을 추진하고, 장기적으로는 지방자치단체가 역량을 발휘하는 사업은 지방자치단체가 수행하도록 조정하여야 한다.

(3) 대상 범위의 모호 및 중첩

외국인 · 외국인 근로자 · 다문화가족 등 이주민 집단별 정책 추진으로 대상 범위가 모호하고 중첩되는 문제가 발생하고 있다.

부처 및 사업 간 유사 · 중복의 사례는 재한외국인처우기본법 제12조에 지원 대상을 국적 취득 후 3년간으로 규정함으로써 다문화가족지원법에 의한 다문화가족 지원과 중첩되며, 사회통합프로그램 참가자 66.2%가 결혼이민자로 부처 간에 중복되어 있다. 자조모임의 경우에는 여성가족부는 다문화가족 자원봉사활동 · 자조모임을 지원하는 사업을 펼치고 있고, 법무부는 결혼이민자네트워크, 행자부는 읍 · 면 · 동 생활멘토단 등 지원하고 있다. 따라서 대상 및 지원 내용 등이 유사하므로 이들 사업의 통합 및 연계를 강화하여야 한다.

또 각 정책의 방향과 성격도 뚜렷이 구분되지 못하고, 관리 및 지원 성격의 정책이 혼재하고 있다. 예컨대, 다문화가족 및 자녀 성장, 노동시장 참여, 사회진출 등의 정책은 가족 · 청소년정책, 고용정책, 교육정책과 연계 추진되어야 하나, 정책 간 연계성이 낮다. 이를 나타낸 것이 [그림 7-4]이다.

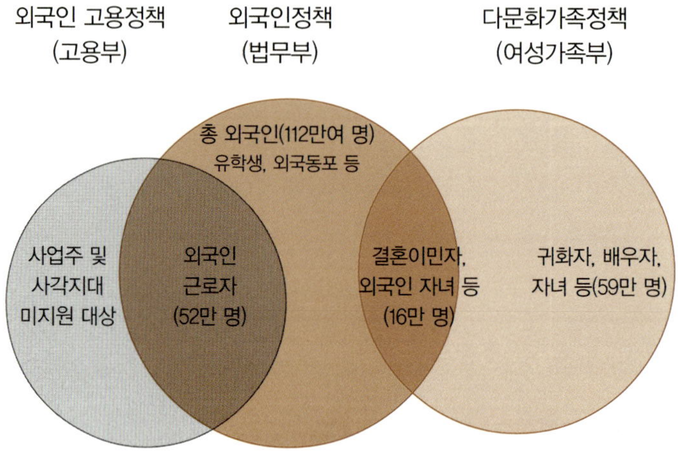

그림 7-4 다문화가족 정책과 관련정책 현황

※ 총 외국인(112만여 명)은 국적 미취득자 기준
(국적취득 및 자녀포함 145만여 명), 〈2013년 외국인주민 현황〉
출처: 여성가족부(2016).

(4) 외국인정책과 관계 정립 미비

외국인 인구의 급증으로 다문화가족, 이민정책, 외국인정책에 대한 근본적인 관계를 재정립하기 위한 검토와 논의가 필요하다.[11] 즉 중장기 기본계획 및 연도별 시행계획을 수립할 때, 심의기능 등 합동 운영을 확대함으로써 정책의 연계 강화를 통해 효율성을 도모하고, 장기적으로는 '다문화가족정책위원회'와 '외국인정책위원회'의 통합을 위한 관련 법령 개정을 추진하여야 한다. 또 이주관리정책과 다문화가족 육성 정책 사이에 역할 조정도 필요하다.[12] 이를 정리한 것이 [그림 7-5]이다.

11 외국인정책이란 다양한 외국인과 이민자 대상, 개인에 초점을 맞추어 출입국 관리 · 체류관리 · 사회통합 지원 등 이민정책 전반을 말한다. 다문화가족정책이란 결혼이민자를 포함, 가족지원 중심의 통합정책 추진을 말한다.

12 관리정책이란 법무부 · 노동고용부를 중심으로 국적 · 체류 심사 및 인력공급 관리 등 사회통합을 위한 사전예방 기능의 강화를 목적으로 한다. 이에 비해 육성정책이란 여성가족부 · 교육부 · 고용부 · 문화체육관광부 · 행정안전부를 중심으로 다문화가족 육성 및 국민통합 정책의 추진을 목적으로 한다.

이주관리정책	초기 다문화가족 지원정책	국민통합 다문화가족 육성정책
• 국적 부여 • 체류관리 • 인력공급계획 수립 · 선발 · 유치 · 고용관리	• 초기 적응 • 이주여성 취업 • 자녀양육 • 국제결혼제도 건전화 • 인식 제고 • 인권보호	• 가족 정책안으로 포용 • 언어 특기 육성 • 교육 및 문화활동 • 경제활동 • 사회참여 등
〈법무부, 고용부 중심〉	〈여가부, 교육부, 법무부, 문체부 등 12개 부처〉	〈여가부, 교육부, 고용부, 문체부 등〉

그림 7-5 다문화가족정책과 관련 정책의 관계 개선

출처: 여성가족부(2016).

(5) 국제결혼 관리 미흡

지속적인 제도개선에도 불구하고 속성 · 대량결혼과 부정확한 신상정보가 제공됨으로 인해 가정폭력이나 가출현상이 지속되고 있다. 따라서 신상정보를 제공하는 절차를 강화하여야 하고 결혼의사의 진정성 확보를 통해 준비된 결혼이 되도록 제도를 보완 · 강화할 필요성이 있다.

또 다문화가족 정착주기가 길어짐에 따라 생애주기별 지원이 강화되어야 한다. 결혼이민자 · 귀화자가 281,000여 명으로 이들의 국내 체류기간을 보면 5년 미만이 77,000여 명(27.5%), 5년 이상 10년 미만이 103,000여 명(36.4%), 10년 이상이 101,000여 명(36.1%)에 이른다. 그러므로 다문화가족 생활 전반에 대한 통합적 접근과 전략이 필요하다. 이를 도표로 제시한 것이 [그림 7-6]이다.

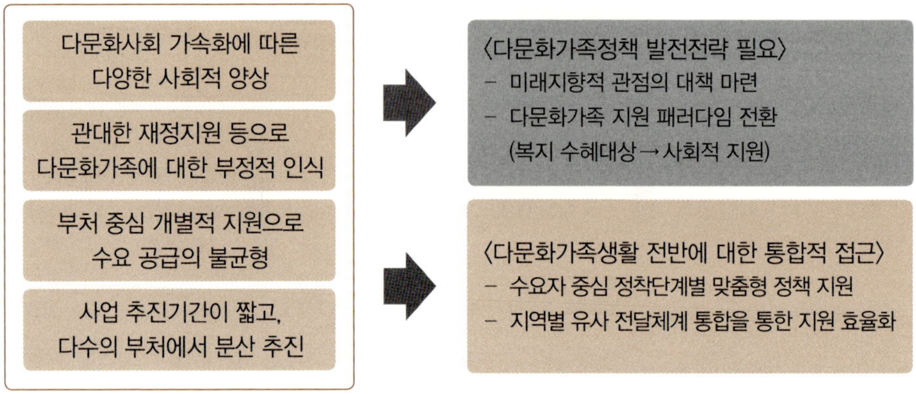

그림 7-6 다문화가족 생활에 대한 통합적 접근과 전략

출처: 여성가족부(2016).

7) 다문화행정의 구체적 추진방안[13]

(1) 기본 정책방향에 알맞은 정책

다문화가족정책에 대한 추진전략 및 기본방향은 국민대통합이다. 이 목표에 따라 구체적 추진전략은 다문화가족에 대한 관점을 시혜·보호 대상에서 미래사회 인재의 육성으로 전환하여야 한다. 또 지원 내용은 소득 수준별로, 전달체계는 지방자치단체 중심으로 방향을 잡아야 한다. 이를 도표로 제시한 것이 [그림 7-7]이다.

(2) 부처간 협업·연계 강화

다문화가족정책과 관련되는 부처(여성가족부, 법무부 등 관련 부처) 간 협업 시스템을 구축하여야 한다. 예를 들면 핵심과제별로 주관부처를 중심으로 초기적응은 여성가족부와 법무부, 사회참여는 여성가족부, 인식제고는 문화체육관광부, 인권보호는 여성가족부와 법무부가 될 것이다. 또 상시 모니터링 및 심의·평가 기능의 보강이

13 이하 이 부분은 이명수(2015)를 이용하였다.

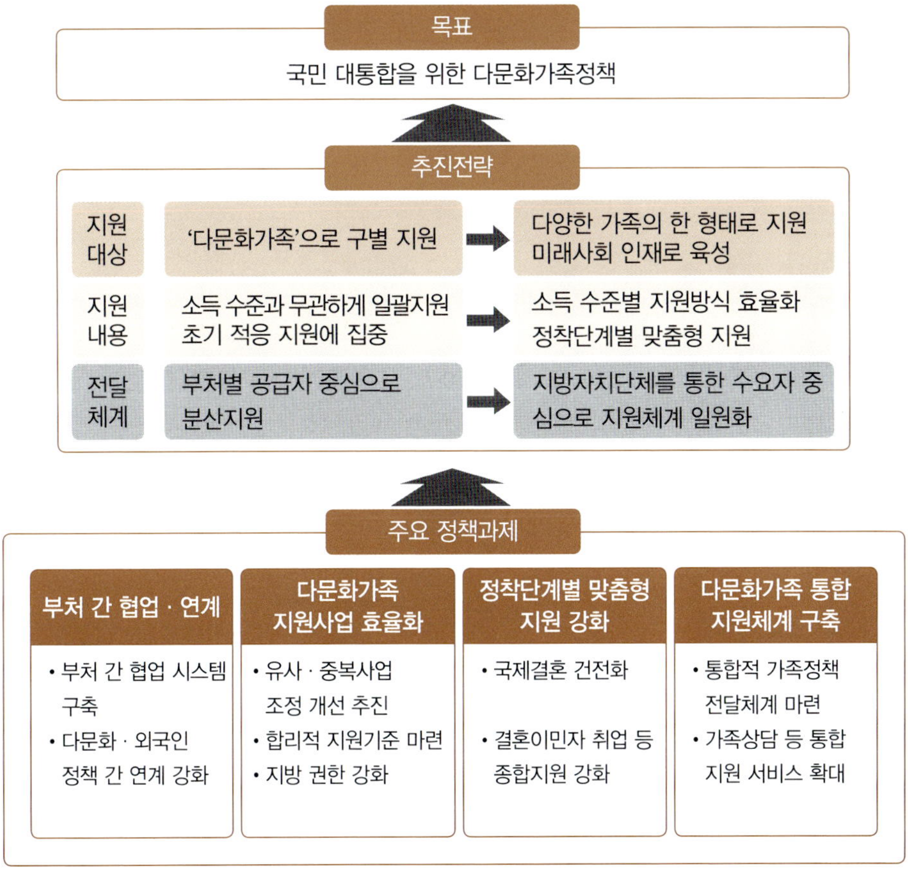

그림 7-7 추진전략 및 기본방향

출처: 여성가족부(2016).

필요하다. 다문화가족지원 서비스 지역별 수요 파악이라든가 신규사업을 추진할 때 유사 · 중복심의 등 효율성을 사전에 평가하여야 한다. 콜센터를 보면 여성가족부와 법무부가 서로 각각의 콜센터를 운영하고 있다. 따라서 '다누리콜센터(1577-5432)'와 '이주여성긴급전화(1577-1366)'를 통합하여 결혼이민자와 가족에 대한 지원을 강화하여야 한다.

또 각 부처 간 다문화정책 관련 정보 공유 및 제공을 통한 정책 대상별 수요에 맞

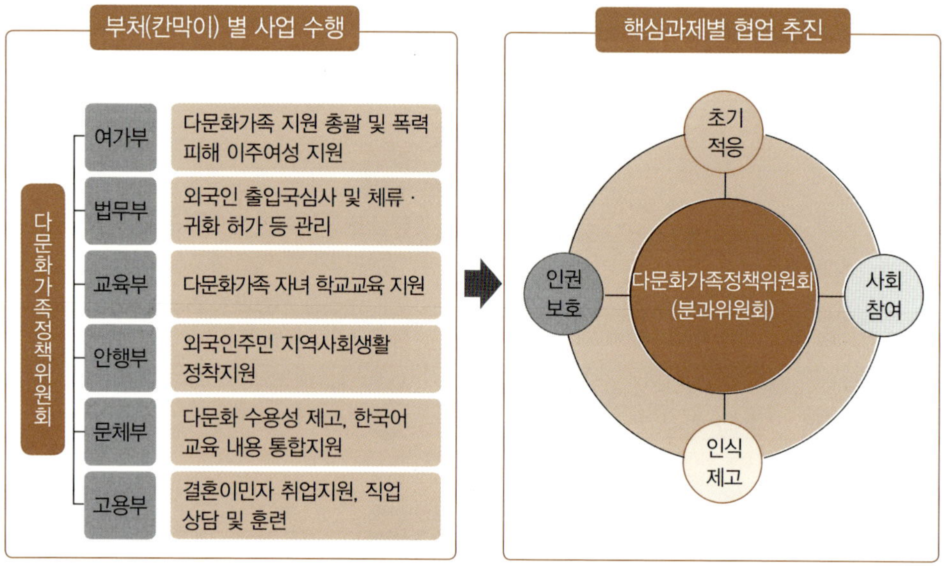

그림 7-8 협업 추진

출처: 여성가족부(2016).

게 사업을 추진하도록 하여야 한다. 예를 들면 여성가족부는 결혼이민자 지원 현황과 센터 프로그램 현황에 대해, 법무부는 결혼이민자 현황과 사회통합프로그램 현황에 대해, 행정자치부는 외국인 주민현황에 대해, 교육부는 자녀관련 통계 등을 통해서 각 부처별, 지역별 지원서비스 정보를 제공하고 홍보를 강화할 수 있다. 이를 그림으로 나타낸 것이 [그림 7-8]이다.

(3) 다문화가족에 대한 합리적 지원기준 마련

다문화가족의 소득 및 가족상황, 국내 거주기간 등을 종합적으로 고려하여 수요자의 개인별 상황에 적합한 맞춤형 지원이 필요하며, 일정기간 지원 이후에 가족 · 복지서비스 지원으로 전환을 검토하여야 한다. 그 이유는 일반 복지서비스 등 예산 지원의 형평성과 균형성을 유지하고 역차별 문제를 해소하여야 하기 때문이다.

(4) 정착단계별 맞춤형 지원 강화

여기서 가장 중요한 것은 인권피해방지를 위한 사전 예방조치가 강화되어야 한다는 점이다. 따라서 국제결혼의 건전화라는 이슈가 등장한다. 이를 위한 중개업체 관리 및 국제협력 체계가 확립되어야 한다. 구체적으로는 국제결혼중개업체를 주기적으로 공시하며 종사자 교육을 강화하고, 국제결혼과 관련하여 해외 불법행위를 단속하기 위하여 입국 전 현지 사전교육을 상대국가와 공동으로 실시한다. 즉 결혼이민사증을 발급할 때에 의사소통가능 여부, 초청자의 소득기준 및 실질적 피초청자 부양가능 여부 등 심사를 강화하여야 한다. 또 국제결혼 피해예방을 위한 실태조사 및 피해예방 교육과 홍보에 관심을 기울여야 한다. 아울러 지역별 다문화가족지원센터를 거점으로 성공적으로 이미 정착한 결혼이민자를 멘토로 양성하여, 자조모임 활성화를 통해 전문화된 멘토링 서비스를 제공할 수 있다. 취업지원을 위해서는 여성새로일하기센터, 고용센터 등의 전문성을 제고하고, 유관기관과의 협력을 통한 취업지원 서비스를 강화한다.

자녀 지원을 위해서는 다문화가족 자녀의 정체성 확립 및 맞춤형 상담에 지원을 아끼지 말아야 한다. 청소년기 자녀를 대상으로 가족관계나 학교생활 등의 상담 프로그램을 개발하고 발전시켜 나간다. 또 교사나 가족관련센터에서의 상담인력을 내실화함으로써 청소년기에 접어든 다문화가족 자녀의 상담 역량을 강화하는 방안을 실시하여야 한다.

(5) 다문화가족 통합지원체계 구축

2016년도부터 실시하는 사례에서 보듯이 다문화가족 지원센터를 가족통합지원센터로 개편하여 통합적 가족정책의 전달체계를 마련하여야 한다. 다문화가족을 한부모·조손가족 등 다양한 가족의 영역으로 가족정책 차원에서 통합한 가족지원서비스를 제공하고자 함이 그 목적이다.

아울러 새로운 정책지원 대상을 포괄하여 지원하는 전달체계로 개편하여야 한다.

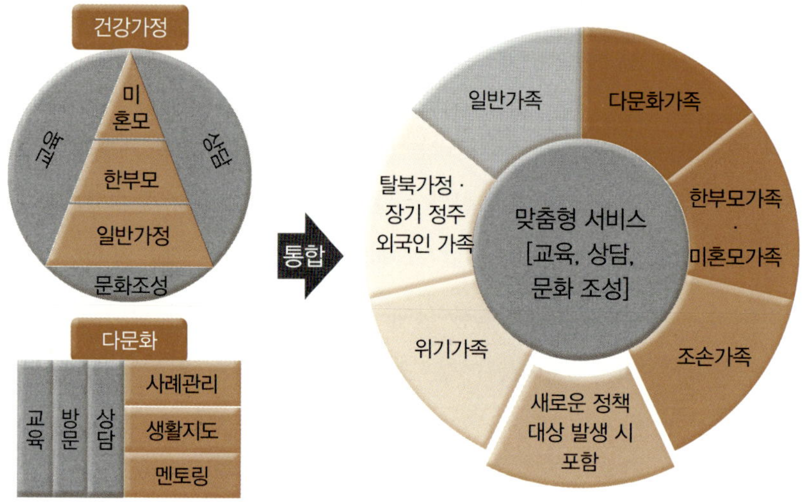

그림 7-9 다문화가족 통합지원체계 구축

출처: 여성가족부(2016).

예컨대 한부모 등 소외가족과 중도입국자녀, 결혼이민자를 포함하여 정주를 목적으로 하는 외국인, 북한이탈주민 등이 그 대상이다. 이들에 대한 가족상담지원서비스를 확대하여 외국인주민센터, 외국인근로자지원센터, 북한이탈주민 지역적응센터(하나센터) 등과 연계하여 협업하여야 한다. 물론 이를 위해서 가족통합지원 관련 부처 간 협업이 추진되어야 하겠다. 이 모형을 그림으로 정리한 것이 [그림 7-9]이다.

8) 다문화행정의 구체적 추진방안의 기대효과

첫째, 다문화가족의 적극적 사회통합 강화를 기대할 수 있다. 다문화가족을 대상으로 한 상담 및 자녀 양육지원을 강화하게 되면 가족 해체나 청소년문제 등을 사전에 예방할 수 있다. 또 맞춤형 취업지원서비스를 강화하게 되면 빈곤도 사전에 예방될 것으로 예측된다.

둘째, 수요자중심 전달체계 개선으로 정책 만족도를 제고할 수 있다. 지방자치단체중심의 서비스 전달체계가 확립되면 지역별 수요 파악을 통한 서비스 연계로 정책의 사각지대가 해소된다.

셋째, 유사 · 중복사업의 조정으로 재정건전성을 강화할 수 있다. 부처 간 유사사업이나 중복의 해소는 효율성과 차별성을 제고하게 되고 이는 다문화사업과 관련하여 중복수혜에 대한 국민의 반감이 줄어들고 따라서 반다문화 정서가 완화될 것으로 예상된다.

넷째, 외국인-다문화정책 연계로 선제적 · 종합적 정책이 구현된다. 외국인-다문화정책에 대한 거시적 발전방안 논의의 창구를 마련할 수 있기 때문에 총괄적 다문화 · 이민정책 개발에 대한 각계의 요구에 부응할 수 있다.

understanding of
multicultural society

Chapter 08

다문화시대와 전문가집단의 문화적 역량

understanding of multicultural society

Chapter 08
다문화시대와 전문가집단의 문화적 역량

최근 우리나라가 다문화사회로 변화하면서 다양한 직업 분야에서 문화적 갈등상황이 나타나고 타 문화에 대한 편견이나 차별과 같은 문제가 심각한 사회문제로 대두되고 있다. 따라서 자신의 문화정체성 확립을 기초로, 타 문화를 이해하고 존중하며, 타 문화집단에 대한 차별에 적절히 대처할 수 있는 새로운 직업 역량으로서 문화적 역량에 대한 관심이 점점 증가하고 있다.

따라서 이 장에서는 다문화시대를 맞이하여 교사, 사회복지사, 간호사, 기업경영자 등 다양한 직업적 서비스를 제공하는 전문직 종사자들이 갖추어야 할 문화적 역량에 대해 살펴보고자 한다. 먼저 문화적 역량의 필요성을 살펴보고, 문화적 역량의 개념 및 구성요소, 문화적 역량의 발달, 그리고 전문가들의 문화적 역량을 증진시킬 수 있는 방안에 대해 제시해 보고자 한다.

1. 문화적 역량의 필요성

21세기의 급속한 사회경제적 발달이 국가 간 이동과 교류를 촉진시킴으로써 우리사회는 점차 민족, 인종, 종교, 계층 측면에서 다양한 문화집단이 형성되고 있다. 이러한 추세와 함께 최근 외국인 노동자, 국제결혼이민자, 북한이탈주민 등이 늘어나면서 우리나라는 급속히 다문화사회로 전환되고 있다. 그동안 우리나라는 단일민족, 단일문화를 강조해 왔기 때문에 우리 국민들이 다양한 문화적 배경을 가진 사람들과 차별이나 편견 없이 함께 살아가는 데 필요한 능력을 함양하는 것이 시급한 문제이다.

UN 인종차별철폐위원회에서도 한국 사회의 배타적이고 자문화 중심적인 성향에 대해 우려를 표하면서 지구촌의 구성원으로서 한국 내 이주민 개인과 집단의 기본인권을 존중하고 보장할 수 있는 전문직의 직업 역량과 윤리적 책임을 강조하였다(UN, 2007). 특히 최근 연구들을 통해 한국 사회에 유입되는 다문화집단 가운데 한국 사회에 적응하는 데 어려움을 겪고 있는 사례들을 볼 때 이들이 우리 사회에 안정적으로 정착하도록 지원하기 위해 전문가들의 문화적 역량에 대한 관심이 절실히 필요한 시점이다.

세계경제협력기구인 OECD(2003)에서도 빠르게 변화하는 현대사회 환경에 적극적으로 대처하기 위해서 필요한 핵심역량들을 제시하고 있는데 그 가운데 문화적 역량(cultural competency)을 포함시키고 있다. 문화적 역량은 다양한 문화적 배경을 가진 사람들과 효과적으로 상호작용할 수 있는 능력을 말한다(윤갑정 · 김미정, 2010).

다문화의 역사가 오래된 미국의 경우 일찍부터 문화 간 훈련이 활발하게 이루어져 왔으며 최근에는 심리학, 문화인류학, 사회언어학, 교육학, 국제경영 등 다양한 분야에서 관심을 가져 학제 간 연구가 진행되고 있다(정진경 · 양계민, 2005).

우리나라에서도 기업, 교육, 복지 분야 등에서 글로벌 인적자원 개발과 직업 분야의 서비스 효과성 증진 등을 위해 기업 구성원, 교사, 사회복지사 등을 대상으로 다문화적 능력을 개발하는 데 관심을 가져왔다. 그러나 아직까지 다문화와 관련된 여러 분야에서 문화 간 훈련에 대한 중요성을 크게 인식하지 못하고 있는 실정이며, 제공되고 있는 교육이나 연수들도 각 국가와 문화의 특성에 대한 피상적 정보전달 수준에 그치는 경우가 대부분이다(정진경 · 양계민, 2005). 따라서 우리나라가 다문화사회로 적응해 가기 위해서는 각 분야에서 문화적 역량을 갖춘 전문가나 실천가를 양성하는 것이 매우 중요하다.

또한 최근에는 다양한 민족과 국가 간의 접촉뿐 아니라 성적 선호, 종교, 성별, 장애, 사회경제적 지위 등과 같이 우리 사회 내에 존재하는 문화집단에 대해서도 다문화적 관점에서 접근할 수 있는 자세가 필요하다는 인식이 증가하고 있다.

2. 문화적 역량의 개념 및 구성요소

최근 세계화로 인해 다원화되고 있는 현대사회에 적응하기 위해서 개인에게 필요한 역량 규명이 활발하게 이루어지고 있다. 특히 21세기가 문화의 시대라 할 만큼 개인과 조직, 국가경쟁력에 문화가 중요한 요소로 등장하면서 '문화적 역량'에 대한 관심이 증가하여 핵심역량 가운데 하나로 간주하게 되었다.

그동안 문화적 역량은 문화적 민감성(cultural sensitivity), 문화적 인식(cultural awareness), 혹은 간문화적 능력(cross-cultural skills) 등의 용어들과 같은 의미로 사용되었다(Diller & Moule, 2005). 그러나 최근에는 이러한 용어들을 구분하여 사용하는 경향이 나타나고 있다. '문화적 감수성'은 다양한 문화들 사이의 차이를 구별하나 특정 문화나 문화집단을 선호하거나 가치를 부여하지 않는다(Hammer, Bennett, & Wiseman, 2008). '문화적 인식'은 타 문화집단에 대한 이해를 통해 개인의 태도나 가치가 변화함으로써 개방적인 태도를 가지게 되는 상태를 말한다. 이러한 개념들에 한 단계 더 나아간 것이 '문화적 역량'이라 볼 수 있다. 문화적 역량이란 각 문화가 가지고 있는 장점들을 인정하면서 소수문화집단에 대한 부정적인 인식으로부터 근본적으로 전환함으로써 문화적으로 적절한 사고와 행동을 하게 되는 것을 의미한다(Lum, 2005).

최근에는 다문화적 환경에서 휴먼서비스를 제공하는 전문가들에게 요구되는 전문적 역량의 중요한 요소로서 문화적 역량이 강조되고 있다(Epstein & Hundert, 2002). 즉 서비스 이용자들의 문화에 따라 다르게 나타나는 가치, 태도 및 신념 등을 이해하고 존중하는 자세를 직업현장에서 적절하게 활용할 수 있는 능력이 중요하게 고려되는 것이다. 이를 위해 전문직 종사자들은 다양한 문화에 대한 지식과 정보를 갖추어야 할 뿐 아니라 스스로가 편견과 고정관념에서 벗어나 자신이 속한 특정 문화의 틀과 다른 문화적 관점을 받아들일 수 있어야 하며 그러한 지식과 정보를 자신의 직업분야에 적용하고 실천할 수 있는 능력을 갖추어야 한다(배재정, 2010).

문화적 역량을 갖춘 전문가의 특징을 살펴보면 다음과 같다. 첫째, 문화적 고정관념에 정면으로 도전해 본 경험이 있으며 자신의 문화적 관점이 형성된 과정에 대해 반성적으로 사고해 본 적이 있다. 둘째, 그러한 경험을 바탕으로 문화 간 접촉을 정확히 해석하고 두 문화 사이의 원활한 교류와 의사소통을 촉진할 수 있다. 셋째, 자신의 관점이 자민족 중심주의에 근거함을 인정함과 동시에 다른 문화에 대해서도 객관성을 유지할 수 있다. 이러한 문화적 역량은 단지 직업인으로서 개인뿐 아니라 전문직 분야 전체, 기관조직, 서비스 전달체계 전체의 차원에서 정책을 입안하고 실천하는 데 반영되어야 한다(최현미 외, 2008; Diller et al., 2005).

학자들은 문화적 역량의 구성요소에 주로 문화적 인식, 문화적 지식, 그리고 문화적 기술의 세 요소를 포함시키고 있다(Manoleas, 1994; McPhatter, 1997; Weaver, 2005).

문화적 인식은 자신이 가지고 있는 문화뿐 아니라 다양한 문화권의 사람이 가지고 있는 가치와 경험을 인식하고 이해하는 것을 의미한다. 타 문화를 이해하기 위해서는 먼저 자신의 가치와 신념이 다른 문화권에 속하는 개인과의 관계에 어떤 영향을 미치는지 인식하고, 문화집단 간에 존재하는 권력 차이, 차별과 편견 경험이 상호작용에 어떤 영향을 주는지를 아는 것이 중요하다.

문화적 지식은 다양한 문화들에 대한 정확한 지식과 함께 다른 문화에 대한 이해를 위해 요구되는 인문학적 지식과 정보 등을 포함하는 개념이다. 즉 다문화집단의 역사, 전통, 가치체계, 세계관, 가족체계 등이 포함되며, 이들의 출신국가 사회·경제 · 정치적 상황과 이주를 촉발한 상황, 이주의 과정, 이주 이후의 경험에 대한 이해 또한 중요한 지식기반이 될 수 있다(최현미 외, 2008).

문화적 기술은 다문화 현장에서 문화적 실천을 위해 다른 이해 관계자와 협력하고 이론을 실제 삶과 연계하여 지역 및 사회에 존재하는 문화적 갈등상황의 해결을 위해 참여하는 데 필요한 개입 기술을 말한다.

이러한 문화적 역량의 구성요소들은 서로 유기적으로 상호작용함으로써 그 영향을 발휘하게 된다. 즉 기술은 지식에 근거해야 하며, 인식은 기술을 통해 발휘되게 되는 것이다(민성혜 · 이민영, 2009). 뿐만 아니라 문화적 역량은 다양한 문화에 대한 지식과 기술을 습득하고 이해하는 수준을 넘어서서 이러한 요소들이 실제 다문화적 상황에서 발휘되어야 하므로 인지적, 정의적 측면뿐 아니라 행동적 측면인 실행능력에까지 이르도록 하는 것이 중요하다.

3. 문화적 역량의 발달

학자들은 문화적 역량을 어떤 시점에 성취되는 정적인 개념이 아니라 다문화와 관련된 문제인식에서부터 출발하여 다문화적 경험과 교육에 의해 지속적으로 변화하는 발달단계적 과정으로 보고 있다(Bonecutter & Gleeson, 1997; Bennett & Bennett, 2004; Mazeikiene et al., 2007). 이러한 관점에서 문화적 다양성에 대한 인지능력, 수용 태도 및 행동 등과 관련된 심리적 특성 발달과정에 관한 여러 이론들은 문화적 역량의 발달과 밀접한 관련성을 가지고 있다.

니토(Nieto, 2008) 등은 다원주의에 대한 지지 정도를 관용, 수용, 존중, 지지, 결속, 비판의 네 단계로 구분하였다. 뱅크스(Banks, 2008)는 개인의 문화적 정체성이 문화사대주의 단계에서부터 자민족 중심주의, 문화상대주의로 발달하게 되며 지속적 문화 정체성 훈련을 통해 문화적 역량을 형성할 수 있음을 알려주었다. 또한 베넷과 베넷(Bennett & Bennett, 2004)은 다른 문화를 대할 때 드러나는 문화적 인식이나 태도의 차이를 근거로 한 문화 간 감수성 발달단계를 개발하고 이를 여섯 단계로 구분하고 있다.

문화감수성, 문화정체성의 발달과 문화적 역량 사이에는 상관관계가 높은 요소들이 중첩되어 있으며 이러한 감수성과 정체성이 더욱 정교화되고 숙달될수록 문화적 역량이 증진될 수 있음을 밝혀주고 있다.

1) 문화적 정체성 발달

문화적 정체성(cultural identity)은 자신이 속한 문화적 집단과의 연관성 속에서 파악되는 개인의 주관적 자아개념을 말한다(Banks, 2006). 뱅크스(Banks, 2008)의 문화정체성 발달이론은 인종, 민족 및 성, 언어, 장애, 지역, 성적 지향 등을 포함한 다양한 문화집단의 문화적 정체성 함양을 목표로 하고 있다. 이는 문화정체성의 함양이 궁극적으로 민주사회에서 세계시민공동체의 일원으로 살아가기 위해 반드시 갖추어야 할 주요 자질이라 보고 있기 때문이다.

문화적 정체성 발달단계는 자신의 문화에 대해 낮은 자존감을 가지는 문화사대주의 단계, 자신의 문화가 우월하다고 믿는 자민족 중심주의, 그리고 자문화와 타 문

표 8-1 문화적 정체성 발달단계

문화적 사대주의	자민족 중심주의	문화적 상대주의			
문화적 · 심리적 속박	문화적 정박	문화정체성 명료화	이중문화 주의	다문화주의	세계주의
자문화 비하 타 문화 추앙	자문화 추앙 타 문화 비하	자문화 긍정 타 문화 수용	자문화 존중 타 문화 수용	국가 이상과 가치성찰 국가 내 다양한 하위문화 이해	인류보편적 가치내면화 세계 다양한 하위문화 이해

출처: 은지용(2009).

화를 선별적으로 수용하고 존중할 수 있는 능력을 갖추게 되는 문화상대주의 세 단계로 이루어져 있으며 이를 다시 여섯 단계로 세분화하였다.

(1) 문화적 사대주의 단계

① 문화적 · 심리적 속박(Cultural psychological captivity)

개인이 자신이 속한 문화집단에 대해 부정적 신념을 가지고 있어 낮은 자존감 수준을 나타내며, 타 문화와의 접촉을 피하려 한다. 이러한 현상은 주로 주류 집단에 의해 역사적으로 차별받아 온 소수집단구성원들에게 나타나는 경향이 있다.

(2) 자민족 중심주의 단계

① 문화적 정박(Cultural encapsulation)

개인이 자신의 문화집단이 타 문화집단에 비해 우월하다는 생각을 가져 자신이 속한 문화공동체에만 참여하려는 특성이 강하게 나타난다. 이 단계에서는 주로 주류 집단구성원들이 자신의 문화집단이 우월하다고 생각하는 경향이 있다.

(3) 문화상대주의 단계

① 문화적 정체성 명료화(Cultural identity clarification)

이 단계에 속한 개인은 자신이 속한 문화집단에 대해 긍정적 태도를 가지는 동시에 외부집단에 대해서도 긍정적으로 반응한다. 자신의 문화집단이 가지는 긍정적, 부정적 속성을 동시에 수용하고 이해하는 능력을 가진다.

② 이중문화주의(Biculturalism)

개인이 건전한 문화적 정체감과 심리적 특성 및 기능을 갖추고 있어 자신의 문화집단과 타 문화집단에 성공적으로 참여하여 효과적 역할 수행을 하고자 하는 강한 의욕을 나타낸다.

③ **다문화주의 및 반성적 국가주의**(Multiculturalism and nationalism)

개인이 인간 존엄 및 정의의 관점에서 국가적 이념과 가치에 대해 반성적 사고를 할 수 있으며 국가 내에 존재하고 있는 다양한 하위문화들을 이해하고 존중할 수 있는 다문화적 관점 및 태도를 가진다.

④ **세계주의 및 세계적 역량**(Globalism and global competency)

인류 보편적 가치와 원리를 내면화하여 국가 내의 하위문화뿐만 아니라 세계 여러 나라의 다양한 문화들에 대해서도 반성적이면서 긍정적으로 이해할 수 있다.

뱅크스(2008)의 문화적 정체성 발달이론은 자신이 속해 있는 문화와 타 문화 사이에 존재하는 문화 차이에 대해 어떻게 인식하고 반응해야 하는지와 어떤 가치 지향적 신념과 태도를 가져야 하는지에 대해 유용한 정보를 제공해 준다. 따라서 다문화사회에서 문화적 정체성 혼란을 경험하는 사람들에게 자문화와 타 문화의 장단점을 살펴본 후 반성적 문화정체성을 기르는 데 도움을 줄 수 있다(은지용, 2009).

2) 문화감수성 발달

베넷과 베넷(Bennett & Bennett, 2004)은 자신과 상이한 문화적 상황 속에서 효과적으로 의사소통하고 행동할 수 있는 문화감수성을 중심으로, 문화 차이에 대한 인지적, 정의적, 행동적 측면의 변화 과정을 단계별로 세밀하게 제시한 문화감수성 발달단계를 개발하였다.

문화적 감수성과 문화적 역량 간에 미세한 개념적 차이가 있음에도 불구하고 많은 연구들이 문화적 감수성 발달과정과 문화적 역량 발달과정을 유사하게 다루고 있음을 볼 수 있다(박주희 외, 2008; 배재정, 2010; Dajaeghere & Cae, 2009; Greenholtz, 2000;

표 8-2 문화적 감수성 발달단계

자민족 중심주의		문화상대주의
부인 → 방어 → 최소화	⇒	수용 → 적응 → 통합

Hammer, 2008; Mahon, 2009; Westrick & Yuen, 2007).

문화 간 감수성은 자민족 중심적(ethono-centrism) 단계를 거쳐 문화상대주의적(ethno-relativism) 단계로 발달해 간다. 이들은 자민족 중심주의 단계를 다시 부인, 방어, 최소화의 단계로, 문화상대주의 단계를 수용, 적응, 통합으로 세분화하였다(박주희 · 정진경, 2008; 배재정, 2010).

(1) 자민족 중심주의 단계

① 부인(Denial)

자신의 문화적 관점만을 인식하고 받아들이며 타 문화에 대해서는 인식하지 못한다. 문화 차이에 대해 무관심한 태도를 나타내며 회피하거나 없애고자 하는 경향을 나타낸다.

② 방어(Defence)

다른 문화의 존재를 인식하지만, 이를 자기 정체성에 대한 위협으로 받아들여, 그 존재를 부정하거나 방어하려 한다. 여전히 자신의 문화를 우월한 것으로 인식하며 다른 문화에 대해 부정적 고정관념을 갖는다.

③ 최소화(Minimization)

이 단계에서는 문화적 차이는 인정하지만 모든 문화에는 차이보다 유사성이 많다고 주장하는 경향이 나타난다. 즉 자신의 문화적 세계관을 보편적인 것으로 여겨 문화적 차이보다는 유사성을 지나치게 일반화시키는 것을 말한다. 이러한 관점은 다른 사람들이 자신과 다른 사고방식을 가질 수 있다는 생각을 하지 못하고 자신이 속한 문화를 과대평가해 자신의 문화에 대한 명확한 지각을 하지 못하게 되며 타 문화 역시 적절하게 판단할 수 없다.

(2) 민족상대주의 단계

① 수용(Acceptance)

표면적 문화 차이는 물론 심층적 문화 차이에 대해서도 지각하는 단계이다. 자신의 문화를 다양한 문화 가운데 하나로 인지함과 동시에 다른 문화에 관련된 사람들을 동등한 인격체로 받아들인다. 이는 다른 문화에 대해 무비판적 동의나 선호를 가지는 것과 다르며 문화 차이에 대해 자기반성적 관점에서 생각할 수 있게 되는 것을 의미한다.

② 적응(Adaptation)

다른 문화를 경험하고 그 문화에 적절하게 행동하고 사고할 수 있는 기능이 발달된다. 즉 자신의 문화적 세계관을 확장시킬 수 있으며 자신의 세계관과 타 문화와의 세계관 사이를 자유롭게 이동할 수 있다.

③ 통합(Integration)

자신의 문화정체성을 확립하여 다양한 문화의 틀을 초월하여 문화적 맥락을 이해하는 가운데 자유롭게 넘나들 수 있는 능력을 가지게 된다.

베넷과 베넷(Bennett & Bennett, 2004)은 이러한 문화감수성 발달이 각 단계별로 세밀하게 구분되는 이분법적 특성을 넘어서서 점차적으로 발달해 가는 일련의 연속체의 특성으로 보았다. 또한 문화감수성 발달단계는 국가, 인종, 민족적 다양성과 같은 거시적 차원에서 문화적 차이에만 한정되는 것이 아니라 모든 형태의 문화적 다양성에 적용될 수 있는 모델이라는 특징을 가지고 있다(정진경 · 양계민, 2005).

4. 문화적 역량 증진 방안

지금까지 이루어진 다문화 관련 연구들을 살펴보면 우리나라 사람들의 문화적 감수성이나 태도는 보통 수준 이하인 것으로 나타나고 있다(김현주 · 김경숙, 2008; 박주희 · 정진경, 2008). 박주희와 정진경(2008)은 타 문화에 대한 태도발달 검사도구의 타당화 연구에서 우리나라 대학생과 일반인의 문화적 감수성은 낮은 것으로, 다문화 업무 종사자들의 경우에는 중간 수준인 것으로 밝혔다. 교사들의 경우에도 다문화 인식이 낮은 것으로 나타나고 있다(김현주 · 김경숙, 2008). 이를 통해 살펴볼 때 우리나라 직업 전문가 집단의 다문화적 인식과 문화적 역량에 대한 심층적인 이해와 진단이 필요하며 이들의 문화적 역량 강화를 위한 교육 및 연수 프로그램의 제공이 필요하다(문계완 · 배재정, 2011; 은지용, 2009).

1) 문화적 정체성 증진 방안

은지용(2009)은 문화적 정체성 함양을 통해 다문화적 인성 개발을 강조하고 있다. 다문화적 인성은 다문화사회에서 다양한 민족, 인종, 계층, 성별 등의 차이에 의해 나타나는 문화적 다양성을 이해할 수 있는 인지적 능력과 이러한 문화적 다양성을 존중하는 태도 및 이런 태도를 행동으로 실천하는 능력을 의미하여 문화적 역량과 연결된다.

(1) 문화사대주의 혹은 자문화 중심주의 인정단계

이 단계에 속해 있는 사람들은 문화적 사대주의 사고나 자문화 중심주의로 인해 타 문화에 대해 편견이나 고정관념을 가지고 있기 때문에 이러한 특성들이 자연스럽게 나타날 수 있음을 인정해 준다.

(2) 자문화와 타 문화 차이 인지단계

이전 단계에서 타 문화에 대해 자신이 가지고 있던 선입견을 깨닫게 되면, 자문화와 타 문화의 차이점을 있는 그대로 볼 수 있는 관점이 생기게 된다. 타 문화에 대해 선입견을 가지고 긍정적, 혹은 부정적 평가를 하지 않도록 안내한다.

(3) 자문화와 타 문화 이해 및 존중단계

자문화와 타 문화 차이 인식단계를 넘어서서 각 문화가 나름대로의 가치와 정체성을 가지고 있음을 이해하고 이를 존중해 주도록 하는 단계이다. 문화 상대주의적 입장에서 자문화와 타 문화를 맥락적으로 이해하고, 나아가 이를 수용하고 존중하도록 지도한다.

(4) 자문화 및 타 문화에 대한 성찰단계

이 단계에서는 자문화와 타 문화의 특성이나 장단점을 반성적으로 성찰하고 평가할 수 있도록 한다. 인간 존엄과 평등 및 정의와 같은 인류 보편적 가치에 근거하여 자문화와 타 문화의 특성과 장단점을 비판적으로 성찰할 수 있도록 한다.

(5) 다문화적 문제 및 갈등상황 대처

다문화적 갈등상황에 적극적으로 대처할 뿐 아니라 문제를 해결할 수 있는 능력을 길러준다.

2) 문화적 감수성 증진 방안

베넷(Bennett, 2004)의 문화감수성 발달 이론에 기초하여 문화적 감수성을 증진하는 방안은 자문화 중심단계, 전이단계, 문화상대주의 단계를 근거로 각 단계별로 문화적 역량의 세 가지 구성요소인 인지적 측면, 정의적 측면, 행동적 측면에서 훈련방안을 제시하는 것이다(배재정, 2010).

(1) 1단계: 자문화 중심주의

일반적으로 이 단계의 사람들은 문화적 차이를 지각하지 못하고 자신의 문화가 유일하다고 생각한다. 문화적 차이를 지각하는 경우에도 우월한 문화와 열등한 문화로 양극화시키는 경향을 나타낸다. 이런 경우 문화적 다양성을 지각하고 문화 간 차이점과 유사점을 살펴보고 자신의 편견과 고정관념을 확인하도록 한다.

- 인지적 측면: 인종, 민족, 성 등 다양한 문화에 대한 지식과 정보습득, 사회 내 다양성에 대한 정보습득, 문화적 공통성과 보편성에 대한 정보습득
- 정의적 측면: 인류 보편적 가치를 살펴봄으로써 함께 살아가는 공동체 인식을 증진, 고정관념과 편견을 확인하고 타 문화에 대한 차별 없는 태도 형성
- 행동적 측면: 자신과 다른 문화적 배경을 가진 사람들을 인터뷰하고 전기를 작성하는 훈련 제공을 통해 타 문화 사람들과 관계 맺는 기술과 전략 개발

(2) 2단계: 전이단계

문화적 차이를 표면적 차원에서만 인식할 수 있으며 모든 문화에 적용가능한 보편적 가치가 존재한다고 여김으로써 자신의 문화자각에 방해를 받게 된다. 이 단계에서는 동화주의적 관점에서 벗어나 심층적 문화 차이를 인식하게 하고 문화 차이로 인해 주류문화 위주의 사회제도들이 소수문화집단에 주게 되는 불이익과 상실감을 느낄 수 있도록 하는 훈련을 제공한다.

- 인지적 측면: 지구 전체적 관점에서 환경오염, 전쟁 등 세계 국가 간 역학관계에 대한 지식 강조, 주류집단과 소수집단의 역학관계 및 관례적 혜택에 대해 비판적으로 인식하는 관점 형성
- 정의적 측면: 타 문화집단에 대한 감정이입과 공감을 통한 존중감 형성, 자아정체감과 민족정체감 형성
- 행동적 측면: 자신의 문화정체성 형성과정에 대해 살펴보고 자서전 써보기, 보편적인 사회제도나 규범이 모든 구성원들에게 평등한지에 대해 토론하기

(3) 3단계: 문화상대주의 단계

자문화와 타 문화 세계관 사이를 자유롭게 이동할 수 있으며 표면적 문화는 물론 심층적 문화 차이까지 지각할 수 있다. 그러나 이러한 관점을 구체적이고 실질적인 다문화적 상황에서 실행할 수 있는 수준에 도달하도록 훈련한다.

- 인지적 측면: 심층적 문화 차이를 지각하지만 실질적 문제해결을 위한 아이디어는 부족하므로 다문화적 사회로 변화시키는 데 필요한 법적, 제도적 장치에 대한 지식과 정보 습득
- 정의적 측면: 주류문화와 소수문화, 그리고 자문화와 타 문화 사이를 균형적으로 조망
- 행동적 측면: 직업세계에서 차별이나 편견문제를 비판적 시각으로 판단하고 언어 훈련, 다양한 문화적 맥락 학습을 통해 다문화적 갈등상황을 창의적으로 해결하는 능력 향상

understanding of
multicultural society

Chapter 09

외국의 다문화정책

Chapter 09

외국의 다문화정책

최근 교통과 통신의 발달에 따른 세계화의 진전으로 인한 물자와 인구의 활발한 이동은 국내에도 이주노동자와 국제결혼이주자, 그리고 유학생 등과 같은 외국인 거주자의 급격한 증가를 초래하였다. 이에 미처 준비되지 못한 상태에서 정책적, 사회적인 혼란과정을 거쳐 이제는 어느 정도의 체계화된 다문화사회로의 진입단계에 도달하기 시작했다고 볼 수 있다. 하지만 아직도 우리 사회에서 이루어지고 있는 다문화 담론은 주로 안정적인 한국 사회와 한국 가정을 이루기 위하여 외국인 이주자의 자격과 능력을 함양시키는 데 주력하고 있다는 한계가 있다. 그러한 한계를 벗어나기 위하여 우리는 외국인 이주자 당사자뿐 아니라 그 가족구성원들이 안고 있는 문제점을 가정과 아동, 교육적 측면에서 논의해 왔다.

본 장에서는 그러한 논의의 바탕 위에 다문화담론이 일찍부터 진행되어 왔던 일본, 미국과 캐나다, 프랑스, 독일, 러시아의 사례를 살펴봄으로써 우리나라의 다문화정책에 시사점을 제공하고자 한다.

일본의 경우, 다른 구미제국에서는 볼 수 없는 독특한 형태로 외국인 이주자가 증가했다는 측면에서 한국과 유사성이 있으며, 한국보다 먼저 정책적인 차원에서 다문화사회의 여러 문제를 해결하려 노력하고 있다는 점에 주목한다.

미국과 캐나다는 처음부터 이주자에 의하여 건국된 나라로, 특히 유네스코의 '문화와 발전에 관한 세계위원회'는 캐나다의 다문화주의 정책이야말로 모든 나라들의 모범이 되었다고 평가하였을 만큼 이주민에 대한 정책이 발달되어 있는 나라이다. 본 장에서는 그중에서도 이주가정의 문화적응과 이주가정 아동의 적응과 발달에 주목한다.

프랑스의 이민정책은 이민자들이 프랑스 사회에 동화되는 것을 전제로 한 사회통합을 지향해 왔으며, 그동안의 프랑스 정책은 다문화의 성공적인 표상처럼 자리매김하는 듯 보였다. 하지만 프랑스가 지금까지 이민자들과 추진하였던 다문화정책과 그 결과로서 현재 겪고 있는 다양한 정책적 딜레마들은 다문화사회로의 변화를 겪고 있는 한국 사회에 주요한 시사점을 제공해 주리라 본다.

독일은 혈통주의 전통과 단기인력 수급 중심의 외국인 정책을 고수하며 변화하는 현실을 받아들이지 못하고, 조속한 귀환 프로그램에 초점을 맞춘 소극적인 사회통합 정책을 실시해 왔다는 비판을 받고 있다. 이에 본 절에서는 독일의 사회통합과정과 독일이 경험하였던 그리고 지금도 겪고 있는 다문화사회로의 변화과정에 주목한다.

현재 국내 대부분의 연구는 주로 서구의 이민정책에만 관심을 가지고 있을 뿐 러시아를 비롯한 동구의 국가들에 대한 연구는 거의 찾아보기 힘들다. 마지막으로 보게 되는 러시아의 사례는 러시아 이민정책의 형성과 그 변화과정에 주목하게 되는데, 서구의 이민정책을 받아들이면서도 확산적인 이민정책이 나타나지 않는 특이한 국가로서 서구이민정책의 유효성을 검증할 수 있는 중요한 기회를 제공할 것이다.

1. 일본의 다문화정책[1]

일본은 한국보다 약 10년 정도 먼저 외국인 이주자의 증가에 따른 외국인 정책과

---

1 본 내용은 한국지역지리학회지(2009) 15권 4호에 게재된 조현미의 논문 "일본의 '다문화공생' 정책을 사례로 본 사회통합정책의 과제"의 일부임.

사회현상에 관심을 기울이기 시작했다. 동남아로부터 외국인 노동자가 일본 국내의 부족한 노동력을 보충하기 위하여 산업연수생 자격으로 입국하기 시작하였고, 남미로부터 '일계인'이라 불리는 일본인 이민자의 후손들이 일본에서의 자유로운 취업기회를 보장받는 '정주자'라는 체류자격으로 대거 입국하였다. 게다가 농촌을 중심으로 결혼이주여성도 급격히 증가하고 있다.

이렇게 외국인 거주자가 증가하기 시작하면서 다문화사회에 대한 관심이 증대하고, 다문화정책이 정비되기 시작하였다. 한국과 유사한 환경에서 유사한 형태의 외국인 이민자의 증가로 인한 사회적 변화를 겪고 있는 일본의 다문화정책에 대하여 그 전개과정과 방향을 알아본다.

1) 다문화공생정책의 전개

일본의 다문화정책은 공식적으로 '다문화공생정책'으로 표명하고 있다. 본 절에서는 일본의 다문화공생정책의 전개과정과 내용을 국가적 차원과 지역적 차원에서 살펴보고자 한다.

(1) 국가적 차원에서의 다문화공생정책의 전개과정

일본에서 다문화 · 다민족공생의 개념이 대두되기 시작한 것은 1970년대 후반부터로, 국제사회로부터의 압력의 영향이 컸다.

1975년에 사이공이 함락되면서 발생한 대규모의 인도차이나 난민문제가 국제사회의 큰 과제로 등장하게 되었고, 당시 난민수용에 대한 거부 입장을 보였던 일본에 대한 비난과 함께 선진 7개국 정상회담에서 일본이 난민수용을 허가하도록 강한 압력을 가한다. 이로 인하여 1978년 일본 정부는 난민에게 정주를 허가하게 된다. 이듬해인 1979년, 최초로 500명의 난민이 들어온 뒤 그 수는 점차 확대되어 1994년까지

약 1만 명의 난민이 정주 자격으로 일본으로 들어온다. 일본은 1979년에 정식으로 '국제인권규약'을 비준하였고, 1982년에는 '난민조약'을 비준하게 된다. 일본 정부는 난민조약 비준에 맞춰 사회보장(국민연금, 아동수당 등)에서 국적 조항을 철폐하고, 출입국 관리령의 강제퇴거사유 중 일부를 삭제하였다(田中, 1990: 69).

그런데 일본에서 외국인 노동자를 둘러싼 문제가 본격적으로 제기되기 시작한 것은 1980년대 중반부터로, 이 시기는 파트타임과 아르바이트의 증대, 인재파견업의 성장 등에서 나타나는 것처럼 '노동력의 유연성화'가 진전되었던 시기이기도 하다. 1989년 12월에 개정되어 1990년부터 시행된 '출입국관리법 및 난민인정법'(이하 '입관법'으로 칭함)은 일본에서 외국인 거주자의 체류자격에 결정적인 영향을 주게 되는데, 개정된 입관법에서는 일본 내 취업활동에 제한을 받지 않는 '정주자'라는 체류자격이 신설되어 일계남미인들이 대거 입국하게 된다.[2] '정주자'는 '정주 인도지나 난민', '일계 3세인 외국인', '영주자 · 정주자 등의 가족'을 포괄하는 범주로서, 갱신 가능한 3년간의 체류가 인정되었다.[3] '입관법' 개정 이후 일본에서 '정주자' 신분의 재일외국인이 급증하게 되었고, 국적이나 문화면에서 일본인과는 다른 집단이 명확한 존재감을 갖고 부상하게 되었다는 점에서 중요한 시기적인 전환점이라 할 수 있다.

한편, 1999년에는 새로운 이민정책이 제시되는데,[4] 그 배경에는 고령화, 저출산화

---

2 남미대륙으로 최초의 일본인 이민이 송출된 것은 1899년으로, 최후의 이민선이 요코하마 항구를 출발한 것은 1973년의 일이었다. 그런데 1990년대에 들어서는 그들의 일본을 향한 역이민현상이 일어났다. 1980년대 후반은 일본의 3D산업 직종에서 심각한 인력부족과 중남미의 경제적 불황이라는 요인이 겹쳐진 시기로서, 브라질이나 페루, 볼리비아 등지의 일본계인들의 도일이 본격화되었다(조현미, 2004b: 542).

3 정주자로서 체류자격을 갖는 일계인의 범주는 일단 3세로 한정되어, 4세에 대해서는 부모가 동반한 미성년자 또는 일본에서 출생한 자에 대해 사증이 발급되었다. 이로써 일계 2세 및 3세와 이들의 비일본계 배우자도 '정주자'라는 신분으로 일본에서 취업활동을 할 수 있게 되어, 가족이 함께 입국하는 경우가 대폭 증대했다.

4 1998년 오부치 총리 아래 설치된 '21세기 일본의 구상' 간담회가 제출한 1999년의 최종보고서에서 제시된 이민정책의 내용은 다음과 같다. "외국인이 일본에서 살고, 일하고 싶다고 생각하게 만드는 이민정책이 요구된다. 당장은 일본 사회에 기여할 수 있다고 기대되는 외국인의 이주, 영주를 촉진시키는 명시적인 이주, 영주제도를 설치해야 한다. 유학생에 대해서는 일본의 고등학교, 대학, 대학원을 마치면 자동적으로 영주권을 취득할 수 있게 하는 우대책을 강구해야 한다."(고모다 마유미, 2007: 62).

에 의한 일본의 노동인구 감소 문제가 있었다. 새 이민정책에 힘입어 특히 노동력 부족이 심각했던 3D산업을 중심으로 외국인 노동자가 급증하게 되었고, 정부 차원에서도 외국인 문제에 대한 검토가 이루어져 왔으나 일본의 이민정책 혹은 다문화에 관한 논의는 주로 저출산, 고령화에 의한 노동인구 감소에 따른 외국인 노동력 활용 방안 또는 외국인의 체류관리라는 관점에서 이루어졌다.

이렇게 일본의 다문화정책은 먼저 외압에 의한 어쩔 수 없는 선택으로서 시작되었고, 그후 국내의 노동력 수급조절책으로서의 관리와 통제의 영역에서 전개되었다고 볼 수 있다. 결국, 국경을 초월한 인구의 이동은 이주국의 측면에서는 이주민을 대상으로 한 입국관리정책을 비롯하여, 이주민의 권리보장이나 생활지원을 포함한 다양한 정책을 필연적으로 수반하게 됨에도 불구하고 이제까지 일본에서는 때로는 출입국 관리정책 내지 외국인정책의 관점에서, 혹은 전자의 정책의 일부로서 후자의 정책을 포함하는 것에 지나지 않았다(近藤, 2007: 41). 하지만 이러한 접근방식에 대하여 문제의식을 밝히고 외국인을 지역주민으로 간주하고 '함께 더불어 살아가는 사람'이라는 인식하에 외국인 문제를 검토하려는 시도가 나타나는데, 총무성 산하의 '다문화공생추진에 관한 연구회'의 발족이 그 중 하나이다. 이 연구회는 지역의 다문화공생 시책의 추진에 대한 종합적이면서 체계적인 검토를 시도하였으며, 일본의 다문화정책의 기본방향을 제시하게 된다.

(2) 지역적 차원에서의 다문화공생정책 전개과정

총무성은 1980년대 후반부터 '국제교류'와 '국제협력'을 축으로 한 지방자치단체 주도의 국제화를 추진해 왔는데, 이에 앞서 지역의 실정에 맞게 지방자치단체 차원에서 국제화를 추진하려는 움직임이 있었다. 1975년 가나가와현(神奈川県)은 광역자치단체로서 국가와는 다른 시점과 입장에서 독자적인 국제교류를 전개하였고, 이를 '민제교류(民際交流)'라 칭하였다. '민제교류'의 이념은 국가의 범위를 초월한 지구적 규모에서 사람과 사람, 지역과 지역 간의 결합을 한층 강화함으로써 세계평화를 실현하고자 하는 움직임이라 할 수 있는데, 이는 '아래로부터의 초국가주의(Transnationalism from Below)'의 구체적인 실현방식(Smith, 2007)의 한 예라고 볼 수 있다.

앞서 본 바와 같이 일본 정부는 1982년 난민조약에 비준함으로써 비로소 사회보장제도에서 국적 조항을 철폐했다. 하지만 국가적 차원에서 난민 수용을 거부하고 있던 1975년에 기초자치단체인 가와사키시(川崎市)에서는 이미 외국인에게도 아동수당을 지급하기 시작했으며, 시영주택의 입주요건에서 국적 조항을 철폐했다. 또한 난민캠프가 설치되어 난민의 유입이 직접적으로 이루어졌던 가나가와현에서는 1985년에 난민의 현영(県営)주택 입주를 우선하는 제도를 실시하였다. 1988년에는 전국의 지방자치단체 중에서는 처음으로 일본인과 재일외국인의 교류시설인 '가와사키시 후레아이관(ふれあい館)'이 개관되었는데, 이는 가와사키시가 사회복지법인 청구사(青丘社)에게 운영을 위탁한 반민반관의 조직으로서 아동보육과 민족문화강좌, 인권강좌, 재일한인 1세를 위한 일본어교실(識字교실) 등의 활동을 하고 있다. 일본어교실에는 재일한인 이외에도 최근 입국한 한국인, 필리핀인, 중국인, 일본계인 등도 함께 하고 있다(조현미, 2004b: 545).

1980년대 후반부터 가나가와현에서는 현내에 거주하는 외국인을 외국적현민(外國籍県民)이라 하여 이들을 위한 상담활동을 실시하고 있었으며, 가와사키시에서도 외국적시민이라는 용어를 사용하기 시작했다. 이는 외국인에게도 국적 취득 여부와는 관계없이 해당 지역에 거주하는 거주민으로서의 권리를 인정해야 한다는 의미에서 시작된 것으로, 이러한 움직임은 전국적으로 확산된다. 또한 그보다 앞서 1990년에는 거주 외국인을 대상으로 가나가와현 차원에서 실시한 실태조사의 결과가 책자로 보급되었는데, 이는 재일한인 및 중국인과 같은 오래된 외국인 거주자(Old-Comer)에 대한 현황파악뿐 아니라 다른 국가 출신의 외국인 노동자를 비롯한 외국인 거주자(New-Comer)의 실태를 파악하는 주요한 지침서로서 전국적인 호응을 받게 된다. 이윽고 1994년 11월에는 '오사카시 외국적 주민 시책 유식자회의', 1996년에는 '가와사키시 외국인 시민 대표자회의', 1998년 11월 '가나가와현 외국적 현민 가나가와회의'

가 설치되기에 이른다. 이들 회의는 말 그대로 해당 지역에 일정 기간 이상 거주하는 외국인을 대표하는 자들이 외국적주민시책의 종합적이고 효율적인 추진을 위하여 의견을 제시하는 기관으로서(大阪市外国籍住民施策基本指針, 2004: 37), 예를 들어 가와사키시의 경우 대표자회의가 조례에 의해 제정된 이후 다양한 방면으로 시장과 시의회에 제언을 하고, 또 그 제언 중 상당수가 실현되었다(조현미, 2004b: 545).

그런데 '다문화공생'이라는 용어가 지역의 차원에서 사용되기 시작한 정확한 시점은 파악할 수 없으나 1992년에서 1993년 사이에 가나가와현에서 발행한 각종 보고서에서는 '다문화', '다민족', '함께'라는 표현이 빈번히 등장하고,[5] 1996년에 가나가와현 사회복지협의회에서 발행한 보고서에서 '다문화공생'이라는 용어가 등장[6]하는 것으로 보아 지역 차원에서 '다문화공생'이라는 개념은 1990년대 중반부터 이미 사용되기 시작했고, 실질적인 공생의 움직임은 그 이전부터 있었음을 알 수 있다.

2) 다문화공생정책의 기본방향

2006년 3월 일본 총무성 자치행정국이 각 도도부현(都道府県) 및 지정도시[7]의 외국인 주민 시책담당부로 시달한 '지역에 있어서의 다문화공생추진플랜'에 관한 지침[8]에 의거한 국가적 차원에서의 다문화정책의 방향은 다음과 같다.

---

5 神奈川県渉外部国際交流課, 1992, ハムケ ともに一見る､知る､考える. 在日韓国・朝鮮人とわたしたち,明石書店.
神奈川在日外国人問題研究所, 1993, 在日外国人・ともに暮す・かながわ一もっとあなたに出会いたい, 神奈川国際交流協会.
神奈川在日外国人問題研究所, 1992, 多文化・多民族社会の進行と外国人受け入れの現状, 神奈川県渉外部.
神奈川県渉外部国際交流協会, 1992, 21世紀をともに生きる地球の仲間−たみちゃんと外国人労働者, 神奈川県.

6 神奈川県社会福祉協議会, 1996, 神奈川における多文化共生社会をめざして, 神奈川県社会福祉協議会.

7 지방자치법의 규정에 의해 政令으로 지정된 인구 50만 이상의 시. 구를 둘 수 있는 등 보통의 시와는 다르게 취급된다. 현재 大阪・名古屋・京都・横浜・神戸・北九州・札幌・川崎・福岡・広島・仙台・千葉・埼玉・静岡・堺・新潟・浜松의 17시가 있다. 政令指定都市, 自治指定都市라고도 한다.

8 總務省(2006). 地域における多文化共生推進プラン. http://www.soumu.go.jp/kokusai/pdf/tabunka_b_4.pdf

(1) 다문화공생정책의 의의 및 기본방향

총무성에서 예시하고 있는 다문화공생정책은 외국인들이 실제로 생활하는 현장으로서의 지역이 갖추어야 할 기본적인 주체의식을 함양함과 동시에 지역사회의 구성원으로서 외국인들을 이해하고 그들의 능력을 지역발전과 지역부흥을 위하여 활용함으로써 지역의 발전에 도움이 될 수 있다는 점을 강조하고 있다.

다문화공생의 기본구조는 커뮤니케이션 지원, 생활지원, 다문화공생 사회 만들기의 세 가지 축으로 되어 있으며, 이 세 가지 축을 수행하기 위하여 지방자치단체와 지역국제화협회, 국제교류협회, NPO, NGO 등의 민간단체가 명확히 역할분담을 하면서 서로 연대 · 협동할 수 있는 체제를 정비하도록 지시하고 있다. 세 가지 기본방향의 구체적인 내용을 보면 다음과 같다.

첫째, 외국인 주민의 적응을 돕기 위한 커뮤니케이션 지원이다.

각 지방자치단체는 외국인 주민에게 행정서비스나 생활정보를 다양한 언어와 미디어를 이용하여 제공하여야 한다. 다언어에 의한 정보제공에 관해서는 행정창구뿐 아니라 커뮤니티 시설이나 일본어교실 등 효과적인 유통경로를 확보할 것이며, 이를 위한 전문가의 양성, NPO 및 외국인 자조조직 등과의 연계를 도모한다.

둘째, 외국인 주민이 지역에서 생활하는 데 필요한 다섯 가지를 다음의 방법으로 지원한다.

① 거주지원: 주택임대에 필요한 정보와 지식의 제공뿐만 아니라 외국인 주민과 일본인 주민 간의 갈등의 소지가 있는 요소, 예를 들어 쓰레기 배출 등과 같은 지역의 규칙에 대한 오리엔테이션을 실시한다.

② 교육지원: 외국인의 일본생활 적응을 위한 일본어교육 지원체제의 구축, 외국인 자녀들의 취학준비과정부터 입학 이후 학교에서의 생활, 그리고 상급학교로의 진로 및 취업에 이르기까지 단계별로 지속적인 상담과 지원이 이루어지도록 한다.

③ 노동환경지원: 외국인의 취업기회를 확보하기 위해 '헬로우 워커' · 상공회의소

등과의 연대를 통하여 취업환경을 개선하고, 창업의욕이 있는 외국인이 지역에서 활약할 수 있도록 정보를 제공하는 등 외국인 주민의 창업을 지원한다.

④ 의료 · 보건 · 복지지원: 외국어로 대응이 가능한 병원 및 약국에 관한 정보를 적극적으로 제공하고, 다언어로 작성된 의료문진표를 사용하여 일본어로 의사소통이 부자유스러운 외국인들도 안심하고 진료받을 수 있도록 한다. 또한 다언어로 작성된 모자수첩의 교부 및 조산제도의 소개, 양친학급의 개최 등 다양한 언어에 의한 정보제공과 보육에 있어서 다문화 대응을 통하여 보육을 필요로 하는 세대에 대한 지원책을 강구한다.

⑤ 방재교육: 평상시에 방재교육, 훈련 및 방재정보를 제공함으로써 긴급 시에 대응하도록 한다.

셋째, 다문화공생의 지역 만들기(지역 활성화)이다.

다문화공생을 위한 거점으로서 학교 · 도서관 · 공민관 등이 지역과 연대하면서 교직원과 학부모, 그리고 지역주민을 대상으로 계발활동을 실시하도록 한다. 또한 일본문화뿐 아니라 외국인 주민의 모국문화를 소개하는 교류 이벤트를 개최하여 지역주민이 상호 교류하는 기회를 만들도록 한다. 특히, 외국인이 주체적으로 활동할 수 있도록 외국인 주민의 자조조직 및 네트워크에 대하여 지원하고, 심의회나 위원회 등의 회의에 외국인 주민의 참가를 촉진하여 외국인 주민의 의견을 행정시책에 널리 반영시킬 수 있는 구조를 구축하고, 지역의 실정에 맞춘 적절한 자립지원체제를 정비한다.

총무성은 이상과 같이 다문화공생을 위한 지방자치단체 단위의 체제를 정비할 것과 지역의 실정에 맞추어 담당부서를 행정청사 내에 설치할 것, 외국인 주민 시책 담당부서가 중심이 되어 횡단적인 연락조정 및 각 부서 간의 연대가 이루어지도록 할 것이며, 또한 해당 지역에 있어서 각 주체 간의 역할분담과 연대 · 협동을 도모하도록 하고 있다. 국가적 차원에서의 다문화공생정책의 방향은 이와 같이 총무성을 통하여 광역자치단체로, 광역자치단체에서 기초자치단체로 시달되는 과정에서 정부가 제시한 기본적인 방향에 따라 지역의 실정에 맞추어 실시하도록 한다는 데 그 특징이 있다. 즉 행정주도의 일방적인 추진이 아닌, 지방의 자치회와 NPO · NGO, 그리고 외국인자조집단과의 긴밀한 유대관계 속에서 다문화공생을 추진할 것을 강조하고 있다.

(2) 지방자치단체의 역할

광역자치단체 차원에서 도도부현(都道府県)은 다문화공생에 관한 지침 · 계획을 책정하고, 기초자치단체의 대응을 촉진한다. 이때, 광역자치단체는 기초자치단체와의 역할분담을 명확히 하면서 정보를 공유하며, 통역자 등의 전문적 인재육성이나 모델사업의 실시 등과 같은 활동을 추진하도록 한다. 각 주체 간의 연대 · 협동을 위해서는 도도부현의 외국인 주민시책담당부서 및 국제교류협회가 중심적인 역할을 맡고, 도도부현 수준에서 어떠한 리소스가 존재하고 있는가에 관하여 정보를 공유한 뒤에, 관계되는 NPO · NGO 기타 민간단체 간의 연대 · 협동을 도모하기 위한 협의의 장을 만들도록 한다.

한편, 기초자치단체(市區町村)에서는 도도부현과의 역할분담을 명확히 하면서 지역의 실정을 고려한 지침 · 계획을 책정한 뒤에 외국인 주민을 직접 지원하는 주체로서의 역할을 해야 한다. 그러기 위하여 시구정촌(市区町村)의 외국인 주민 시책담당부서 및 국제교류협회가 중심적인 역할을 담당하며, 시구정촌 수준에서 어떠한 리소스가 존재하고 있는가에 관한 정보를 공유한 뒤에, 관계되는 NPO, NGO, 기타 민간단체가 연대 · 협동하기 위한 협의의 장을 만들어야 한다.

이상에서 본 바와 같이 일본의 다문화공생정책의 특징은 국가적 차원에서 기본적인 방향을 제시하고, 제시된 방향에 따라서 지역의 실정에 맞는 구체적인 계획을 책정하고 실시해 나가도록 하는 데 있다. 그리고 지역에서 다문화공생의 실현을 위해 지방정부가 중심이 되어 지역에 존재하는 자원의 공유와 각 기관 간 연계를 통한 체계적인 지원이 이루어지도록 하고 있다([그림 9-1]). 이때 지방정부는 광역에서 기초로의 전달 부분이 포함되어 있다.

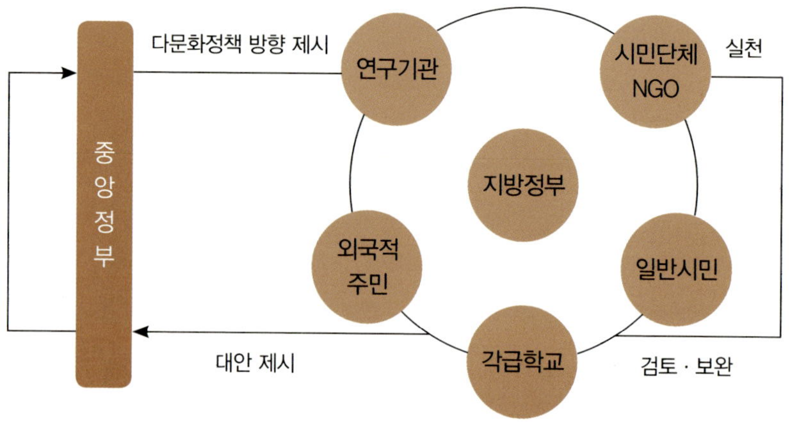

그림 9-1 다문화공생정책의 기본구조

출처: 總務省(2006). '地域における多文化共生推進プラン'을 참고하여 작성.

2016년 4월 현재 일본 전국의 지방자치단체에서 실시되고 있는 다문화공생 추진 현황을 살펴보면 전국 도도부현(都道府県) 중 94%, 지정도시(指定都市)의 100%가 다문화공생에 관한 지침 · 계획을 책정하고 있으며, 지정도시 이외의 시(市) 가운데 62%가 지침 · 계획을 책정하고 있는 것으로 나타나고 있다.[9]

2. 미국과 캐나다의 다문화정책

미국과 캐나다는 처음부터 이주자에 의해 건국된 나라로, 이를 반영하듯 미국 전

9 2016년 4월 총무성자치행정국국제실(総務省自治行政局国際室) 조사에 의함. http://www.soumu.go.jp/main_content/000443616.pdf

체 아동의 20%가 외국에서 태어난 이주 1세대이거나 적어도 한 명의 부모가 외국에서 태어난 이주 2세대인 것으로 확인되며(Leventhal, Xue, & Brooks-Gunn, 2006), 이러한 소수인종 비율은 2025년에는 38%, 2050년에는 50%로 증가할 것이라고 내다보고 있다(US Census Bureau, 2004). 오랜 이주의 역사와 이주자의 증가는 미국에서 이주자의 문화적응과 그 아동의 적응과 발달에 대한 연구가 활발히 진행되게 하였고, 현재는 그를 바탕으로 국가정책과 교육정책이 수립되어 있다.

캐나다의 경우에는 외국인 이민자의 비율이 캐나다 전체 인구의 18.4%를 점유하고 있어서 다인종 다문화 국가라 불린다(문영석, 2005). 유네스코의 '문화와 발전에 관한 세계위원회'는 캐나다의 다문화주의 정책이야말로 모든 나라들의 모범이 된다고 평가할 만큼 이주민에 대한 정책이 발달되어 있는 나라이기도 하다. 특히 거주 면적이 전 국토의 2%밖에 되지 않을 만큼 인구가 적은 편인 캐나다는 최근 들어 빠른 속도로 진행되고 있는 고령화와 저출산 때문에 보다 능동적인 이민정책을 사용하고 있다.

이에 다음 절에서는 미국과 캐나다에서 진행된 이주가정의 문화적응과 아동의 적응 및 발달에 대한 연구를 살펴보고, 이러한 연구결과들을 바탕으로 구축된 미국과 캐나다의 이주자 관련 국가정책과 교육정책에 대해 살펴볼 것이다.

1) 이주가정의 문화적응

미국과 캐나다 등 북미권에서 이주자 또는 이주가정에 대한 연구가 가장 활발히 이루어진 것은 문화적응(Acculturation)과 관련된 것들이다(LaFromboise, Coleman, & Gerton, 1993; Phinney & Divich-Navaro, 1997; Howard, 1998; Coll & Pachter, 2002; Berry, 2003). 문화적응이란 새로운 문화적 환경에 노출되거나 적응해야 하는 사람들 모두에게 적용되는 것으로 문화 간 접촉의 결과 사회문화적이고 심리적인 변화가 발생하는 현상을 말한다(Berry, 2003; Coll & Patcher, 2002). 연구 초기에는 문화적응을 이주자들이 고유의 문화와 정체성을 상실하고 주류사회의 규범과 가치를 습득하게 되는 일

차원적 개념으로 간주하였으나(LaFromboise et al., 1993), 이에 대한 비판으로 인해 문화적응의 과정에 모국의 문화에 대한 연결성과 정착한 사회에 대한 연결성의 두 가지 독립적인 차원이 존재한다는 다차원적 모델이 등장하였으며, 이는 한 사회 내에 다양한 문화가 공존할 수 있는 다문화주의를 가능하게 한다는 점에서 북미권에서 각광을 받게 되었다(Berry, Phinney, Sam, & Vedder, 2006).

베리(Berry, 1974, 1980)는 이러한 다차원 모형을 제시하며 문화적응을 두 가지 주요한 질문, 즉 자신의 고유한 문화와 정체성을 얼마나 유지할 것인가 그리고 주류사회와 얼마나 접촉하고 주류사회의 규범과 문화를 얼마나 수용할 것인가에 따른 네 가지 결과로 범주화하였다. 먼저, 동화(assimilation)는 고유한 문화와 정체성의 유지에는 관심이 없으며 새롭게 속한 주류사회와 긍정적인 관계를 설립하고자 하는 것이며, 분리(separation)는 고유한 문화와 정체성은 유지하고자 하나 주류사회와의 친밀한 상호작용은 거부하는 것이다. 통합(integration)은 고유한 문화와 정체성을 유지하는 동시에 주류사회에 대한 관여도 지속하는 것이며, 주변화(marginalization)는 고유한 문화와 정체성도 부정하고 주류사회와의 상호작용도 거부하는 것이다. 후속 연구들에 따르면, 한쪽 사회에 치우치는 것이 아니라 양쪽 사회 모두에 적절한 정도로 관여하는 것이 문화적응의 가장 적응적인 형태이며 양쪽 모두를 거부하는 주변화를 가장 비적응적인 문화적응 태도로 보고 있다(Berry, 1997; Howard, 1998, 곽금주, 2008 재인용; Phinney & Divich-Navaro, 1997).

그런데 베리(Berry, 2001)는 최근의 연구를 통해 문화적응이 이주자 혹은 이주자 집단만의 문제가 아니라 이주자를 받아들이는 주류사회가 직면한 과제인 점을 지적하였다. 즉, 주류사회가 문화적으로 다양한 사람들이 살 수 있는 모든 집단의 권리를 허용하고 또한 이주자집단 역시 이를 허용하는 상호적 수용(mutual accommodation)을 통해서만 진정한 통합이 가능하다고 본 것이다. 그런 관점에서 베리는 이주자들이 가지게 되는 고유한 문화와 정체성을 얼마나 유지할 것인가 그리고 새로운 문화와의 관계를 어떻게 성립할 것인가의 두 가지 문제가 이주자를 수용하는 주류사회에서도 비슷한 방식으로 제기된다고 주장하였다. 즉, 이주자집단의 문화적응 태도와 마찬가지로 주류집단에서도 동화가 추구된다면 이는 '용광로(melting pot)'라 칭할 수 있으며, 강력하게 강요되는 경우에는 '압력솥(pressure cooker)'이 되어 이주자집단은 개인의 선택에 관계없이 주류문화에 동화되어야 적응할 수 있다. 반면, 주류집단에 의해 분리가 요구되는 경우는 '격리 혹은 차별(segregation)'이며, 주변화가 강제되는 경우는 '배제(exclusion)'가 되어 이주집단이 주류사회에 편입될 수 없게 된다(Bourhis, Moise, Perreault, & Senecal, 1997). 따라서 문화적 다양성이 주류사회의 목표가 되는 통합의 경우가 진정한 상호수용인 '다문화주의(multiculturalism)'가 되고, 비로소 이주자집단이 자신의 문화적응 태도를 자유롭게 선택할 수 있는 상황이 된다(Berry, 1984).

하지만 아직까지 수용사회의 문화적응 태도와 이주자집단의 문화적응 태도를 모두 고려하여 이주가정의 문화적응에 대한 연구가 진행된 것은 찾아보기 힘든 실정이다. 대신 이주가정 내에서 아동의 발달 및 적응과 부모의 문화적응 간의 관계를 살펴본 연구들은 다수 있는데, 이 연구들에 따르면 부모의 문화적응 정도가 아동의 긍정적인 발달과 적응에 영향을 준다고 한다. 특히 문화적응이 가족체계에 영향을 미쳐, 부모의 자녀에 대한 기대, 상호작용, 식습관, 가족의 역할 등에 영향을 주어 문화적응 정도에 따라 아동의 발달 양상에서의 변화를 기대할 수 있다고 지적한다(Coll & Patcher, 2002).

이주가정 내에서 문화적응은 부모만이 아니라 자녀에게서도 일어난다. 이주가정이 직면하는 가장 중요한 문제 중 하나로 부모-자녀 간의 문화적응도 차이(acculturation gap)를 들 수 있다(Kwak, 2003; Merali, 2002). 문화적응은 새로운 문화를 받아들이고 모국문화를 보유하는 진행적인 과정이므로, 부모-자녀 간의 문화적응도 차이는 잠재적으로 부모-자녀 관계에 걸림돌이 될 수 있으며(Buriel, Love, & DeMent, 2006), 이주민인 엄마들이 인지하는 본인들과 자녀 간의 문화적응도의 차이가 클수록 양육의 어려움이 커지는 것으로 나타났다(Buki, Ma, Strom, & Strom, 2003). 이에 다음 절에서는 미국과 캐나다에서 수행된 이주가정 아동의 적응과 발달에 대해 살펴보고 이들 아동의 적응과 발달에 있어 가족의 역할에 대해서도 살펴보고자 한다.

2) 이주가정 아동의 적응과 발달, 그리고 개인차

문화적 차이가 수반된 국가 간의 이동은 이주자들에게 극심한 심리적 스트레스로 작용할 수 있다. 그러기에 나이가 어린 아동의 경우, 이주로 인한 스트레스가 더욱 크게 작용할 것이라는 예상이 가능하다. 실제로 북미에서 진행된 이주가정의 아동에 대한 오랜 연구들도 이런 가정을 전제로 연구를 진행하여 왔으며, 그 결과 이주한 아동들이 일상생활에서 좀 더 위축되고 또래에 의해 덜 받아들여지는 경향이 있다고 보고되기도 하였다(Kantor, 1969; 곽금주, 2008 재인용). 그러나 또 다른 연구들은 학업 성취와 관련하여 미국 내 이주집단의 아동들이 토착아동에 비해 높은 학업 성취와 신체발달을 나타낸다는 상반되는 보고를 하기도 한다(Fuligni, 1998). 이러한 상반된 연구결과들에 대한 논의는 다시 하기로 하고, 먼저 이주아동의 언어발달부터 살펴보자.

이주아동의 적응을 이야기하는 데 빠질 수 없는 것은 언어문제이다. 언어는 기본적인 의사소통 도구로, 언어가 취약한 이주아동들은 가정을 제외한 모든 외부 사회에서 그로 인한 어려움을 겪을 수 있기 때문이다. 하지만 미국과 캐나다에서 행해진 연구들은 이주아동의 언어능력과 적응 간의 연관성이 존재할 것이라는 일반적인 믿음과 달리 연관이 없거나 있더라도 매우 미약하다고 보고한다(Taft, 1977). 실제 몇몇 연구(Bhatnagar, 1980)에서 이주아동의 영어 유창성 정도가 주류사회에서의 적응을 결정하는 요인이 아닌 것으로 나타났다. 그리고 많은 이중언어 연구에서도 단순히 이주국의 언어를 잘하는 것보다 이주국의 언어와 모국어 유창성 모두가 높은 아동이 적응을 잘한다고 공통적으로 지적하고 있다(Zhou, 1997). 예를 들어, 멕시코 출신의 미국인을 대상으로 한 연구에서 능숙한 이중언어기술은 강한 멕시코 정체성과 관련되어 있으며, 동시에 완전한 이중언어 청소년이 그렇지 않은 청소년에 비해 학업적 성취가 뛰어남이 확인되었다(Matute-Bianchi, 1986). 또한 비영어권 이주학생들이 유럽계 이주학생들보다 더 높은 학업 수행을 보이고, 특히 완전한 이중언어 학생이 불완전한 이중언어능력(제한된 영어 실력)을 가진 학생보다 더 높은 수행을 보인다는 연구결과도 있다(Rumbaut, 1995). 결론적으로 이주아동들이 이주 초기에는 언어의 비유창성으로 인해 곤란을 겪을 수 있겠지만, 언어의 비유창성이 아동의 적응에 결정적으로 영향을 미치는 것은 아니며, 대부분의 아동들이 언어적 곤란을 비교적 수월하게 극복하는 것으로 여겨진다(Fuligni, 1998; Kao & Tienda, 1998).

그렇다면 어떻게 기본적인 의사소통능력도 취약한 이주아동들이 주류사회의 학교에서 어려움을 겪기는커녕 심지어 토착집단보다 더 나은 성취를 보일 수 있을까? 우선, 많은 학자들은 그 원인으로 사회경제적 요인을 거론하며, 이주집단의 상대적으로 더 좋은 가족배경이 학업적 성취에도 영향을 미치기 때문이라 예상하였으나 부모의 학력과 수입을 통계적인 절차를 통해 통제했음에도 여전히 이주아동들이 학업적 성취가 적응적인 우위에 있었고, 오히려 수입과 학력의 통제 이후에 이주아동의 적응적 우위가 더 커지는 현상이 발생하였다(Kao, 1998). 결론적으로 이주집단 아동들은 가족적 배경에서 예상되는 수준보다 더 높은 수준의 적응능력을 보여주고 있다는 것이다.

사회경제적 요인 다음으로 주목하는 것은 성공 추구를 동기화하는 심리적인 요인이다(Fuligni, 1998; McCarthy, 1998). 미국과 캐나다에서 진행된 연구들은 이주가족이 주류사회의 가족들보다 교육에 대한 가치가 높았으며 이주가정의 부모들은 교육을 통해 주류사회의 더 나은 일자리와 더 나은 사회적 지위를 획득할 수 있다는 믿음을 가지고 있다고 보고한다(Gibson, 1997; McCarthy, 1998; Roosens, 1989). 게다가 주류 미국사회에 비해 집단주의 사회에서 온 많은 이주가정들은 가족구성원의 책임감과 서로에 대한 의무를 강조하여, 이주아동들은 가족과 부모의 미래를 책임져야 한다고 믿고, 동시에 부모는 자녀의 성공을 위해 물질적이고 심리적인 지지를 많이 제공하는 것이다(Chilman, 1993; Zhou, 1997). 이와 같은 맥락에서 이주아동들은 학업적 성공을 그들이 가족을 도울 수 있는 가장 중요한 방법으로 생각하며, 결국 이주학생들의 가족에 대한 부채감과 책임감이 학업적 성취의 주요 동기로 작용하고 있는 것이다(Zhou & Bankston, 1998).

이처럼 북미에서 행해진 이주아동에 대한 연구들은 대부분 이주아동들이 수용사회에 잘 적응하고 있다고 보고하지만, 분명한 것은 이주의 과정이 모든 이주아동들에게 심각한 스트레스 상황이라는 점이다. 그런데 어떤 이주아동들은 이를 잘 극복할 수 있는 능력(resilience)을 가진 반면, 어떤 아동들은 이를 극복하지 못해 부적절한 행위, 약물남용, 학업 실패 그리고 주류사회 적응의 실패를 경험하고 있다(McCarthy, 1998).

최근의 연구들은 이주아동의 성공적 적응의 보호요인으로 가족응집성을 꼽고 있다(Rumbaut, 1997). 새롭고 낯선 환경으로의 이주는 아동에게 혼란스럽고 두려움을 주는 동시에 그 세계를 탐색하고 정착해야 하는 과제를 부여한다. 그 상황에서 긴밀한 가족관계는 아동에게 정서적 안전기지로 작용하여 정서적 안정과 심리적 지지를 제공할 수 있다. 동시에 학업적 성취에 높은 기준을 부여하는 부모의 가치는 긴밀한 가족관계를 통해 이주아동에게 빠르게 내면화되므로, 아동은 학업적 성취에 대한 동기가 강화되어 위험한 행위에 빠지지 않고 잘 적응할 수 있게 된다. 예를 들어, 청소년기에 성공적으로 언어적 중재자의 역할을 해낸 라틴계 미국인(Latin American) 대학생을 대상으로 인터뷰를 한 결과, 그들은 청소년기에 언어적 중재자의 역할을 함으로써 부모를 돕고 가족들이 미국 사회에 적응할 수 있도록 도와줄 수 있어서 부모와 가깝게 더 '결속(bonded)'됨을 느꼈다고 하였다(DeMent et al., 2005). 앞에서도 설명하였듯이 부모와의 결속, 즉 가족의 응집력은 문화적응 과정에서 오는 스트레스와 이주가족이 겪을 수 있는 차별 등의 여러 부정적 결과들을 최소화하도록 도와주는 것이다(Rogler, Cortes, & Malgady, 1991; Hovey, 2000).

그러나 가정과 외부 사회의 문화적 차이가 존재하는 이주가정의 경우, 긴밀한 가족관계의 중요한 선결조건은 아동의 민족적 정체성 유지이다. 주류사회의 문화수용이 빠르면서 동시에 민족적 정체성도 유지하고 있는 아동들은 부모들에게 문화적 중간매개의 역할을 하여, 부모가 주류사회와 원활하게 소통하는 것을 돕고, 반대로 부모에게는 정서적이고 물리적인 지지를 받아 학업 성취는 물론 이후 직업세계에서도 안정적인 지위를 확보할 수 있다. 그러나 주류사회에 진입하면서 민족적 가치와 규범을 상실할 경우 어려움을 겪게 되는데, 이는 미국의 이주아동 연구에서 미국 거주기간이 길어질수록, 곧 이주 세대가 늘어날수록 학업 성취와 적응 수준이 떨어지는 상황을 잘 설명해 주며, 이에 대해 사회학자들은 2세대 저하라고 명명하고 있다. 룸바우트(Rumbaut, 1997: 40) 역시 미국 거주기간이 학업적 성취와 적응에 반비례하며, "학업 성취와 이주민 정신의 연결은 이주가족의 건전한 환경과 응집적인 가족연결성 그리고 동일 민족집단 또래와 공동체의 맥락 안에서 강화된다. 그러나 주류사회의 규범과 환경에 점차 동화되고 노출될수록 이것이 침식된다"고 말하고 있다.

이처럼 이주아동의 적응을 방해하는 위험요인으로 '세대의 지위(generational status)'라는 현상을 꼽는다(McCarthy, 1998). 앞에서도 설명했듯이 이는 이주 세대가 거듭될수록 학업 성취와 적응이 저하되는 현상을 말하는데, 이주아동의 부적응을 설명하는 가장 강력한 요인으로 거론되고 있다. 게다가 이주민집단에서 세대에 걸친 편부모가정의 증가도 아동의 보호요인의 쇠퇴를 가속화하여 결국은 부적응문제로 귀결되게 만든다(Landale & Oropesa, 1995). 또한 세대의 지위 문제는 민족적 정체성의 문제와 연결되어 이주아동의 부적응을 설명할 수 있다. 어릴 때부터 미국 주류사회에 노출된 2, 3세대 아동의 경우 부모와의 문화적 차이로 인한 갈등이 가족응집성의 보호적 요인을 약화시킨다. 결론적으로 이주아동의 적응에 있어서 가장 중요한 요인은 학교로 대표되는 외부 사회에서는 주류사회의 정체성을 확립하고 동시에 집에서는 민족적 정체성을 유지하는 것이라 할 수 있다.

3) 미국의 다문화정책

세계 최대의 이민국인 미국은 그 어느 나라보다도 인종적, 문화적, 민족적 구성이 다양한 나라로 1800년대 영국 식민지 시대부터 지금까지 전 세계로부터 이민자들을 받아들이고 있다. 미국 이민연구센터(CIS)가 연방 센서스 자료를 인용해 발표한 자료에 의하면 2015년 8월 현재 불법 체류자를 포함한 이민자 수는 약 4,210만 명으로 미국 전체 인구의 13.3%에 달하고 있으며 이러한 수치는 전년 대비 170만 명가량 늘어난 것이다(미주한국일보, 2015). 현재의 미국은 이들 이민자에 의해 국가의 구조적 형태가 만들어졌으며, 그것을 토대로 미국의 국가 정체성이 구성되어 왔다고 볼 수 있다(이용승, 2012).

다양한 문화의 공존이 구조화되어 있는 미국은 오랫동안 '멜팅 팟(melting pot)'으로 대변되는 통합적 이데올로기로 단일한 언어, 단일한 법, 경제, 정치체계를 유지함으로써 사회적 통합을 유지하고자 하였다. 이민자들의 본래의 언어, 문화, 사회적 특성을 유지하기보다는 새로 유입된 국가의 문화를 따르게 함으로써 동화를 통해 국가적 융합을 이루고자 한 것이다. 하지만 유입되는 이민자들의 다양성이 더 증가된 미국사회에서 그 사회의 구성원인 다양한 집단들을 주류사회의 문화와 가치로 순응시킨다는 것은 실질적으로 불가능했고, 따라서 이러한 동화주의의 실패는 평화적 공존과 존중을 기반으로 하는 다문화정책으로 눈을 돌리게 할 수 밖에 없었다. 하지만 최근에 들어서는 기존의 사회통합 효과에 대한 의구심이 고조되면서 '문화적 다원주의'가 다문화정책의 근간을 이루고 있다(전경옥 외, 2010). 현 미국의 다문화정책은 샐러드 볼에 비유되는데, 이주민들의 사회구성원 모두의 문화적 다양성과 공존을 인정하고 사회통합을 이루어 나가려고 하고 있다(심미경, 2016).

이러한 미국의 다문화정책을 이주가정 자녀 정책을 중심으로 살펴보면 다음과 같다. 미국은 이주민들이 미국 사회의 구성원으로 통합하도록 돕는 다양한 지원 프로그램들이 있으며, 이주가정 자녀들을 위해서도 다양한 다문화, 반편견 정책들이 공교육 커리큘럼에 내포되어 있다. 미국은 연방법인 초·중등교육법에 근거하여 유치원부터 12학년까지 13년을 무상의무교육으로 하고 있으며 이는 미등록 이주아동에게도 동일하게 적용된다. 따라서 미국 사회의 모든 학령기 아동들은 지역의 공교육

기관에서 성, 인종, 계층, 장애, 체류 자격에 관계없이 교육을 받을 수 있다. 또한 미국은 이주가정 자녀를 위한 정책을 거시적인 아동청소년 정책 안에 포함시켜 사회경제적 취약성에 맞추어 지원을 하고 있으며 교육단절이 심한 이주민이나 난민의 자녀를 위한 특별 프로그램도 진행하고 있다. 이민정과 이수정(2013)의 연구를 중심으로 미국에서 시행 중인 이주가정 자녀를 위한 다문화정책을 구체적으로 살펴보면 다음과 같다.

첫째, 이주아동(migratory children) 교육지원 프로그램이다. 이것은 이주가정 자녀들의 학업이 단절되지 않고 계속될 수 있도록 지원하는 프로그램이다. 예를 들어, '이주자 교육 프로그램(Migrant Education Program: MEP)'은 이주노동자의 자녀들이 다른 아동들에게 제공되는 것과 같은 수준의 공교육을 무상으로 제공받을 수 있도록 하는데, 이러한 지원은 유아교육과 학교 밖 청소년들에게도 해당된다. 또한 '공정한 출발을 위한 교육'은 이주가정의 빈곤의 악순환을 막고 이주가정의 문해력을 향상시키기 위해 유아교육, 부모교육 등의 가족문해 프로그램을 제공한다.

둘째, 언어지원 프로그램이다. 교육부 내의 '영어 비숙련 아동을 위한 영어 습득, 언어 향상, 그리고 학업성취청(Office of English Language Acquisition, Language Enhancement, and Academic Achievement for Limited English Proficient Students)'은 이주가정 자녀들이 영어를 원활히 구사하여 학업능력을 신장할 수 있도록 지원하고 있다. 예를 들어, '이중언어교육 또는 영어학습자를 위한 프로그램'은 영어가 모국어가 아닌 까닭에 언어 지원이 필요한 청소년들의 학업적 성공을 위해 영어를 배우는 동안 자신의 모국어로 기타 과목을 들으면서 수업을 따라 갈 수 있도록 지원한다. 이 외에도 '영어 비숙련 아동을 위한 영어 습득과 학업 성취를 위한 부서'에서는 영어 학습자와 이주가정 자녀들이 영어를 원활히 구사하여 학업능력을 신장할 수 있도록 지원하고 있다.

셋째, 뉴커머 프로그램(newcomer program)이다. 뉴커머 프로그램은 영어 비숙련 이주아동 및 청소년들을 위한 프로그램으로 주로 학령기에 입국한 이주가정 자녀들이 그 대상이 되며 신규 이민자가 많이 몰려 있는 도시지역에서 주로 운영되고 있다. 이 프로그램은 이주가정 자녀들을 대상으로 공교육의 이중언어, ESL, 정규과정이 요구하는 기본적인 문해능력을 신장하는 것을 포함하여 기본적인 영어능력과 기초학업능력을 획득하게 하여 미국 정규교육과정에 잘 적응할 수 있도록 돕는다. 교육기간, 지역의 위치, 가족환경, 활용자원 등에 따라 형식과 내용은 다양하지만 영어 비숙련자들을 대상으로 최대 1년을 프로그램 적용 기한으로 설정하여 주류사회에 빠른 편입을 도모하고 있다는 공통점이 있다.

넷째, 난민 특화 프로그램을 들 수 있다. 보건복지부(Department of Health and Human Services) 내 아동가족국의 난민정착기구에서는 난민가족과 아동을 위한 다양한 프로그램을 실시하고 있다. 이 중 난민학교 영향 프로그램은 난민학생들이 미국 주류 학생들과 동일한 기회를 가질 수 있도록 5~18세까지의 난민학생들에게 필요한 프로그램이나 활동을 지원하도록 해당 학생이 재학 중인 학교에 재원을 지원한다. 또한 무연고 아동 서비스는 무연고 외국인 아동을 이들의 이익에 가장 잘 부합하는 방식으로 관련 시설에 배치하고 돌보며 무연고 아동들이 법적 권리를 행사할 수 있도록 전문가나 기관에 연계하는 업무를 담당하고 있다.

이렇듯 미국은 개방적 이민정책과 적극적 차별수정정책을 통해 인종차별 철폐와 사회평등을 위한 기본적 정책토대를 확립해 왔으며 다문화정책을 통해 자유민주주의적 정치철학에 따른 인종차별과 갈등을 극복하고 사회통합을 이루고자 한다.

4) 캐나다의 다문화정책

캐나다는 500만 명 이상의 이민자가 거주하는 이민국가이며, 200개 이상의 민족으로 이루어진 다문화사회이다. 캐나다는 이민자를 국가발전의 동력이자 경제발전 전략의 중심으로 인식하고 있으며, 인구노령화에 기인한 노동인구 감소에 따른 인구정책적 견지에서, 또한 인도적 차원에서 이민을 수용하고 있다. 캐나다에는 매해 약 25만 명의 신규이민자가 이주해 오고 있다. 2012년 한해 캐나다에는 약 25만 7천 명이 이주해 왔으며 이민의 종류는 경제이민(63%), 가족결합이민(25%), 난민(9%), 기타(3%)의 순으로 경제이민이 가장 많은 비중을 차지하고 있다(외교부, 2014).

캐나다는 이민자에게 상대적으로 개방적이고 관대하며 평등을 추구하는 다문화 정책을 펼치고 있으며 이러한 정책을 통해 각 이민자집단이 민족적 정체성을 유지하면서 캐나다에 기여할 수 있도록 권장하고 있다. 테러나 이민자 폭동 등으로 다른 서구 국가들이 기존의 이민정책과 이민자 통합정책에 대해 근본적인 조정이 이루어지고 있는데 반해 캐나다는 세계에서 거의 유일하게 대량이민이 경제발전 전략의 중심에 위치하고 있다(김지윤, 2012). 지금은 성공한 다문화국가의 사례로 손꼽히는 캐나다이지만 적극적으로 다문화주의 모델을 따르는 현재에 오기까지 많은 역사적 사회적 진통과정을 겪었다(오한나, 2015). 이러한 캐나다 이민과 다문화의 역사를 간략히 살펴보면 다음과 같다.

전 세계에서 이주민이 지속적으로 유입되자 캐나다는 상호존중과 인정을 전제로 각 집단이 자신의 정체성을 인정하는 다문화주의를 표방하게 되었다. 현재 캐나다 연방 차원의 다문화정책은 1988년 공포된 다문화주의법(The Canadian Multiculturalism Act)에 근거하고 있다. 이 법에서는 인종, 민족, 종족, 종교에 따른 다양성을 캐나다 사회의 본원적 특징으로 인정한다는 것과 캐나다인의 경제적, 사회적, 문화적, 정치적 삶의 평등실현, 영어와 불어를 강화하는 가운데 비공식적 언어의 보존 및 확장 등을 다문화주의 정책으로 선언하고 있다(이용승, 2012). 즉, 캐나다의 다문화주의는 캐나다에 사는 다인종, 다민족의 문화를 평등하게 대우하며 공존과 조화를 기반으로 하고 있으며 이민자들이 일방적으로 캐나다 사회에 동화되는 것이 아닌 캐나다 사회와 이민자가 서로에게 적응하는 과정으로 정의하고 있다.

캐나다의 다문화정책은 연방정부 내 이민부가 이민정책의 목표와 방향 그리고 프로그램을 기획하면 캐나다 전역에 있는 이주자 서비스 단체들은 연방정부의 재정지원 아래 서비스를 수행한다. 캐나다에는 7만여 개의 시민단체들이 활동하고 있는데 이들 중 이주정책에 참여하는 시민단체인 이주자서비스단체만 해도 수백 개에 달하고 있다. 특히 단체들은 지역 내 이주자들과 직접적인 관계를 맺고 있으며, 그들의 실제적인 문제를 파악하고 있어 정책을 현실화하는 데 기여하고 있다. 캐나다에서 다문화정책에 대한 정부와 시민단체 간의 공조체계는 Canadian Government-NGO Partnerships model로 불리고 있으며(전경옥 외, 2010), 이러한 시스템은 효율적이고 성공적인 이민자 통합의 배경요인으로 높이 평가받고 있다(이유진, 2009). 현재 캐나다에서 실시 중인 연방정부와 주정부차원의 이민자 지원 다문화정책을 살펴보면 다음과 같다.

첫째, 신규 이민자 언어교육 프로그램(Language Instruction for Newcomer to Canada)이다. 이것은 1992년부터 시행되고 있는 신규이민자대상 무료 언어교육 프로그램으로 캐나다 연방정부가 시행하는 이민정착, 통합 프로그램 중 가장 규모가 크고 비중이 높은 사업이다. 학령기를 넘어선 성인을 대상으로 프로그램 참여 신청자격이 주어지며 이민자들이 캐나다의 공용어인 영어나 불어를 빨리 익혀 조속히 캐나다의 사회구성원으로 참여할 수 있도록 하기 위한 목적을 지니고 있다(이민경 · 이수정, 2013).

둘째, 이민자 정착 및 적응 프로그램(Immigration Settlement and Adaption Program)이다. 이 프로그램은 지역사회의 서비스 제공자들에게 재원을 제공하여 이민자들의 정착과 사회통합에 필수적인 서비스를 제공할 수 있도록 한다. 프로그램의 내용에는 통번역, 지역자원과의 연계, 생활정보와 취업제공 등의 직접적인 서비스뿐만 아니라 스텝 교육 프로그램과 같이 서비스 제공자의 역량을 향상시킬 수 있는 간접적 서비스도 포함되어 있다(이민경 · 이수정, 2013).

셋째, 호스트 프로그램(Host Program)이다. 이 프로그램은 캐나다 문화에 익숙한 자원봉사자가 신규 이민자에게 도우미 역할을 하여 이민자가 캐나다 사회에 적응하도록 도움을 준다. 호스트 프로그램은 필요한 지역사회 자원과 서비스를 소개하고, 언어 연습 상대가 되기도 하며, 취업을 위한 인맥형성이나 지역사회 공동체에의 참여를 지원하도록 도와준다(이민경 · 이수정, 2013; 오한나, 2015)

넷째, 선행학습 평가인증 프로그램(Prior Language Assessment and Recognition)이다.

이 프로그램은 신규이민자 취업지원 프로그램의 하나로 이민자의 출신국에서 취득한 학력과 경력을 유입국의 기준에 맞도록 평가 인증하고 필요에 따라 적절한 교육훈련을 제공하여 성공적으로 노동시장에 진입하도록 지원한다. 주마다 관련 제도와 프로그램은 조금씩 다르나 캐나다 전역에서 서비스가 제공되고 있다(오한나, 2015).

캐나다가 이주가정 청소년들에게 펼치고 있는 이러한 다양한 정책들은 이들이 자신의 문화적 배경에 대한 자부심을 잃지 않으면서 동시에 사회에서 살아가는 데 필요한 사회문화적, 경제적 자원을 갖출 수 있도록 하는 데 주안점을 두고 있다. 캐나다는 다양한 배경을 가진 청소년들 개개인의 처지와 요구에 맞춘 프로그램과 이주청소년들이 적극적인 기획자로 참여하는 프로그램 마련에 노력을 기울이고 있다(이민경 · 이수정, 2013).

이에 캐나다는 전 인구의 20% 이상이 외국출신으로 구성된 인종적, 문화적으로 다양한 인구들을 사회구성원으로 하고 있지만 인종 간, 문화 간 갈등이나 폭력이 가장 적은 사회이다. 여기에는 상호존중과 인정을 전제로 각 집단이 서로의 정체성을 인정하는 캐나다의 다문화주의 정책이 뒷받침하고 있는 것이다.

3. 프랑스의 다문화정책 사례

프랑스는 '인간은 평등하며 인권은 국가가 존중해야 할 최우선의 가치'로 여겨 왔다. 이에 입각한 그들의 정책은 이민자들이 프랑스 사회에 동화되는 것을 전제로 한 사회통합을 지향해 왔으며, 그동안의 프랑스 정책은 다문화의 성공적인 표상처럼 자리매김하는 듯 보였다. 하지만 최근 프랑스 사회 내 '이민자 2, 3세대가 중심이 된 일련의 소요사태'와 '사르코지 대통령의 다문화주의 실패 공식 선언'[10] 등을 고려할 때

---

10 앙겔라 메르켈 독일 총리, 데이비드 캐머런 영국 총리에 이어 니콜라 사르코지 프랑스 대통령이 '다문화주의 실

프랑스가 그동안 지향해왔던 이민자들에 대한 사회통합정책의 효과성에 대한 의문들이 불거지고 있는 것이 사실이다. 그러므로 프랑스가 지금까지 이민자들과 추진하였던 다문화정책과 그 결과로서 현재 겪고 있는 다양한 정책적 딜레마들은 다문화사회로의 변화를 겪고 있는 한국 사회에 주요한 시사점을 제공해 주리라 판단된다.

1) 프랑스의 이민자 사회통합정책

(1) 프랑스의 이민자 통합과 동화

프랑스는 사회구성원들에 대하여 그들이 가지고 있는 개별적인 정체성 및 특징과는 상관없이 프랑스 사회 내에서 동등한 권리와 의무를 지는 것으로 간주한다. 따라서 프랑스는 다원주의적인 관점에서가 아니라 자신들의 문화에 대한 '통합(integration)'이나 '편입(insertion)'을 중시하는 정책 노선을 걸어왔으며, 이러한 방향은 사회당 출신의 프랑스 총리였던 로카르(Michel Rocard)에 의해서 정책적인 측면에서 구체적으로 실행되었다. 로카르 총리는 1989년 12월 '고등통합위원회'를 조직하여 이민자들에 대한 사회통합의 의지를 분명히 밝혔으며, 1991년 보고서에서는 통합의 개념을 프랑스 사회체제 안으로 흡수 · 편입시키는 것이 아니라 '문화의 상이성은 인정하되 그것을 고양시키는 것은 아니다'라는 것을 전제하는 통합임을 나타내었다(이경미, 2010).

이러한 고등통합위원회는 구체적으로 여성에게 행해지는 반인권적인 민속관습[11]을 금지하고, 이중국적자의 경우 프랑스에서 군복무의 의무, 그리고 이민자 자녀

패'를 공식 선언했다. 지난해 부르카 금지법안을 성사시키고, 불법이민자를 추방하며 사실상 프랑스의 오랜 다문화정책에 등을 돌린 사르코지 대통령이 이번에 '다문화주의 실패'를 선언하며 공식화한 것이다. 사르코지 대통령은 프랑스 최대 민영방송인 TF1와의 인터뷰에서 다문화주의에 대해 "그것은 실패했다"고 분명히 했다(문화일보 2011.02.11).

11 일부다처제, 강제적 다산, 어린 아이에게 강행되는 음핵제거 등.

들은 프랑스어를 제1언어로 삼아야 하며 출신국의 언어는 외국어로 한다는 기준을 제시하였다. 이외에도 고등통합위원회에서의 정책적 특징은 '우선교육지구(Zone d'Education a Priorite: ZEP)'의 부가적 혜택도 받을 수 있게 함으로써 사회적 차별을 해소할 수 있다는 것이 요지이다(이경미, 2010).

이후 로카르의 정책적 흐름은 2002년에는 자크 시락(Jacques Chirac) 대통령이 '프랑스의 미래에 관한 담화'를 발표하면서 이민자들에 대한 통합정책을 강화하는 정책적 변화를 추진하였다. 이는 프랑스에 입국하는 합법적 이민자들에 관한 것으로 당시 장피에르 라파랭(Jean-Pierre Raffarin) 총리와 프랑수아 피용(Francois Fillon) 사회업무부 장관은 새로운 이민자들에게 사회통합프로그램의 일종인 '유입통합계약(Contracts d'Accuell et d'Integration: CAI)'을 제시하였다(문지영, 2009).

'유입통합계약'의 목표와 특징을 살펴보면 이는 이민자의 권리와 의무를 강조하면서, 프랑스 공화국의 정체성 강화와 합법적 이민의 정비를 위한 사회통합의 실현, 프랑스 내 장기체류를 희망하는 외국인에게 능숙한 프랑스어 사용과 프랑스 공화국의 원칙에 대한 이해에 집중하고 있음을 확인할 수 있다. 또한 '유입통합계약'은 모든 계약과 마찬가지로 1년씩 계약을 맺고 1년마다 갱신할 수 있다. 합법적 외국인으로서의 위치를 보장받으려면 '자발적으로' 최대 500시간의 프랑스어 강좌를 듣고, 시민교육과 사회 · 직업적 지원에 대한 통합교육을 받아야 한다는 내용이 포함되어 있다(Joppke, 2007; 문지영, 2009 재인용).

이러한 '유입통합계약'은 2005년 4월부터 '국립외국인유입이민청(Agence Natianle d'Accueil des Etrangers et des Migrations: ANAEM)'이 총괄 시행하고, '통합 및 차별반대 투쟁을 지지하는 사회행동기금(Fonds d'Action Siciale et de Soutien pour l'intgration et la Lutte contre les Discriminations: FASILD)'이 언어 및 시민교육, 프랑스에서의 생활소개 및 안내 등 사회통합에 대한 전반적인 활동을 책임지고 추진하게 되었다(문지영, 2009).

(2) 프랑스 소요사태

전술한 프랑스의 통합과 동화의 정책 속에서 2005년 프랑스 이민자와 다문화정책 역사의 주요한 사건이 발생하게 되는데 이것이 바로 ‘프랑스 소요사태’ 혹은 ‘방리유(Banlieue, 이주민들이 밀집한 대도시 외곽지역) 사태’이다.

이는 10월 27일 프랑스 파리 북부 클리시 수 부아(Clichy-sous-bois) 지역에서 경찰의 검문을 피해 달아나던 아랍계 청년 2명, 당시 중학생이던 지에드 벤나(Zyed Benna, 17)와 부나 트라오레(Bouna Traore, 15)가 프랑스 전력공사 송전소의 변압기에 추락하여 감전사한 사건이 발생하였다. 이 사건을 계기로 전국 274개의 ‘방리유’에 사는 청년들이 그간의 차별대우에 분노하며 거리로 뛰쳐나왔다.

이주민 2, 3세 청년들의 소요사태는 제5공화국 사상 처음으로 프랑스 본토에서 국가비상사태를 선포하게 하였으며, 약 한 달 동안 274개 지역에서 동시에 방화와 파괴가 진행되어, 차량 10,000여 대 소실, 건물 300여 채가 불타고, 3,000여 명이 체포되는 극심한 사회혼란을 겪었다. 2005년의 소요사태는 프랑스의 통합적 이민정책의 실패를 알리는 신호탄이 되었으며(주간경향, 2010.08.17; 노컷뉴스, 2010.12.16), 프랑스의 정책은 전술한 방리유 사태 전과 후로 분명한 차이를 보이게 된다.

그림 9-2 2005년 당시 프랑스 소요사태(좌)와 사망 5주기 추모식(우)

출처: 한겨레 21, 노컷뉴스.

(3) 프랑스 소요사태 이후의 정책

소요사태가 핵심적인 원인이 되어 당시 내무부 장관이었던 니콜라스 사르코지(Nicolas Sarkozy)는 '이민통합법인(Project de loi relatif a l'immigration et a l'integration)'을 의회에 제출(2006.05.25)하였으며, 하원과 상원을 통과해 확정되었다.

이 법안은 프랑스 정부의 외국인 정책 기본방향을 보여주고 있는 것으로, 첫째, 프랑스의 외국인 수용능력 및 경제적 필요성을 감안한 선택적 이민 허용, 둘째, 사회통합 차원에서 그동안 문제가 제기되었던 외국 이민자의 프랑스 사회로의 성공적인 동화이다. 이는 프랑스의 국익에 도움이 되고 필요한 인력은 적극적으로 유치하고 프랑스 사회로의 융화정책을 펼치면서, 불법 노동력의 유입은 철저히 통제하고 검증 작업을 벌이겠다는 정책적 의지의 표현이라고 볼 수 있다(문지영, 2009).

표 9-1 니콜라스 사르코지(Nicolas Sarkozy)의 이민통합법안 내용

가. 외국국적 동포에 대한 출입국 취업 혜택, 이중국적 허용 또는 영주자격 부여 여부
– 프랑스 국적법은 원칙적으로 이중국적을 허용하고 있으므로, 외국국적 동포에게 출입국 및 취업에 있어 내국인과 동등한 권리 부여
나. 결혼이민자, 외국인 여성에 대한 보호 및 정착 지원
– 국제결혼자의 프랑스 정착 및 동화를 위해, 별도의 노동허가 취득 절차 없이 프랑스 국적자의 배우자에게 발급되는 체류증만으로 노동 및 취업 허용 – 취업지원 정책으로 '국립고용안정공단' 구직자 명단에 기재를 요청하고, 관할 도청 '노동고용직업훈련국'에 항구적인 근로자로서 등록해 직업훈련과정에 참여할 수 있는 자격 부여 – 기타 정착지원으로 각 지방자치단체 별로 결혼이민자, 외국인 여성을 위한 프랑스어 교육, 프랑스 문화 이해 등 다양한 강좌를 운영
다. 난민 인정자에 대한 실질적 지원정책
– 프랑스 정부의 난민 심사는 '난민 · 무국적자 보호국'에서 이루어지며, 난민 신청자의 경우에도 임시 체류증이 발급되어 의료, 교육, 보조금 등 기초생활을 보장
라. 외국인 근로자
– 외국 우수인력 및 숙련 기능인력 유치를 위한 정책 – 상기 '외국인 이민동화법'의 내용을 보면 유효기간 3년의 체류증 범주를 신설해, 프랑스 경제에 필요한 IT기술 인력을 포함한 고급 과학기술인력, 예술인 및 특수 분야 종사자에게 적용되는 장기체류허가제도를 운용

- 월 수입이 5천 유로(2011년 5월 유로환율 기준: 한화 약 7,701,400원) 이상인 간부사원 및 그 가족들에게는 비자 및 체류증 취득을 위한 창구를 '국립외국인유입이민청'으로 일원화해, 비자 및 체류증 획득 절차를 간소화하고 소요기간을 단축
- 단순기능인력 취업 허가제도
- 농업, 농산물 가공업, 관광업, 제조업, 의약업 등 제한된 업종에 한해 외국인 단순노무인력의 국내 노동시장 유입을 제한적으로 허용하는 계절근로자제도를 운용하고 있으며, 이 경우 계약기간이 6개월 초과 불가
- 임시근로자제도는 기존의 일반체류증 소지자(학생 및 동반 체류자격)에게 임시노동허가증을 취득케 해, 연수, 연구, 예술, 외국 모기업의 프랑스 자회사에 일시적으로 근무할 수 있게 하는 제도

마. 불법체류자 인권보호

- 불법체류외국인 자녀에 대한 처우
- 프랑스 사회보장법상 비(非)유럽연합 회원국 국민의 경우 체류증 소지자에게만 사회보장제도에의 가입을 허용하고 있어, 불법체류자는 가입을 할 수 없으나, 국가 의료지원제도 혜택을 통해 기초 의료지원 수혜 가능

출처: 문지영(2009). pp. 46-47 재구성.

이와 같은 프랑스의 최근 정책적 흐름을 각 영역별로 살펴보면 다음과 같은 특징이 있다.

첫째, 이주정책 영역은 이주민들이 국적 취득을 하기 위해 5년 이상의 거주(결혼의 경우 2년)와 프랑스어에 대한 의사소통능력 조건을 충족시키면 누구나 국적을 취득할 수 있었는데, 2005년 사태 이후에는 2006년에 제정된 '이주와 통합에 관한 법률'에 의해 외국인의 시민권 취득이 강화되었다. 이와 관련해서 위장결혼을 방지하기 위해 프랑스 국민과 결혼한 외국인의 프랑스 국적 취득기간이 종전의 2년에서 4년으로 연장되었으며, 외국에 살 경우에는 3년에서 5년으로 연장되었다. 또한 이주민 관리를 엄격하게 하기 위해서 이주근로자가 자신의 가족을 프랑스로 데려오기 위해서 필요한 소요기간이 종전의 12개월에서 18개월로 연장되고 10년 동안 거주한 외국인에게 내국인과 동등한 권리를 인정하던 제도를 폐지하였다. 2007년 대선에서 승리한 사르코지 대통령은 '이주 및 국가정체성부'를 신설하였으며, 2007년에는 '이민통제, 동화, 그리고 망명에 관한 법률'을 통해 이민통제를 위한 추가적인 조치를 취하였으며 그 특징은 선별적 이주정책이다. 그 결과 지속적으로 증가하던 이주

민 숫자가 2006년에는 2.6% 감소, 망명허가는 35% 감소하였는데, 반면에 불법체류자 추방은 2005년에는 22,000명에서 2006년에는 33,000명으로 증가하였다(한승준, 2008).

둘째, 교육정책 영역으로 이슬람 2세대들이 공교육의 체제에 실제적인 학습자들로서 성장함에 따라 종교적 · 문화적 정체성 문제가 발생하였으며, 2004년에는 이슬람의 헤드스카프와 십자가, 유태인의 모자, 시크교도들의 터반 등 종교적인 상징물 착용을 금지하는 '종교적 상징물 착용금지법'이 제정되었다. 또한 2006년 '이주와 통합에 관한 법률'의 규정에 의해, 신규이민자는 프랑스어 능력 배양과정과 시민성 함양을 위한 교육과정을 반드시 이수하도록 하고 있다.

셋째, 고용 및 외국인 근로자정책 영역으로는 2001년 '차별 퇴치에 관한 법'을 제정하여 고용을 포함한 차별에 대해서 시민단체도 피해자를 대신하여 고발할 수 있도록 하였으며, 차별행위에 대한 사실증명의 책임을 가해자에게 부과해 자신의 행위가 차별에 해당되지 않는 것을 객관적으로 입증하도록 하였다. 2004년에는 대통령 산하에 '차별 퇴치 평등교육청'이 설립되었으며, '소수인종에 대한 적극적인 고용조치 수준'에 있어 동화주의 모델의 이념에 의해 인종에 따른 차별논의가 금지되었다. 2006년 이민통합법 안에서는 프랑스 경제에 필요한 IT기술 인력을 포함한 고급 과학기술 인력, 예술인 및 특수분야 종사자에게 적용되는 장기체류허가제도를 운용할 내용이 포함되어 외국인 근로자에 대한 자국의 이익 성격이 강화된 경향을 확인할 수 있다(문지영, 2009; 장대환, 2010).

넷째, 문화정책 영역에서는 2005년 소요사태 이후 프랑스 정부는 문화적 다양성 확보를 위한 방안의 하나로 2007년에 '국립이민역사관'을 개관하였고, 이를 통해 프랑스 이민의 역사와 문화에 관한 정보와 자료를 수집 · 제공하고 있다. 이러한 맥락은 프랑스 사회가 하나의 단일인종이나 단일민족으로 구성된 것이 아니라 다양한 구성원에 의해 만들어졌으며, 국가에 대해 공헌하고 있다는 것을 공식적으로 인정해 주고 있다는 점에서 상징적인 의미가 크다고 할 수 있다(장대환, 2010).

전술한 프랑스의 사회통합정책의 개괄적인 맥락을 통해 프랑스의 정책이 '일방적인 통합' 정책으로 영미권의 '다문화주의' 정책과는 차이를 보이고 있음을 확인할 수 있으며, 실제적으로 프랑스의 통합이 철저히 '배제적 통합', 또는 '이주자 혹은 이주 2세대에 대한 배제를 은폐시키는 통합'이었음을 볼 수 있다.

이러한 상황은 2005년 방리유 사태 이후 지속적으로 그와 유사한 사태들이 벌어지고 있음을 통해 그와 같은 정책과 통합이 기능적이었거나 효과적이지 못하였음을 반증하고 있으며, 2010년에는 이민자 정책에 대하여 강경한 태도를 취하였던 사르코지 대통령마저도 프랑스 최대 민영방송 TFI와의 인터뷰에서 '다문화주의 실패'를 공식 선언하는 실정에 이르렀다. 다문화사회로의 변화가운데 '통합'의 문제로 고민하고 있는 한국 사회로서는 프랑스의 상황과 앞으로 그들의 선택과 행보에 관심을 기울일 필요가 있음을 시사하는 것이라 볼 수 있다(이경미, 2010; 문화일보, 2011.02.11).

4. 독일의 다문화정책 사례

독일은 강한 단일민족의식을 바탕으로, 비교적 최근까지도 외국인의 국내입국을 산업현장의 필요에 따른 노동력 제공자의 관점에서 바라보고, 그에 기반하여 정책을 입안하고 시행해 왔다(이용승, 2007). 즉, 1970년대 초 외국인력 모집정책의 종결 후 여타 서유럽국가들은 이전 그들의 식민지에서 불러온 외국인 노동자들에게 비교적 쉽게 시민권을 부여하고, 일찍부터 그들 나름의 사회통합에 박차를 가한 반면 독일의 경우 혈통주의 전통과 단기인력 수급 중심의 외국인정책을 고수하며 변화하는 현실을 받아들이지 못하고, 조속한 귀환 프로그램에 초점을 맞춘 소극적인 사회통합정책을 실시해 왔다(이용일, 2007). 본 절에서는 독일의 사회통합과정을 살펴보면서 독일이 경험하였던 그리고 지금도 겪고 있는 다문화사회로의 변화과정을 탐색하여 우리 사회가 겪고 있는 다문화사회의 대처방안에 대하여 시사점을 주고자 한다.

1) 독일의 외국인/이주민정책 발전

1945년 이후 독일의 이주민정책은 2005년 새로운 이주법(Zunwanderungsgesetz)이 효력을 발생하기까지 크게 여섯 단계로 나누어진다(Meinhard, 2006; Meier-Braun, 2002; Reissland, 2005; 정기섭, 2009 재인용).

(1) 외국인 노동력 모집 협정에서부터 외국인 노동력 모집 중단조치의 시기

첫 단계는 1955년 외국인 노동력 모집 협정에서부터 1973년 외국인 노동력 모집 중단조치가 취해질 때까지의 시기이다. 이 시기의 외국인 정책은 경제적인 성장에 따른 노동력의 수요에 의하여 이루어졌다. 독일 정부는 국내의 노동시장에서는 전쟁 사망자와 부상자로 인해 노동력의 수요와 공급 균형을 이룰 수 없었기 때문에 외국

그림 9-3 1950년대의 '손님노동자(Gastarbeiter)'

출처: 이용승(2007). p. 117.

에서 노동력을 모집하였다. 이탈리아와 노동력 모집협정체계(1955.12.20)를 시작으로 스페인(1960.03.29), 그리스(1960.03.30), 터키(1961.10.30), 모로코(1963.05.21), 포르투갈(1964.03.17), 튀니지(1965.10.18), 유고슬라비아(1968.10.12)와 노동력 모집 협정을 체결하였다. 이 시기에 수백만의 외국인 노동력이 독일에 유입되었고, 이들에 대한 독일인의 태도는 외국인 노동자를 소위 '손님노동자(Gastarbeiter)(이용승, 2007)'로서 잠시 손님처럼 머물다가 되돌아갈 존재들로 생각하였다. 외국 노동인력 모집의 결과 외국인 인구는 1961년 전체 인구의 1.2%(약 686,000명)에서 1970년에는 4.3%(약 2,600,000명)으로 증가하였다(www.destatis.de; 이용승, 2007 재인용). 1955년부터 1973년까지 독일로 들어온 외국인 노동자와 그의 가족은 현재까지 독일에서 생활하는 이주배경을 가진 인구들 중 가장 큰 집단을 이루고 있다.

(2) 외국인 노동력 모집 중단에서부터 퀸의 새로운 외국인 정책제안의 시기

두 번째 단계는 1973년 11월 27일 독일 정부가 발표한 외국인 노동력 모집 중단부터 1979년 초대 '외국인 문제를 위한 연방정부의 과제수행자'였던 퀸(H. Kuhn)에 의하여 새로운 외국인 정책이 제안되기까지의 시기를 의미한다. 경제성장의 틀에서 외국인의 '통제되지 않았던 팽창'은 1973년 오일쇼크로 인한 경기침체가 불황에 빠지고 실업이 증가하자 연방의회는 비유럽연합국가의 노동자 모집을 중단하기로 결의하였다(이규영 · 김경미, 2010). 그럼에도 불구하고 외국인 인구는 감소하지 않고 오히려 증가하는 현상이 나타났는데, 그 이유는 본국으로 되돌아가지 않고 계속 독일에서 거주하기를 원하는 외국인 노동자들이 일단 귀국하면 독일로 되돌아올 수 없다는 두려움에서 본국에 있는 가족들을 데려오기 시작하였기 때문이다. 실제로 거주 외국인 가족의 이주는 1965년부터 시행되고 있던 '외국인법(Auslandergesetz)'에 의하여 허용되고 있었다(정기섭, 2009).

독일의 경우 기본적으로 외국인 노동자를 모집할 때는 '로테이션 원칙'이 적용되어 기간이 만료되는 외국인 노동자를 본국으로 돌려보내고, 다른 외국인 노동자가 그 자리를 대체하도록 계획되었다. 그러나 노동력을 활용하는 입장에서는 숙련된 노동력을 지속적으로 사용하고 싶어 하였으며(정기섭, 2009), 잦은 계약 파기에 따른 작업 차질을 막기 위해(이용일, 2007) 그들을 돌려보내지 않고 계약을 연장하였고, 그 사이에 노동자들이 가족을 이주시켰기 때문에 외국인 인구가 늘어났던 것이다. 또한 본국으로 노동자들을 추방하는 것에 대한 교회나 사회복지단체 및 기업과 같은 여론의 강력한 반대가 있었고, 국제적으로 외국인 노동자 송출국인 이탈리아와 그리스 등 우방국에 대한 고려, 그리고 전략적 중요성을 가진 유고 및 터키와 우호관계를 유지하기 위해 불법외국인노동자에 대한 대량의 강제추방은 없었다(이규영 · 김경미, 2010).

외국인 가족의 이주와 더불어 아동과 청소년, 그리고 여성의 외국인 인구가 증가하게 되자 독일 정부는 한편으로는 아동과 청소년의 통합을 위해 노력을 하면서, 다른 한편으로 외국인 노동자의 귀국을 위한 '이중전략'(Auemheim, 2007: 38; 정기섭, 2009 재인용)을 구사하였다. 이 시기의 외국인 정책은 외국인 문제가 일시적인 현상이 아님을 인식하기 시작하고 외국인의 독일 이주를 제한하고 있는 것이 특징이다.

(3) 퀸의 정책 논쟁 시기

세 번째 단계는 1979년 퀸(H. Kuhn)에 의하여 제안된 새로운 외국인 정책이 1982년 콜(H. Kohl) 정부가 들어설 때까지 논쟁이 된 시기이다. 퀸은 1979년 '독일연방공화국의 외국인 노동자들과 그 가족들의 사회통합 상황과 전망'(Stand und Weiterentwicklung der Integration der au auslandischen Arbeitnehmer und ihrer Familien in der Bundesrepublik Deutschland)이라는 파격적인 정책보고서를 내놓았다(이용일, 2007). 지금까지 독일 정부의 외국인 정책에는 노동시장 정책의 관점이 강하게 반영되고 있다고 비판하면서 실제적인 외국인 이주상황을 인식하고 현실적인 정책을 실시할 것을 요구하였다(정기섭, 2009). 특히 퀸은 독일이 이미 이민사회로 들어섰다는 현실을 직시해야 함을 강조하면서 교육환경 개선을 통한 이민자 2, 3세의 사회적 지위 상승기회의 증대를 골자를 하는 장기적인 이민자 사회통합정책, 지방자치단체에서의 외국인 선거권, 장기체류 외국인에 대한 용이한 국적부여 등을 제안하였다(이용일, 2007; Meinhardt, 2006). 이 시기 독일의 외국인 정책의 특징은 일시적이나마 사회적인 통합을 시도하고 있었으나, 여러 제안들이 수용되지 않아 결국 사회적 통합을 위한 대책들이 포괄적으로 마련되지 못하였다는 데 있다(Reissland, 2005; 정기섭, 2009 재인용).

(4) 새로운 정부 수립부터 외국인법 개정의 시기

네 번째 단계는 1982년 10월 새로운 정부의 수립에서부터 1990년 외국인법이 개정될 때까지의 시기이다. 이 시기의 외국인 정책의 특징은 통합정책보다는 제한정책이라고 할 수 있다. 외국인 노동력 모집 중단조치의 틀을 유지하면서 가족의 이주를 제한하고 귀국 준비를 촉진하는 것이 그것이다. 1984년 6월 30일까지 귀국을 희망하는 외국인 노동자를 지원하는 '외국인 귀국준비 촉진법'(Gesetz zur Forderung der Ruckehrbereitschaft von Auslander)으로 1983년 12월 1일부터 시행되었으며, 시대에 적합한 새로운 외국인법에 대한 지속적인 논의 결과 1990년 7월 14일 지난 1965년부터 유지되어 오던 '외국인법'이 개정되어 1991년 1월 1일부터 시행되었다. 새로운 외국인법의 주요 내용은 외국인 이주자의 증가를 제한하고, 오랜 기간 독일에서 살고 있는 외국인의 통합에 힘쓰며, 구 동구권 독일 민족(deutche Volkszugehorige)과 유럽공동체 내에서의 이주권에 대하여 개방한다는 것이다(정기섭, 2009).

(5) 외국인법 통과와 새로운 국적취득법 개혁안 제안의 시기

다섯 번째 단계는 새로운 외국인법이 통과된 시기부터 1998년 10월 국회에서 사민당과 녹색당이 중심이 되어 새로운 국적취득법 개혁안을 제안할 때까지의 시기이다. 이 개혁안은 1999년 5월 7일 독일 국회를 통과하였다(2001년 1월 1일부터 시행). 이 시기의 외국인 정책의 특징은 이전의 이주 노동자에 쏠려 있던 관심이 정치적 망명자(Asyl)와 강제이주독일인(Spataussiedler)으로 옮겨진 데 있다.

1985년에서 1994년 사이에 독일에서 정치적 망명을 신청한 자는 유럽연합 내의 전체 신청자 중 64%를 차지하였으며, 신청자의 증가로 인해 이들에게 소요되는 막대한 체류비용의 부담 문제를 야기하였다. 이러한 상황은 정치적 망명자를 제한하자는 여론으로 확대되었고, 급기야는 극우파에 의하여 일련의 외국인 적대감정으로 표출되었다. 이는 1993년 5월 26일 '정치적 망명자법'(Asylverfahrensgesetz)을 개정하여 독일 내에서의 정치적 망명 신청자와 전쟁 난민 신청자를 제한하기로 결정하였다. 또한 이 시기에 구소련을 비롯한 동구권 국가들이 붕괴하면서 그 지역에 있던 독일인들이 유입되어 사회문제가 발생하였다. 독일 정부는 이들에게는 다른 이주자 집단과는 달리 독일어 과정을 개설해 주는 등 우호적인 편입정책을 실시하였다. 그리고 독일 국민들 사이에서도 '같은 혈통'이라는 이유로 초기에는 이들에 대하여 우호적인 입장을 취하였다. 그러나 시간이 지나면서 문화와 역사적 배경의 차이로 인해 통합되기 어려운 '러시아인'(E. Sauer, 2007; 정기섭, 2009 재인용)으로 인식되었다. 이 시기의 외국인 정책은 독일이 이민국이 아니라는 지금까지의 입장을 고수하면서 다른 한편으로는 외국인 정책의 현실적인 대책을 강구하고자 하는 분위기가 형성되고 있었다.

(6) 새로운 국적법 제안에서부터 새로운 이주법 공포된 시기

여섯 번째 단계는 새로운 국적법이 국회에서 제안된 1998년부터 새로운 이주법이 공포된 2004년까지의 시기이다. 이 시기의 특징은 이주정책의 패러다임 전환이 이루어졌다는 데 있다. 1998년부터 시작된 국적취득법의 개정은 그동안 사소한 개정은 있었지만 1913년 '제국국적법'(Reichs-und Staatsangehorigkeitsgesetz)이 제정된 이후 처음으로 이루어진 근본적인 개혁이었다.

2001년 시행된 국적법(Staatsangehorigkeitsgesetz)의 주요 내용은 혈통주의(ius sanguinis)에 토대를 두고 87년간 지속되어 왔던 국적 취득이 속지주의(ius soli)로 전환된 것이다. 이는 독일 사회가 인구구조에 있어서 다인종 다문화사회임을 실제적으로 인정한 것이라고 할 수 있다(정기섭, 2009). 또 다른 정책으로는 독일 수상 슈뢰더(G. Schroder)가 2000년 2월 23일 IT산업 분야에 필요한 외국의 고급 전문인력 20,000명과 그 가족의 이주를 허락하겠다고 발표한 것을 들 수 있다. 이것은 1973년의 외국인 노동자 모집이 중단된 이후 처음으로 외국인 노동자의 이주를 허락한 것으로 거센 논쟁을 불러일으켰으나 그해 8월부터 소위 '녹색카드(Green Card) 프로그램'으로 시행되었다. 이후 독일 사회의 변화와 이주문제 방안을 모색하기 위하여 구성된 '이주위원회'(Unabhangige Kommission 'Zuwanderung')는 외국인의 독일 이주를 점수제(Punktsystem)라는 새로운 방식으로 제한할 것을 제안하였다. 외국인 이주를 무조건 제한할 것이 아니라 나이, 언어능력, 학력 정도 등에 따라 점수를 부여하여 지원자들 중에서 필요한 인력을 선발하자는 것이다(Unabhangige Kommission 'Zuwanderung', 2001; 이용일, 2007 재인용). 이는 독일 사회가 다문화사회임을 전제로 하는 이주 및 통합정책의 근본적인 전화를 요구하였으며, 이러한 배경에서 2005년 1월 1일부터 효력을 발생한 '이주법'은 이전까지의 외국인법이 통합과 귀국이라는 이중성을 가지고 귀국에 중점을 두었던 것과는 달리 상대적으로 통합을 법적으로 강제하고 있으며, 여러 행정기관들에서 분리되어 다루어졌던 이민관련 업무를 통합적으로(이용일, 2007), 즉 이 법에 의해 이주행정은 이주 · 난민청(Bundesamt fur Migration und Fluchtlinge)으로 집중되고, 이주 · 난민청은 외국인이 독일에서 경제적, 문화적, 사회적인 삶으로 통합되는 것을 촉진하고 지원하는 과제를 수행하여야 한다. 이와 관련하여 독일어, 법질서, 사회질서, 독일문화와 역사 지식습득 등을 위한 '통합코스'(Integrationskurs)를 제공하여 외국인의 통합을 지원하고, 법률이 정하는 기준에 미흡한 외국인에게 통합코스에 참가할 의무를 확정하고 있다(정기섭, 2009). 이러한 변화는 독일이 이민국가이자 다문화국가임을 인정하는 인식 전환의 결과물이라는 측면에서 주요한 의미를 가진다(이용승, 2007).

2) 최근 독일의 외국인/이주민정책

2005년 이후 이주 외국인 정책의 기본방향은 이주 외국인이 오랜 기간 자신의 능력과 성과로 독일의 복지와 사회적 · 문화적 다양성 형성에 기여한 점을 인정하고 독일의 미래를 위하여 그들의 잠재적 가능성을 인식하고 강화하는 사회통합의 문제에 관심을 집중하고 있다. 이러한 관심과 노력은 2007년 개최된 '국가통합정상회의'(Deutscher Integrationsgipfel)와 거기에서 결정한 '국가통합계획'(Der Nationale Integrationsplan)에서 잘 드러나고 있다. 이것의 특징은 국가통합계획은 사회통합을 위해 필요한 대책들을 10개의 영역에 걸쳐 제시하고 있는데, 그 서문에서 메르켈(A. Merkel) 수상은 "통합은 인구학적 변화를 통하여 점점 더 중요해지고 있는 우리 시대의 핵심적 과제이다"라고 강조하였다(Bundesregierung, 2007; 정기섭, 2009 재인용). 좀 더 구체적으로 직업교육, 언어교육, 경제, 문화, 미디어 등 각 분야에서 연방과 주(州), 지방자치단체 및 사회 · 이주민단체가 수행해야 과업을 명확히 설정, 제시하고 있는 점이다. 연방정부는 현존하는 통합장려프로그램들을 검토하고 프로그램이 대상 집단에 보다 잘 활용될 수 있도록 매년 약 7억 5천만 유로를 통합장려정책에 사용하기로 했다. 주(州)는 기존의 다양한 개별정책들을 통합정책을 '통리된 목적-다양한 수단'이라는 원칙하에 전체적인 틀 속에서 통일성 있는 정책으로 묶어내고 이에 대해 책임을 지도록 했다. 지방자치단체는 지방의 특수성과 필요에 맞춰 통합장려전략을 기획하고 발전시키며, 단체장들의 모임을 통해 정보와 경험담을 교환하고 연방과 주에 주요 요구사항을 전달하기로 했다(이규영 · 김경미, 2010).

2008년 11월 전술한 사항에 대한 중간평가로서 '제1차 진전보고서'가 나왔으며, 이주 · 난민 · 통합을 위한 연방정부담당관 뵈메(M. Bohmer)는 국민통합계획이 엄청난 역동성을 보였으며, 현대통합정책의 현실적 모델이 되었다고 주장하였다(이규영 · 김경미, 2010).

이듬해 2009년 10월 연방의회선거에서 기민/기사련이 승리하면서 기민/기사/자민당의 연합정부가 형성되었으며, 이들은 통합정책으로 '통합 장려, 기회 활용'으로 삼고 이주민들에게 모든 기회를 개방하며 사회, 정치, 문화적 참여를 가능하게 하겠다고 제시하고 있다(이규영 · 김경미, 2010).

이러한 정책적인 흐름들은 독일의 외국인정책이 2000년부터 포괄적인 이주자정책을 향하고 있음을 알 수 있으며, 이는 지속적으로 독일에 거주하는 외국인뿐만 아니라, 일정기간 체류하는 외국인에게도 적용되는 통합정책을 실시하고 있다는 것이다(정기섭, 2009). 그리고 2008년 12월 31일 현재 독일에는 약 678만 명의 외국인이 거주하고 있으며, 독일이 통일되던 1990년의 약 558만 명에 비해 115만 명 정도가 증가했다. 외국인의 35%가 유럽연합국가에서 왔으며, 동유럽국가들이 유럽연합에 가입한 이후 이곳에서 많이 이주해 오고 있다. 출신국가 별로 가장 큰 외국인집단은 터키인으로 약 169만 명에 달하며, 전체 외국인의 25.1%를 차지하고 있다. 두 번째는 이탈리아인으로 52만 명(7.8%)이며, 폴란드, 구세르비아와 몬테네스로, 그리스, 크로아티아 등지에서 온 이주민이 그 뒤를 잇고 있다. 또한 2008년 12월 31일 현재 약 673만 명 이상의 외국인거주자 중에서 대략 5명 중의 1명(19.7%, 1,325,841명)이 독일에서 출생했다.

100만 명 이상의 외국인이 사실상 독일에서 태어나고 교육받은 이민 2, 3세대라는 사실은 독일에서 외국인의 통합문제가 더욱 중요해졌음을 의미한다. 외국인의 독일 체류기간을 보면 2008년 말 현재 평균거주기간은 18.2년이며, 전체 외국인의 2/3를 넘는 490만 명 정도(전체 외국인의 72.2%)가 독일국적 취득신청을 할 수 있는 최소 거주기간 8년을 충족시키고 있다(이규영 · 김경미, 2010).

최근 한국 사회도 국제결혼이민자의 출산, 한국국적 취득자의 증가로 인해 국내에 거주하는 외국인 자녀의 수가 증가하고 있다. 실제로 2015년 3월 교육부가 발표한 '2015년 다문화 학생 교육지원계획'에 따르면 일반 학령인구(초 · 중 · 고)는 매년 감소(약 20만 명)하는 반면에 다문화 학생 수는 증가(약 8천~10천 명) 추세에 있었으며, 2014년 다문화 학생이 전체 초 · 중 · 고 학생의 1%를 넘어서고 있다고 밝혔다

(교육부, 2015). 구체적으로 초 · 중 · 고 다문화 학생 수는 2012년 46,954명, 2013년 55,780명, 2014년 67,806명으로 계속 증가하고 있음을 확인할 수 있다. 특히, 다문화가정의 미취학 아동은 12.1만 명으로, 향후 초 · 중등교육에 진입하는 다문화 학생 수는 지속적으로 높아질 것이며, 독일과 같이 이민 2, 3세대의 증가를 시사해 주는 대목이기도 하다. 이러한 측면에서 본 장에서 살펴본 독일의 정책적 흐름은 다문화 사회로 변화하고 있는 한국 사회에 시사하는 바가 크다고 할 수 있다.

참고문헌

강복정(2009). 다문화가족의 이해. 다문화사랑나누미 워크숍. 전국다문화가족사업지원단.

강수돌(2002). 노동과정의 변화: 특수고용 노동자의 출현과 노동권 상실. 비정규노동, 11, 12-20.

강순원(2008). 포스트콜로니얼리즘 담론으로서의 다문화교육. 한국교육사회학회 · 국제이해교육학회 공동학술대회 다문화사회와 다문화교육 발표집, 3-10.

경기도가족여성연구원(2010). 경기도 다문화가정 청소년 생활실태와 지원방안 연구. (재)경기도가족연구원.

고모다 마유미(2007). 일본의 다문화공생은 가능한가?. 민족연구, 30, 51-64.

곽금주(2008). 다문화 가정 아동의 발달과 적응: 다문화 가정에서의 부모-자녀간의 상호 작용 패턴과 그 효과를 중심으로. 2008 한국심리학회 연차학술발표대회 논문집.

곽한영(2007). 다문화 관련 법령과 제도에 대하여. 제4회 경기다문화교육포럼.

교육과학기술부(2006). 2005년도 교육통계연보.

교육과학기술부(2006). 2006년도 다문화 가정 자녀 교육지원 대책. 서울: 교육인적자원부.

교육과학기술부(2007). 2007년도 다문화 가정 자녀 교육지원 계획. 서울: 교육인적자원부.

교육과학기술부(2007). 2007년도 유아의 세계 이해 및 다문화 교육을 위한 지침서. 서울: 교육인적자원부.

교육과학기술부(2007). 다문화교육정책 국제 비교연구.

교육과학기술부(2008). 2008년도 다문화 가정 학생 교육지원 계획. 서울: 교육과학기술부.

교육과학기술부(2008). 국제결혼가정 자녀 시 · 도별 학교급별 현황.

교육과학기술부(2008). 국제결혼가정 자녀 지역별 현황.

교육과학기술부(2008). 연도별 국제결혼가정 자녀(청소년)의 재학현황.

교육과학기술부(2010). 2010년 다문화가정 학생 교육 지원 계획.

교육과학기술부(2010). 2010년도 다문화 가정 자녀 현황. 서울: 교육과학기술부.

교육부(2015). 2015년 탈북학생 교육 지원 계획.

교육부(2016). 2016년 다문화학생 교육 지원 계획.

교육부(2017). 2017년 다문화학생 교육 지원 계획.

교육인적자원부(2005). 2004년도 교육통계연보.

교육인적자원부(2006). 다문화 가정 자녀 교육지원 계획.

구정화 · 박윤경 · 설규주(2009). 다문화교육이해. 서울: 동문사.

구효진 · 최진선(2007). 농어촌 다문화가정 유아의 인지적 특성에 관한 연구. 열린유아교육연구, 12(6), 43-67.

국가지표체계(2013). 여성가족부 2012년 전국다문화가족실태조사 중 만 9세 미만 다문화가족자녀의 낮 시간 보살핌 방법.

권순희(2007). 다문화가정 자녀의 상담지도 사례. 국어교육학연구, 29, 131-146.

권영철(2010). 결혼이민자 가족에 대한 지자체의 정책적 지원방안 모색. 경북대학교.

권오희(2006). 국내 결혼 이민자 가정의 자녀교육에 관한 연구. 경희대학교 행정대학원 석사학위청구논문.

김갑성(2006). 한국 내 다문화 가정의 자녀교육 실태조사 연구. 서울교육대학교 교육대학원 석사학위청구논문.

김갑성(2008). 한국 내 다문화가정의 자녀교육실태조사 연구. 청소년문화포럼, 18, 58-93.

김경식 외(2012). 다문화사회와 다문화교육. 서울: 신정.

김경식(2008). 다문화사회를 준비하는 다문화 교육. 중등교육연구소 정기학술대회. 경북대학교 61-86.

김경식 · 신종훈 · 최성보 · 이현철(2008). 다문화 학생의 학교생활과 딜레마: 배제와 상실. 한국교육사회학회. 국제이해교육학회 공동학술대회, 195-215.

김미숙(2005). 북한이탈학생의 남한 학교 다니기. 교육사회학연구, 15(2), 23-44.

김민성 · 김화수 · 이근용(2016). 4, 5세 다문화가정 아동의 화용능력 연구. 특수교육재활과학연구, 55(2), 397-415.

김민정(2002). 필리핀 농촌마을의 권력관계와 성차, 그리고 모성. 서울대학교 박사학위논문.

김범수 · 서은주 · 손병돈(2008). 다문화사회복지론. 경기: 양서원.

김병순(2007). 다문화 가정 자녀의 유치원 생활에 관한 문화기술적 연구. 창원대학교 교육대학원 석사학위청구논문.

김석진(2006). 경험활동중심의 집단상담학습을 통한 고립아의 교우관계 개선에 관한 연구. 2006년도 제2차 현장연구보고서(생활지도분과).

김성길 · 김효선(2011). 다문화가정자녀들의 커뮤니케이션 저해요소 분석. 다문화컨텐츠연구, 11, 193-233.

김연수(2007). 서울지역 여성 결혼이민자의 결혼행복감에 관한 연구. 한국가족복지학, 21.

김영옥 · 임진숙 · 정상녀(2008). 다문화 가정 어머니의 개인변인에 따른 양육태도 비교. 열린유아교육연구, 13(3), 143-164.

김영천(2011). 가장 검은 눈동자: 한국 다문화아동의 슬픔 자화상. 서울: 아카데미프레스.

김오남(2006). 이주여성의 부부갈등결정요인연구. 가톨릭대학교 대학원 박사학위논문.

김은실(2007). 결혼이주여성의 문화적응 스트레스, 사회적지지와 사회적응. 충북대학교 대학원 석사학위논문.

김이선(2008). 다문화사회의 전개에 대한 한국사회의 수용현실과 교육적 함의. 한국교육사회학회 · 국제이해교육학회 공동학술대회 다문화사회와 다문화교육 발표집, 83-97.

김재우(2006). 다문화사회로의 전환: 국제결혼가정자녀의 교육지원방안. 오늘의 청소년, 22(6), 10-15.

김정원(2005). 외국인 노동자 자녀 교육복지 실태 분석 연구. 한국교육개발원 연구보고 RR 2005-5.

김종세(2012). 다문화가족지원법상 다문교육정책에 관한 인식의 문제점과 개선방안. 법학연구, 48, 27-48.

김지범 · 김솔이 · 김하영 외(2016). 한국종합사회조사(KGSS). 성균관대학교출판부.

김지윤(2012). 다문화사회 통합정책 비교 연구 -독일, 프랑스, 미국 및 캐나다의 다문화사회 비교. 숙명여자대학교 국제관계대학원 석사학위논문.

김진숙 · 이혁구 · 이근무(2010). 다문화가정 부부의 결혼적응 연구. 한국가족복지학, 30(12), 135-166.

김춘경(2004). 아동상담. 서울: 학지사.

김태성 · 성경륭(1999). 복지국가론. 서울: 나남.

김현주 · 김경숙(2008). 예비보육교사와 현직보육교사의 다문화교육에 대한 인식. 아동교육, 17(4), 117-128.

김현희(2009). 집단 독서치료를 통한 인간 이해와 치유. 2009년 집단상담학회 추계학술대회 자료집. 집단상담학회.

김형민(2008). 다문화사회를 대비한 적실성 있는 사회과 교육과정 모색. 경북대학교 교육대학원 석사학위논문.

김희숙(2006). 문화적응 스트레스가 이주노동자의 우울 · 불안에 미치는 영향: 경기도 마석지역 미등록 노동자를 중심으로. 한양대학교 행정대학원 석사학위 논문.

김희태 · 권영덕(2007). 다문화 가정 유아의 유아교육기관에의 적응과 변화 과정. 미래유아교육학회지, 14(4), 95-117.

노동부 공고 제2066-214호(2006. 12. 15).

노충래(2000). 로즌버그의 자긍심척도와 집단자긍심척도를 활용한 교포청소년의 심리정신 건강에 관한 연구. 한국아동복지학, 10, 107-135.

노충래 · 홍진주(2006). 이주노동자 자녀의 한국사회 적응실태 연구. 한국아동복지학, 22, 127-159.

대구 · 경북여성사회교육원(2007). 다문화가족 역량강화프로그램.

류현주 · 김향희 · 김화수 · 신지철(2008). 다문화가정 아동의 조음능력 및 음운변동 특성. 음성과학, 15(3), 133-144.

모경환(2009). 다문화 교사교육의 현황과 과제. 제2차 평생교육정책포럼 다문화사회로의 이행, 평생교육의 새로운 정책 패러다임 학술대회 발표자료. 평생교육진흥원 · 한국다문화교육학회, 115-137.

문계완 · 배재정(2011). 다문화시대 전문가 집단의 문화적 역량 증진을 위한 모형개발. 경영교육연구, 20(1), 413-441.

문무경 · 조혜주(2008). 다문화가정 육아지원 방안 연구. 서울: 육아정책연구소.

문영석(2005). 캐나다 이민연구. 용인: 강남대학교출판부.

문지영(2009). 동화주의와 다문화주의 사이에서: 프랑스 이민자 통합정책. 다문화사회연구, 2(1).

문혁준 · 최윤경 · 서소정(2009). 다문화가정 아동. 아동학회지, 30(6), 85-97.

민성혜 · 이민영(2009). 대학생의 문화적 역량에 관한 탐색적 연구-문화적 인식을 중심으로. 청소년 복지연구, 11(1), 183-206.

박경태 · 설동훈 · 이상철(1999). 국제노동력이동과 사회적 연결망: 경기도 마석의 필리핀 노동자 집단을 중심으로. 한국사회학, 33(겨울), 819-849.

박미경(2007). 교사를 통해 본 다문화 가정 유아의 특성 및 교사의 어려움. 이화여자대학교 대학원 석사학위청구논문.

박성연(2008). 아동발달. 경기: 교문사.

박성혁 외(2008). 다문화교육 관련 법령의 문제점과 개선방향. 교과교육학연구, 12(3), 687-707.

박성혁(2007). 우리나라 다문화교육 정책 추진현황, 과제 및 성과분석 연구. 서울: 교육인적자원부.

박윤경(2009). 다문화교육의 현황과 과제. 평생교육진흥원 · 한국다문화교육학회 주최 제2차 평생교육정책포럼 다문화사회로의 이행. 평생교육의 새로운 정책 패러다임 발표집, 75-103.

박은경(2000). 아동의 교우관계 형성과 학업성취도와의 관계 연구. 한국교원대학교 석사학위논문.

박정원(2007). 초등학생의 국제결혼자녀에 대한 인식. 한국교원대학교 교육대학원 석사학위청구논문.

박주현 · 최덕경(2011). 다문화사회의 이해와 실천. 서울: 창지사

박주희 · 정진경(2008). 타문화에 대한 태도발달검사의 타당화 연구. 한국심리학회지: 사회 및 성격, 22(1), 1-21.

박철용(2009). 다문화교육의 이론과 실제. 수원: 경기도 다문화 교육센터.

박철희(2007). 다문화 교육의 관점에 기초한 초등 사회, 도덕 교과서 내용에 대한 비판적 고찰. 교육사회학연구, 17(1), 109-129.

박철희(2008). 한국사회의 다문화화에 따른 초등학교 교과서 내용에 대한 문제제기와 한국적 다문화교육의 방향 모색. 한국교육사회학회 · 국제이해교육학회 공동학술대회 다문화사회와 다문화교육 발표집, 13-28.

배은주(2006). 한국 내 이주노동자 자녀들의 학교생활에서의 갈등 해결 방안: 초등학교를 중심으로. 교육인류학연구, 9(2), 25-55.

배재정(2010). 유아교사의 다문화적 감수성 발달 및 평가 방안 탐색: DMIS와 IDI의 적용 및 활용. 어린이미디어연구, 9(3), 143-166.

법무부(2007). 결혼이민자 국적 · 지역별 체류현황.

법무부(2007). 보도자료.

법무부(2008). 다문화사회 전문가 양성과정 개설.

법무부(2008). 이민자 사회통합의 방향과 추진계획.

법무부(2008). 이민자 사회통합정책 조정방안.

법무부(2009). 출입국 외국인정책본부 통계수첩.

법무부(2011). 기초소양

법무부(2016). 외국인통계월보(2016년 6월호) 발간 보도자료.

법무부(2016). 출입국 · 외국인정책 통계월보(2016년 6월호).

베네딕트 앤더슨(2002). 상상의 공동체-민족주의의 기원과 전파에 대한 성찰. 윤형숙 역. 경기: 나남출판.

변세권(2001). 기독청소년의 자아정체감 형성에 관한 연구. 연세대학교 관리과학대학원 석사학위청구논문.

보건복지가족부(2008). 다문화가족 상담가이드북.

보건복지가족부(2008). 다문화가족 생애주기별 맞춤형 지원 강화대책.

보건복지가족부(2008). 다문화사회 이해.

보건복지부(2005). 국제결혼 이주여성 실태조사 및 보건, 복지 지원정책방안 보고서. 서울: 보건복지부.

보건복지부(2007). 결혼이민자를 위한 생활안내 행복한 한국생활 도우미.

보건복지부(2007). 국제결혼 이주여성 실태조사 및 보건, 복지 지원정책방안 보고서. 서울: 보건복지부.

보건복지부(2008). 법률 제8937호 다문화가족지원법.

보건복지부(2009). 전국 다문화가족실태조사 연구.

보건복지부(2011). 전국 다문화가족실태조사 연구.

보건복지부(2013). 2012년 전국보육실태조사-가구조사 보고.

빈부격차 · 차별 시정위원회(2006). 다문화 개방사회를 위한 사회정책연구.

빈부격차 · 차별 시정위원회(2006). 여성결혼이민자 가족의 사회통합 지원.

서종남(2009). 지역사회 통합을 위한 다문화 교육의 역할. 평생교육진흥원 · 한국다문화교육학회 주최 제2차 평생교육정책포럼 다문화사회로의 이행, 평생교육의 새로운 정책 패러다임 발표집. 223-259.

서종남(2010). 결혼이민자 가정의 문제점과 해결방안 연구. 시민교육연구, 42(1), 103-126.

설동훈 외(2006). 결혼이민자 가족실태 조사 및 중장기 지원정책방안. 연구. 여성가족부.

설동훈 · 김윤태 · 김현미 · 윤홍식 · 이혜경 · 임경택 외(2005). 국제결혼 이주여성 실태조사 및 보건 · 복지지원정책방안. 보건복지부.

설동훈 · 이혜경 · 조성남(2006). 결혼이민자 가족실태조사 및 중장기 지원정책방안연구. 서울: 여성가족부.

심미경(2016). 미국 다문화 정책이 한국 다문화 사회통합정책과 다문화 교육 개선에 주는 시사점. 학습자중심교과교육연구, 16(3), 441-460.

심미경 · 이병수(2014). 북한이탈 청소년의 학교 적응에 관한 질적 연구. 대안학교와 일반 학교 비교를 중심으로-한국사회 역사학회. 담론 201, 17(2), 63-93.

심보선(2007). 온정주의 이주노동자 정책의 형성과 변화-한국의 다문화정책을 위한 시론적 분석. 담론 2001, 10(2), 41-76.

양송희 · 박성지(2016). 학령기 다문화가정 아동과 일반가정 아동의 수용어휘력과 읽기능력 비교-기초학력 검사 읽기검사 하위종목을 중심으로-. 언어와 문화, 12(1), 161-175.

여성가족부(2006). 결혼이민자 가족 실태조사 및 중장기 지원정책방안 연구.

여성가족부(2007). 결혼이민자 가족 실태조사.

여성가족부(2013). 제2차 다문화가족정책 기본계획(2013~2017). 여성가족부.

여성가족부(2016). 2015년 전국다문화가족실태조사.

오성배(2005). 코시안 아동의 성장과 환경에 관한 사례연구. 한국교육, 32(3), 61-83. 한국교육개발원.

오성배(2006). 우리 사회의 소수민족(ethnic minority), 코시안(Kosian) 아동의 사례를 통한 다문화 교육의 방향. 교육 양극화의 진단과 대책. 한국교육행정학회 · 한국교육사회학회 공동세미나 자료집, 157-181.

오성배(2008). 다문화가정 학생 교육 지원 중장기 방안 마련을 위한 연구. 교육과학기술부.

오세민 · 박정훈 · 홍성휘(2014). 기초자치단체의 다문화가족 지원 조례 제정현황과 내용에 관한 분석: 경기도 내 시, 군을 중심으로. 다문화와 평화, 8(1), 74-103.

오인수(2014). 다문화가정 학생의 학교 괴롭힘 피해 경험과 심리 문제의 관계: 심리적 안녕감의 매개효과를 중심으로. 아시아교육연구, 15(4), 219-238.

오한나(2015). 해외사례를 통해 본 한국 다문화 교육의 개선 방안 연구–프랑스와 캐나다 사례를 중심으로. 한국외국어대학교 교육대학원 석사학위논문.

외교부(2014). 캐나다개황.

원진숙(2009). 다문화 가정 자녀를 위한 교육: 다문화 가정 자녀 교육 실태와 교육 기관 현황. http://knol.google.com/k/원진숙/다문화-가정-자녀를-위한-교육/3kn8uo3o00s4f/1

원진숙(2009). 다문화가정 자녀의 어려움 해소를 위한 이중언어교육 지원방안. 한국 이민정책의 동향과 미래의 대응방향. 법무부 · 매일경제신문사.

원진숙 · 김정원 · 이인재 · 남호엽 · 박상철 · 김광수 · 류재만(2010). 글로벌 시대의 다문화교육. 서울: 사회평론.

유민봉(2012). 한국행정학. 서울: 박영사.

윤갑정 · 김미정(2010). 다문화시대 유아교사에게 요구되는 문화적 역량의 구성요소에 관한 연구. 유아교육연구, 30(3), 169-194.

윤희원 외(2006). 다문화가정 교육 우수사례연구. 교육인적자원부.

은지용(2009). 다문화적 인성 발달 이론에 기반한 다문화 학습 모형 탐색. 시민교육연구, 41(1), 107-139.

이경미(2010). 프랑스 사회를 통해 살펴본 한국 다문화정책. 조선대학교 석사학위논문.

이광석(2009). 다문화 사회에서의 진입장벽과 그 해결에 관한 연구: 언어복지 제공을 중심으로. 한국지방자치학회보, 21(3).

이광석 · 이정주(2017) 지역사회에서 다문화이주민의 인정투쟁에 관한 연구: 새마을운동의 역할과 관련하여. 지방행정연구, 31(2). 지방행정연구원.

이규영 · 김경미(2010). 독일의 이주민 정책과 이주민의 참정권. 국제지역연구, 14(1), 153-177.

이기라 · 양창렬(2007). 공존의 기술. 서울: 그린비.

이명수 외(2015). 다문화와 인정의 로컬리티. 서울: 소명출판.

이민경 · 이수정(2013). 이주가정 자녀 정책의 해외 사례 분석: 방향성과 실제. 현대사회와 다문화, 3(1), 144-177.

이상도(2009). 학교현장에서 다문화가정 아동의 학교적응력 향상을 위한 상담사례 연구. 극동대학교 산업정보대학원 상담심리치료학과 석사학위논문.

이영주(2007). 국제 결혼한 여성의 자녀에 대한 심리사회적 적응에 영향을 미치는 보호요인에 관한 연구. 한국심리학회지, 12(2), 83-105.

이용승(2007). 현대의 다문화가족: 독일의 다문화 가족 정책. 민족연구, 31, 113-129.

이용승(2012) 이주민 통합정책 국제비교-법과 제도를 중심으로. 다문화와 인간, 1(2), 199-233.

이용일(2007). 이민과 다문화사회로의 도전: 독일의 이민자 사회통합과 한국적 함의. 서양사론, 92, 219-254.

이유진 (2009).캐나다의 이민자 통합정책 레짐에 대한 연구: 온타리오 주를 중심으로. 다문화사회연구, 2(1), 5-31.

이윤정(2010). 다문화가족법률과 정책 제도에 기반한 사업 및 프로그램의 방향성. 한국콘텐츠 학회 논문집, 1(5).

이윤주(2001). 목회자 자녀의 자아정체성 형성에 관한 연구: 청소년기를 중심으로. 이화여자대학교 신학대학원 석사학위청구논문.

이인경(2007). 상담사례를 통해 본 이주여성의 삶. 여성연구논집, 18, 5-22.

이장호(1995). 상담심리학. 서울: 박영사.

이재분 외(2002). 초 · 중학생의 지적 · 정의적 발달연구. 서울: 한국교육개발원.

이학춘(2009). 다문화가정 학생의 교육실태와 교육적 비전. 제2차 평생교육정책포럼 다문화사회로의 이행, 평생교육의 새로운 정책 패러다임 학술대회 발표자료. 평생교육진흥원 · 한국다문화교육학회, 147-179.

이혜진(2009). 한국의 다문화교육 정책. 글로벌시대의 다문화교육 국제학술대회자료집. 대구교육대학교 · 경상북도 공동 주최 국제학술대회. 323-338.

이희정 · 조윤주(2010). 학교적응의 종단적 변화와 예측변인 탐색. 청소년학연구, 17(2), 253-278.

임경혜(2004). 국제결혼가정 사례별로 나타난 가족문제에 따른 사회복지적 대책에 관한 연구. 대구대학교 석사학위논문.

장대환(2010). 다문화사회통합을 위한 정책적 대응: 정책모델 유형선정 기준 중심으로. 중앙대학교 석사학위논문.

장인실(2008). 다문화 교육의 현황과 과제. 서울: 학지사.

장혜경(2004). 외국인 근로자 자녀의 교육소외 실태와 대책. 교육소외집단의 교육실태와 복지 대책. 한국교육개발원 제25차 교육정책포럼 자료집, 99-123.

장휘숙(2009). 전 생애 발달심리학. 서울: 박영사.

장흔성(2009). 경북 다문화가정의 현황과 지원방향. 대구 · 경북지역 다문화사회통합의 현황과 전망. 경북대학교 다문화사회통합연구회.

재외동포신문(2016.07.28). 국내 체류외국인 200만 시대…5년 내 300만 명 예상: 법무부, 우수인재 국내 정착 유치…외국인 더불어 사는 사회통합정책 지속 추진. http://dongponews.net/news/aklicleview.html?idxno=32087

전경숙(2007). 다문화 가정 자녀의 학교생활 실태와 정책적 지원방안. 경기도가족여성개발원.

전경옥 · 이유진 · 김영란 · 유숙란 · 금혜성(2010). 주요 선진국 다문화 정책의 시민사회 공존사례 연구용역 보고서.

전재영(2011). 학교 다문화교육의 체계화 방안 연구. 경북대학교 박사학위논문.

정기선 · 김영혜 · 박경은 · 이은아 · 박지혜(2007). 경기도 국제결혼 이민자가족 실태조사 및 정책적 지원방안 연구. 경기도: 가족여성개발원.

정기섭(2009). 독일의 사회통합을 위한 이주 외국인 자녀의 교육지원 현황 및 시사점 분석. 교육의 이론과 실천(구 한독교육학연구), 14(2), 105-134.

정덕희(2008). 결혼이민자가정의 자녀교육문제. 아동연구, 17(4), 243-256.

정덕희 · 신효선(2010). 다문화 가정 자녀의 학교 부적응에 미치는 환경요인. 청소년학 연구, 17(3), 123-147.

정옥분(2006). 발달심리학 전생애 · 인간발달. 서울: 학지사.

정옥분(2005). 청소년심리학. 서울: 학지사.

정유정(2008). 다문화 가정에 대한 지자체의 정책적 지원방안 강구. 경북대학교.

정은희(2004). 농촌지역 구제결혼 가정 아동의 언어발달과 언어환경. 언어치료연구, 13(3), 33-52.

정진경 · 양계민(2005). 문화간 훈련의 이론과 방법. 한국심리학회지: 일반, 24(1), 185-215.

정탁준(2007). 다문화교육의 도덕과 교과교육적적용에 대한 연구. 교육과정평가연구, 10(1), 121-143.

정태영(2009). 한국사회의 다문화 현상에 따른 도덕교육의 적용 연구. 계명대학교 교육대학원 석사학위논문.

정하성(2009). 다문화 청소년 개론: 여러 나라 문화 이해하기. 파주: 한국학술정보.

정하성 · 우룡(2007). 다문화가정 청소년의 사회적응실태 및 사회적응 프로그램 개발방안. 한국청소년정책연구원 연구보고서.

정해숙 외(2016). 2015년 전국다문화가족실태조사 분석. 여성가족부 연구보고 2016-03.

정혜선 · 김용규 · 김현리 · 이꽃메 · 김정희 · 송연이 외(2008). 성별에 따른 외국인 노동자의 건강실태 및 직업적 특성. 한국산업간호학회지, 17(2), 126-137.

조영달 외(2006). 다문화가정의 자녀교육실태. 서울: 교육인적자원부.

조영달(2006). 다문화가정교육 지원을 위한 자료 개발 연구. 서울: 교육인적자원부.

조영달(2006a). 다문화가정의 자녀교육 실태조사. 서울: 교육인적자원부.

조영달(2006b). 한국사회의 다문화교육과 교육방향. 다문화가정 자녀를 위한 교육지원 방안 연구. 서울대학교 교육종합연구원. 교육인적자원부 공동 주최 연구발표회.

조영달 · 윤희원 · 권순희 · 박상철 · 박성혁(2006). 다문화 가정 교육 지원을 위한 자료 개발 연구. 서울: 교육인적자원부.

조영달 · 윤희원 · 박상철 · 최영인(2006). 다문화가정의 자녀교육 실태조사. 서울: 교육인적자원부.

조달성 외(2010). 학교 다문화교육의 실태분석. 시민교육연구, 42(1), 151-184.

조윤오(2010). 다문화가정 여성의 가정폭력 피해경험에 대한 연구. 피해자학연구, 18(1), 159-183.

조현미(2004a). 지방자치단체의 역할이 지역주민과 외국적주민 상호간 인식에 미치는 영향. 일본어문학, 25, 523-561.

조현미(2004b). 일본의 외국인 주민에 대한 지역별 시책비교. 한국지역지리학회지, 10(3), 539-553.

조현태(2008). 외국인 노동자들의 건강실태 조사연구. 한국산업간호학회지, 17(2), 224-229.

주경란(2009). 다문화가정의 자녀교육정책방향에 관한 연구. 조선대학교 대학원 석사학위논문.

중앙건강가정지원센터 다문화가족지원팀(2008). 다문화사회이해.

중앙건강가정지원센터(2008). 다문화사회 전문 강사 양성교육 자료집.

채옥희 외(2007). 국제결혼부부의 가치관 및 의사소통유형과 갈등과의 관계. 한국생활과학회, 16(4), 733-744.

최경숙(2006). 여성결혼이민자의 사회적 지지와 결혼만족도에 관한 연구. 대구 · 경북지역을 중심으로. 계명대학교.

최승희(2006). 다문화가정의 아동 및 청소년을 위한 개입 전략. 한국가족사회복지학회 2006 다문화가족센터 추계학술대회, 124-152.

최인숙(2007). 다문화 이해교육을 통한 문화정체성과 다양성 함양 프로그램 - 중 · 고학년을 중심으로-. 2007학년도 재44회 전국 초등학교 연구대회.

최현미 · 이혜경 · 신은주 · 최승희 · 김연희 · 송성실(2008). 다문화 가족복지론. 경기: 양서원.

통계청(2009). 통계자료.

통계청(2011). 통계자료.

통계청(2016). 2015 혼인 · 이혼 통계.

통일교육원(2016). 북한이탈주민정책.

평생교육진흥원(2009). 다문화사회로의 이행, 평생교육의 새로운 정책 패러다임.

한국고용정보원(2009). 여성결혼이민자 취업지원 프로그램 개발을 위한 기초연구. 노동부.

한국교육개발원(2016). 교육통계분석자료집.

한국교육개발원(2016). 다문화학생현황.

한국보건사회연구원(2010). 2009년 한국다문화가족 실태조사연구. 보건복지가족부 · 법무부 · 여성부.

한국여성정책연구원(2007) 한국사회의 다민족 · 다문화 지향성에 대한 조사연구. 경제 · 인문사회연구회 협동연구총서.

한국여성정책연구원 · 한국청소년정책연구원(2007). 다문화가족 자녀의 학교생활실태와 교사 · 학생의 수용성 연구.

한국청소년상담원(2008). 다문화가정 부모를 위한 집단상담 프로그램 개발.

한승준(2008). 프랑스 동화주의 다문화정책의 위기와 재편에 관한 연구. 한국행정학보, 42(3), 476-477.

한재희(2006). 상담패러다임의 이론과 실제. 서울: 교육아카데미.

한재희(2010). 한국적 다문화상담. 서울: 학지사.

한진희 · 최용석(2005). 국제노동이동의 경제적 영향 분석: 외국인 노동자문제를 중심으로. 한국개발연구, 28(1), 1-25.

행정안전부(2011). 장기체류 외국인 현황.

행정자치부(2007). 장기체류 외국인 현황.

행정자치부(2007). 지방자치단체 외국인 주민 현황. 서울: 행정자치부.

행정자치부(2008). 국내거주 외국인 실태조사. 서울: 행정자치부.

행정자치부(2015). 외국인 주민 현황.

홍달아기 · 채옥희(2006). 사례로 본 여성결혼이민자의 가정생활실태와 갈등. 한국생활과학회지, 15(5), 729-741.

홍영숙(2007). 다문화 가정이 봉착하는 자녀교육 문제와 시사점. 광주교육대학교 교육대학원 석사학위청구논문.

황규호 · 양영자(2008). 한국 다문화교육의 교육내용 쟁점 분석.

近藤敦(2007). 多文化共生政策における社会参画の指標. 都市問題研究, 59(11), 41-55.

大阪府企画調整部国際課(2003). 在住ベトナム人と互いにコミュニケーションを深めるために.

大阪市(2006). 共生社会の実現をめざして.

大阪市外国籍住民施策有識者(2002). 大阪市外国籍住民の生活意識についての調査報告書. 大阪市.

梶田孝道(1995). 国際社会学, 放送大学教材, 大蔵省印刷局.

小谷良治(2007). 大阪市の外国人住民施策について. 都市問題研究, 59(11), 101-126.

神奈川県県民部国際課企画班(2001). 改正新かながわ国際政策推進プラン進陟台帳.

神奈川県渉外部外総務室(1994). 外国籍県民支援実践のために-ケーススタディと基礎情報.

田中宏(1990). 排外主義と単一志向のおとし穴´ 民族名をとりもどす会(編)民族名をとりもどした日本籍朝鮮人. 明石書店, 59-75.

関根政美(1994). エスニシティの政治社会学. 名古屋大学出版会.

総務省(2006). 地域における多文化共生推進プラン.

総務省(2006). 多文化共生の推進に関する研究会報告書.

かながわ自治体の国際政策研究会(2001). 神奈川県外国籍住民生活実態調査報告書.

かながわ自治体の国際政策研究会年次報告書(2000). サラダボウル7, 神奈川県県民部国際課.

かながわ自治体の国際政策研究会研究報告書(2000). 国際交流及び国際協力の現状と今後の方向性について.

かながわ在日外国人問題研究会(1992). 多文化・多民族社会の進行と外国人受け入れの現状ー神奈川県の事例にそくして. 神奈川県.

かながわ国際政策推進懇話会(1993). 外国籍県民と共に生きる地域社会をめざして.

Aguilera, D. (1990). *Crisis intervention: Theory and methodology* (6th ed.). St. Louis, MO: C. V. Mosby.

Allan, J., & Anderson, E. (1986). Children and crises: A classroom guidance approach. *Elementary School Guidance and counseling, 21*, 143-149.

Amatea, E., & Fabrick, F. (1981). Family systems counseling: A positive alternative to traditional counseling. *Elementary School Guidance and Counseling, 15*, 223-236.

Andrienko, Y., & Sergei, G. (2005). Understanding Migration in Russia. CEFIR Policy Paper series. Center for Economic and Financial Research at New Economic School. No. 23.

Aronowitz, M. (1984). The social and emotional adjustment of immigrant children: A review of the literature. *International Migration Review, 18*(2), 237-257.

Auemheim, G. (2007). Einfuhrung in die interkulturelle Padagogik. 5. Aufl. Darmstadt.

Axline, V. (1947). *Play Therapy*. New York: Ballantine.

Baldock, J., Manning, N., & Vickerstaff, S. (2003). *Social Policy*. Oxford University Press.

Banks (2001). Multicultural education: Characteristics and goals. In J. A. Banks & C. A. McGee Banks(Eds.), *Multicultural education: Issues and perspectives*(4th ed., 3-30). New York: Wiley.

Banks, J. A. (2006). *Cultural diversity and education: Foundation, curriculum and teaching*. Boston: Pearson Education, Inc.

Banks, J. A. (2008). *Introduction to multicultural education*(4th ed.). Boston: Allyn & Bacon.

Banks, J. A., & Banks, C. A. McGee(2010). *Multicultural Education: Issues and Perspectives*(7th ed.). John Wiley & Sons, Inc.

Bennett, M. J., & Bennett. (2004). Becoming interculturally competent. In J. Wurzel. (Ed.).

Bennett, M. J. (1986). A developmental approach to training for intercultural sensitivity. *International Journal of Intercultural Relations, 10*, 179-195.

Bennett, M. J. (1993). Towards ethnorelativism: A developmental model of intercultural sensitivity. In R. M. Paige(Ed.), *Education for the intercultural experience*(pp. 21-71). Yarmouth, ME: Intercultural Press.

Berry, D. T. (1980). Acculturation as varieties of adaptation. In A. M. Padilla (Ed.), *Acculturation: Theory, models, and some new findings*(pp. 9-25). Boulder CO: Westview.

Berry, D. T. (1984). Multicultural policy in Canada: A social psychological analysis. *Canadian Journal of Behavioral Science, 16*, 353-370.

Berry, D. T. (1997). Immigration, acculturation and adaptation. *Applied Psychology: An International Review, 46*, 5-34.

Berry, D. T. (2001). A psychology of immigration. *Journal of Social Issue, 57*(3), 615-631.

Berry, D. T. (2003). Conceptual approaches to acculturation. In K. M. Chun, P. B. Organista, & G. Marin (Eds.), *Acculturation: Advances in Theory, measurement, and applied research*(pp. 17-39). Washington, DC: American Psychological Association.

Berry, J. W. (1974). Psychological aspects of cultural pluralism. *Topics in Culture Learning, 2*, 17-22.

Berry, J. W. (1980). Acculturation as varieties of adaptation. In A. M. Padilla (Ed.), *Acculturation: Theory, models, and some new findings*(pp. 9-25). Boulder CO: Westview.

Berry, J. W. (2003). Conceptual approaches to acculturation. In K. M. Chun, P. B. Organista, & G. Marin(Eds.), *Acculturation: Advances in Theory, measurement, and applied research*(pp. 17-39). Washington, DC: American Psychological Association.

Berry, J. W., Phinney, J. S., Sam, D. L., & Vedder, P. (2006). Immigrant Youth: Acculturation, Identity, adaptation. *Applied Psychology: An International Review, 55*(3), 303-332

Beuys, J. (1991). "Kunst ist ja Therapie"und "Jeder Mensh ist ein Kuenstler". in: H. Petzold, & I. Orth(Hrsg). *Die neuen Kreativtatstherapien, Bd, I.*, Paderborn: Junfermann. 33-40.

Bhatnagar, J. P. (1980). Linguistic behavior and adjustment of immigrant children in French and English schools in Montreal. *International Journal of Applied Psychology, 28*, 141-158.

Bonecutter, F., & Glesson, J. (1997). Broadening ourview: Lessons from kinship foster care. *Journal of Multicular social work, 5*(1-2), 99-119.

Bornstein, M. H., & Cote, L. R. (2004). Mothers' parenting cognitions in cultures of origin, acculturating cultures, and cultures of destination. *Child Development, 75*(1), 221-235.

Boswell, C. (2007). Theorizing Migration Policy: Is There a Third Way? *International Migration Review, 41*(1), 75-100.

Bourhis, R. Y., Moise, L. C., Perreault, S., & Senecal, S. (1997). Towards an interactive acculturation model: A social Psychological approach. *International Journal of Psychology, 32*(6), 369-386.

Bronfenbrenner, U. (1979). *The ecology of human development: Experiments by nature and design*. Cambridge, MA: Harvard University Press.

Brubaker, R. (1995). Comments on Modes of Immigration Politics in Liberal Democratic States. *International Migration Review, 29*(4), 903-908.

Buki, L. P., Ma, T., Strom, R. D., & Strom, S. K. (2003). Chinese immigrant mothers of adolescents: Self-perceptions of acculturation effects on parenting. *Cultural Diversity and Ethnic Minority Psychology, 9*(2), 127-140.

Bundesregierung (2007). Der Nationale Integrationsplan.

Buriel, R., Love, J. A., & DeMent, T. L. (2006). The relation of language brokering to depression and parent-child bonding among Latino adolescnets. In Bornstein, M. H., & Cote, L. R., (Eds.) *Acculturation-*

tion and Parent-Child Relationships(pp. 249-270). Lawrence Erlbaum Associates, Inc.

Buriel, R., Perez, W., DeMent, T., Chavez, D. V., & Moran, V. R. (1998). The relationship of language brokering to academic performance, biculturalism and self-efficacy among Latino adolescents. *Hispanic Journal of Behavioral Sciences, 20*, 283-297.

Chilman, C. S. (1993). Hispanic families in the United States: Research perspectives. In H. P. Mcadoo (Ed), *Family ethnicity: Strength in diversity*(pp. 141-163). Newbury Park, CA: SAGE.

Chung, H., Elias, M., & Schneider, K. (1998). Patterns of individual adjustment changes during the middle school transition. *Journal of School Psychology, 36*, 83-101.

Coll, C. G., & Pachter, L. M. (2002). Ethnic and minority parenting. in Bornstein. M. H. (Ed), *Handbook of Parenting*(pp. 1-20). Lawrence Erlbaum Associates, Inc.

Culpitt, I. (1992). *Welfare and Citizenship: beyond the Crisis of the Welfare State?*. London: Sage publications.

Curran, D. (1985). *Stress and the healthy family: How heathy families control the ten most common stresses*. Minneapolis, MN: Winston.

Dajaeghere, J. G., & Cae, Y. (2009). Dekeloping U. S. teachers' intercultural competence: Does professional development matter? *Intercultural Journal of Intercultural Relations, 33*, 437-447.

DeMent, T. L., Buriel, R., & Villanueva, C. M. (2005). Children as language brokers: A narrative of the recollections of college students. In F. Salili & R. Hoosain (Eds.), *Language in multi-cultural education*(pp. 255-272). Greenwich, CT: Information Age Publishing.

Diller, J. V., & Moule, J. (2005). *Cultural competence: A primer for educators*. Toronto. CA: Thomson Wadsworth.

Dowding., K. (1995). Model or Metaphor? A Critical Review of the Policy Network Approach. *Political Studies, 43*.

Ekstand, L. H. (1976). Adjustment among immigrant pupils in Sweden. *International Review of Applied Psychology, 25*, 167-187.

Epstein, R., & Hundert, E. (2002). Defining and Assessing professional competence. *The Journal of the American Medical Associatio, 287*(2), 226-235.

Fenell, D., & Weinhold, B. (1989). *Counseling families*. Denver. CO: Love.

France, K. (1990). *Crisis intervention: A handbook of immediate person-to-person help* (2nd ed.). Springfield, IL: Charles C. Thomas. Francisco, CA: Jossey-Bass.

Freeman, G. P. (1995). Modes of Immigration Politics in Liberal Democratic States. *International Migration Review, 29*(4), 881-902.

Friedman, E. (1991). Bowen theory and therapy. In A. Gurman & D. Kinskern (Eds.), *Handbook of family theraphy: 2* (pp. 134-170). New York: Brunner/Mazel.

Fuligni, A. J. (1998). The adjustment of children from immigrant families. *Current Directions In Psychological Science, 7*(4), 99-103.

Garcia-Coll, C., & Magnuson, K. (1997). The psychological experience of immigration. In A. Booth, A. Crouter, & N. Landale (Eds.), Immigration and the family: Research and policy on U. S. Immigration. Mahwah, NJ: Lawrence Erlbaum Associates.

Gay, G. (2000). Culturally responsive teaching: Theory, research, and practice. New York: Teachers College Press.

George, V. & Page, R. (eds.)(1995). *Modern Thinkers on Welfare*. Hempel Hemstead: Prentice Hall.

Gibson, M. (1997). Complication the immigrant involuntary minority typology-conclusion. *Anthropology & Education Quarterly, 28*, 431-454.

Gil, A. G., Vega, W. A., & Dimas, J. M. (1994). Acculturative stress and personal adjustment among Hispanic adolescent boys. *Journal of Community Psychology, 22*, 43-54.

Greenholtz, J. (2000). Assessing cross-cultural competence in transnational education: The intercultural derelopment inventory. *Higher Education in Europe, 25*(3), 411-416.

Hammer, M. R. (2008). The Intercultural Development Inventory(IDI): An approach for assessing and building intercultural compentence. In M. A. Moodian (Ed), Contemporary leadership and intercultural competence: Understanding and utilizing cultural diversity to build successful organizations. Thousand Oaks, CA: Sage. *Relations, 27*(4), 422-443.

Hampshire, J. (2009). Disembedding Liberalism? Immigration Politics and Security in Britain since 9/11, pp. 109-129 in Terri E. Givens, Gary Freeman, and David L. Leal(eds.), Immigration Policy and Security: U.S., European, and Commonwealth Perspectives. N.Y.: Routledge.

Hovey, J. D. (2000). Acculturative stress, depression, and suicidal ideation in Mexican immigrants. *Cultural Diversity and Ethnic Minority Psychology, 6*, 134-151. http://news.sbs.co.kr/ section_news/news_read.jsp?news_id=N1000925960.

James, R. K., & Gilliland, B. E. (2001). *Crisis intervention strategies and techniques*(4th ed.). Pacific Grove, CA: Brooks/Cole.

Joppke, C. (2007). Décrets, arrêtés, circulaires. Textes Génèrax. Ministéne de l'Emploi, de la Cohésion sociale et du Logement. Journal Officiel de la République Franşaise.

Kao, G. (1998). Psychological well-being and educational achievement among immigrant youth. in D. J. Hernandez (Eds.), *Children of immigrants: Health, adjustment, and public assistance*. Washington, DC: National Academy Press.

Kao, G., & Tienda, M. (1998). Educational Aspirations of Minority Youth. *American Journal of Education,*

106(3), 349-384.

Kim, E., Han, G., & McCubbin, M. A. (2007). Korean American maternal acceptance-rejection, acculturation, and children's social competence. *Family Community Health, Supplement 2, 30*(25), 33-45.

Kuo, W. H., & Tsai, Y. (1986). Social Networking, hardiness and immigrant's mental health. *Journal of Health and Social Behavior, 27*(2), 133-149.

Kwak, K. (2003). Adolescents and their parents: A review of intergenerational family relations for immigrant and non-immigrant families. *Human Development, 46*(2-3), 15-136.

LaFromboise, T., Coleman, H. L. K., & Gerton, J. (1993). Psychological impact of biculturalism: Evidence and theory. *Psychological Bulletin, 114*, 395-412.

Landale, N., & Oropesa, R. S. (1995). Immigrant children and the children of immigrants: Inter and intra-ethnic group differences in the United States. Population Research Group (PRG) Research Paper 95-2. East Lansing: Institute for Public Policy and Social Research, Michigan State University.

Leventhal, T., Xue, Y., & Brooks-Gunn, T. (2006). Immigrant differences in school-age children's verbal trajectories: A look at four racial/ethnic groups. *Child Development, 77*(5), 1359-1374.

Lum, D. (Eds.). (2005). *Cultural competence, practice stages, and client systems: a case study apprach*. Belmont, CA: Brooks/Cole.

Mahon, J. (2009). Conflict style and cultural understanding among teachers in the western united States: exploring relationships. *International Journal of intercultural Relations, 33*, 46-56.

Manoleas, P. (1994). An Outcome approach to assessing the cultural competence of MSW students. *Journal of Multicultural social work, 3*, 43-57.

Marshall, P. L. (2002). Cultural diversity in our schools. CA: Wadsworth.

Matute-Bianchi, M. E. (1986). Ethnic identities and patterns of school success and failure among Mexican-descent and Japanese-American student in a California high school: An ethnographic analysis. *Mexican Journal of Education*, 233-255.

Mažeikiene, N., & Virgailaite-Mečkauskait, E. (2007). The expericece of measurement and assessment of intercultural aompetence in deucation. *Social sciences/Socialinial Mokslai, 4*(58), 70-82.

McCarthy, K. (1998). Adaptation of immigrant children to the United States: A review of the literature. *Center for Research on Child Wellbeing Working Paper, 98*(03), Princeton University.

McPhatter, A. (1997). Cultural Competence in child welfare: What is it? How do are achieve it? What happens without it? *Child Welfare, 76*(1), 225-278.

McQuillan, J., & Tse, L. (1995). Child language brokering in linguistic minority communities: Effects of cultural interaction, cognition and literacy. *Language and Education, 9*, 195-215.

Meier-Braun, K. H. (2002). Deutschland Einwanderungsland. Frankfurt am Main.

Meinhardt, R. (2006). Einwanderung nach Deutschland und Migrationsdiskurs in der Bundesrepublik-eine Synopse. In Leiprecht, R. & Kerber, A.(2006). Schule in der Einwanderunggesellschaft. 2. Aufl. Schwalbach/Ts, 24-55.

Merali, N. (2002). Perceived versus actual parent-adolescent assimilation disparity among Hispanic refugee families. *International Journal for the Advancement of Counseling, 24*(1), 57-68.

Muro, J. J., & Kottman, T. (1995). Guidance and Counseling in the Elementary and Middle Schools. Brown & Benchmark.

Myer, R. A., & James, R. K. (2006). 위기개입워크북. 한인영 · 장수미 · 최정숙 · 박형원 · 이소래(역). 서울: 시그마프레스.

Nieto, S., & Bode, P. (2008). *Affirming diversity: The sociopolitical context of multicultural education*. Boston: Allyn and Bacon.

OECD (2003). Definition and Selection of competencies: Theoretical and conceptual foundations (DeSeCo)-Summaryof the final report. OECD Press. Trimble(Eds.). *Counseling across cultures*(4th ed.)., 21-46.

Offe, C. (1984). *Contractions of The Welfare State*, J. Keane (ed.). London: Hutchinson Co. Ltd.

Ouarasse, O. A., & van de Vijver, F. J. R. (2005). The role of demographic variables and acculturation attitudes in predicting sociocultural and psychological adaptation in Moroccans in the Netherlands. *International Journal of Intercultural Relations, 29*(3), 251-272.

Parad, H., & Parad, L. (1990). *Crisis intervention*: An introductory overview. In H. Parad & L. Parad (Eds.), Crisis intervention. Book 2: The practitioner's sourcebook for brief therapy (pp. 3-66). Milwaukee, WI: Family Service America.

Petzold, H., Orth, I. (1991). *Die neuen Kreativitaetstherapien*, Bd. I., Paderborn, Jungermann, 33-40.

Phinney, J. S., & Devich-Navarro, M. (1997). Variations in bicultural identification among African and Mexican American adolescents. *Journal of Research on Adolescence*, 7(1), 3-32.

Pinker, R. (1995). T. H. Marshall, in Vic George and Robert Page. (eds.). *Modern Thinkers on Welfare*. Hempel Hemstead: Prentice Hall.

Ponzetti, J., & Long, E. (1989). Healthy family functioning: A review and critique. Family therapy, 14, 43-49.

Reissland, C. (2005). Von der Gastarbeiter-Anwerbung zum Zuwanderungsgesetz: www.bpb.de/themen/6XDUPY,0,0,von_der_GastarbeiterAnwerbung_zum_Zuwanderungsgesetz.html.

Rogler, L. H., Cortes, D. E., & Malgady, R. G. (1991). Acculturation and mental health status among Hispanics. *American Psychologist, 46*, 585-597.

Roosens, L. (1989). *Creating ethnicity: The process of enthgenesis*. London: Sage.

Rumbaut, R. G. (1994). The crucible within: Ethnic identity, self-esteem, and segmented assimilation among children of immigrants. *International Migration Review, 24*(4), 748-794.

Rumbaut, R. G. (1995). The New Californians: Comparative research findings on the educational progress of immigrant children. In R. G. Rumbaut & W. A. Cornelius (Eds.), *California's Immigrants children: Theory, research, and implications for educational policy*(pp. 17-70). La Jolla: Center for U. S. Mexican Studies, University of California, San Diego.

Rumbaut, R. G. (1997). The ties that bind. In A. Booth, A. Crouter, & Landale (Eds.), Immigration and the family: Research and policy on U. S. immigrants. Mahwah, NJ: Lawrence Erlbaum Associates.

Sauer, E. C. (2007). Integrationsprozesse von kindern in multikulturellen Gesellschaften. Wiesbaden.

Schaefer, C. E. (1993). *Therapeutic Powers of play*. Northvale: Jason Aronson Inc.

Schmuck, R. A., & Schmuck, P. A. (2001). *Group processes in the classroom*(8th ed.). New York, McGraw Hill Companies, Inc.

Shannon, S. M. (1990). English in the barrio: The quality of contact among immigrant children. *Hispanic Journal of Behavioral Sciences, 12,* 256-276.

Smith, M. P., & Guarnizo, L. E. (2007). *Transna- tionalism From Below*. Transaction Publishers.

Steele, W., & Raider, M. (1991). Working with families in crisis: School-based intervention. New York: Guilford.

Sue, D., Arrendondo, P., & McDavis, R. J. (1998). Multicultural counseling competencies: Individual and Organizational Development. Thousand Oaks. CA: Sage.

Sue, S. (2006). Cultural Competency: From Philosophy to Research and Practice. *Journal of community Psychology, 34*(2), 237-245.

Taft, R. (1977). A Comparative study of the initial adjustment of immigrant schoolchildren in Australia. *International Migration Review, 13,* 71-80.

Tse, L. (1995). Language brokering among Latino adolescents: Prevalence, attitudes, and school performance. *Hispanic Journal of Behavioral Sciences, 17,* 180-193.

UN (2007). 인종차별 철폐 위원회 보고서.

Unäbhangige Kommission, 'Zuwanderung' (2001). Zuwanderung gestalten-Integration fordern, Berlin, Bundesministerium des Innern, www.bmi.band.de

US Census Bureau (2004). We the People: Hispanics in the United States.

Victor, R. (2003). Transnationalism, Cosmopolitanism and Glocalization, *Current Sociology, 53*.

Weaver, H. N. (2005). *Explorations in cultural competence*. CA: Thomson Brooks/Cole.

Westrick, J. M., & Yuen, C. Y. M. (2007). The intercultural sensitivity of secondary teachers in Hong Kong: a comparative study with implications for professional development. *Intercultural Education, 18*(2), 129-145.

Will, K. (2003). Multicultural States and Intercultural Citizens. *Theory and Research in Education, 2003*(1).

Wilson, D., & Game, C. (2002). *Local Government in the United Kingdom*. Basingstoke: Palgrave Macmillan.

Worden, M. (1981). Classroom behavior as a function of the family system. *The School Counselor, 28,* 178-188.

Zhou, M. (1997). Growing up American: The challenge confronting immigrant children and children of immigrants. *Annual Review of Sociology, 23,* 63-95.

Zhou, M., & Bankston, C. L. III. (1998). *Growing up American: How Vietnamese children adapt to life in the United States*. New York: Russel Sage Foundation.

러시아 문헌

Ай вазян, Сима. (2008). "Сочи-2014: мечта строителя." BBC RUSSIAN.com (2008) (http://news.bbc.co.uk/hi/russian/russia/newsid_7395000/7395544.stm, 2010년 06월 10일 인출).

Бондарь, Ольга, Игорь Лесовских, Иван Тяжлов. (2008). "Гастарбай теры идут на антикризисные меры: В Екатеринбурге бастуют строители из Таджикистана."Коммерсантъ. № 218/П (4035) (http://kommersant. ru/doc.aspx?DocsID=1087133, 2010년 05월 31일 인출).

Зайончковская, Жанна. (не дата). "Трудовая миграция в Россию."Русскийархипела (http://www.archipelag.ru/agenda/povestka/povestka-immigration/trud /trud_migr_rossiya/, 2010년 05월 17일 인출).

Кожевникова, Галина. (2010). "Под знаком политического террора. Радикальный национализм в России и противодействие ему в 2009 году"(http://xeno.sova-center.ru/29481C8/E4FA706, 2010년 05월 19일 인출).

Коленникова, Ольга А. (2001). "Деформация трудовой деятельности работников милиции как фактор ослабления безопасности населения. Автореферат диссертации на соискание ученой степени кандидата экономических наук."Москва (www.transparency.org.ru/CENTER/DOC/book _20_Referat.doc, 2010년 06월 09일 인출).

Кузьмин, Владимир. (2006). "Журавлевы возвращаются: Владимир Путин своим указом облегчает возвращение соотечественников в Россию."Российская газета No. 4102 (http://www.rg.ru/2006/06/27/prezident.html, 2010년 06월 09일 인출).

РУДЕНКО, Светлана. (2003). "Подите прочь, негражданин! Обмен паспортов: гражданство миллионов россиян под угрозой"Учительская газета No.26 (http://www.ug.ru/ug/?action=topic&toid=852&i_id=11, 2010년 05월 17일 인출).

Савина, Екатерина. (2008). “Нетерпение и труд // ‘Молодая гвардия’объявила антикризисную войну легальной миграции.”Коммерсантъ № 199(http://www.kommersant.ru/doc.aspx?DocsID=1050113, 2010년 05월 23일 인출).

СТЕШИН, Дмитрий. (2006). “Первые итоги погрома в Кондопоге: Ресторан «Чайка»станет спортзалом, а рынок снесут” Комсомольская правда(http://www.kp.ru/daily/23768/57013/, 2010년 5월 21일 인출).

Центр “СОВА”. (2006). “Кавказские погромы в Кондопоге.”(http://xeno.sova- center.ru/45A29F2/7E10476, 2010년 05월 21일 인출).

Федеральная служба государственной статистики. (http://www.gks.ru/free_ doc/2009/demo/demo-docl08.htm, 2010년 04월 20일 인출).

Федеральная миграционная служба России (не дата). “Доклад о результатах и основных направлениях деятельности Федеральной миграционной службы на 2008-2010 годы”(http://www.fms.gov.ru/about/ofstat/ index.php, 2010년 05월 12일 인출).

Федеральная Миграционная Служба. (не дата). “Квоты на выдачу разрешений на работу в 2008 исчерпаны на 50 процентов.”(http://www.fms. gov.ru/press/news/news_detail.php?ID=19168/&phrase_id=4125864, 2010년 05월 25일 인출).

Федеральная служба государственной статистики. (2009). (http://www.gks. ru/free_doc/2009/demo/demo-docl08.htm, 2010년 05월 16일 인출).

“В России создают первый профсоюз гастарбайтеров. Эксперты: таджикам и киргизам он не поможет”newsru.com (2008). (http://www.newsru. com/finance/09dec2008/profsouz.html, 2010년 05월 31일 인출).

“Московского инспектора миграционной службы поймали на взятке.”Lenta.ru (2008) (http://www.lenta.ru/news/2008/07/31/bribe/, 2010년 05월 12일 검색).

“ФМС: квота для трудовых мигрантов из-за рубежа - 2 миллиона человек, в три раза меньше, чем в 2007 году”NEWSru.com (2008). (http://www. newsru.com/arch/russia/02jan2008/migrquotas.html, 2010년 05월 28일 인출).

보도자료

경기신문(2013.01.17). 도내 다문화가족 자녀 10명 중 4명은 미취학.

경산신문(2008.03.27). 란아, 란아, 내 딸아. 내 딸을 돌려다오.

경향신문(2012.05.24). 경남 다문화가정 자녀 10명 중 3명만 어린이집 다녀.

교육부(2015.03.17). 2015년 다문화 학생 교육지원 계획 발표. 교육부 다문화교육지원팀 보도자료.

교육부(2016). 2016년 다문화교육 지원 계획 보도자료.

노컷뉴스(2010.12.16). 프랑스, 인권대국 옛말...다문화 화약고(http://www.nocutnews.co.kr/).

동아일보(2007.08 .19). 유엔 한국은 다민족 국가 인정해야.

동아일보(2015.10.08). 다문화 학생, 학업중단 비율 해마다 높아져

매일신문(2006.08.01). 이주 여성과 코시안 자녀.(http://www.imaeil.com/sub_news/sub_news_view.php?news_id=33803&yy=2006).

문화일보(2011.02.11). 사르코지도 다문화정책 실패 선언(http://www.munhwa.com/).

문화체육관광부(2008.07.18). 다문화사회의 문화적 지원에 관한 법률안(www.mcst.go.kr).

미주한국일보 (2015.08.15). 미국 이민자 수 4210만 명 사상 최대.

법무부 보도자료(2008.05.23). (www.moj.go.kr).

법무부(2009). 외국인 체류 인원 추이(http://moj.go.kr).

서울신문(2010). 다문화가정 초 · 중 · 고생 3만명 넘었다(2010.08.18 http://www.seoul.co.kr/news/).

세계일보(2008). 다문화가정의 자녀들에 차별 · 편견 없는 교육 시급(http://www.segye.com/Articles/News/Opinion/ Article.asp?aid=20081022003782&cid=).

세계일보(2011.06.23). 국내 외국인 자녀 15만··· 3년새 160%(http://www.segye.com/).

시사IN(2009. 02.28). 죽거나 죽이거나 '이주여성 잔혹사'.

연합뉴스(2014.11.16). 다문화가정 어린이집 취원율 50%··· "발달 지장 우려".

재외동포신문(2016). 국내 체류외국인 200만 시대···5년 내 300만 명 예상. 2016년 7월 28일 기사(http://www.dongponews.net/).

제주일보(2009.10.26). 남편이 생활비를 주지 않아 허드렛일.

조선일보(2008.06.17). '다문화가정 2세' 학업중단율 감소(http://news.chosun.com/site/data/html_dir/2008/06/17/2008061700057.html).

조선일보(2009.11.23). 따돌림 → 학업포기 → 구직난 → 가난 악순환(http://news.chosun.com/site/data/html_dir/).

조선일보(2016.03.12). 국제결혼 줄어드는데··· 미국 며느리, 영국 · 독일 사위 늘었다(http://news.chosun.com/).

주간경향(2010.08.17). 프랑스 '불법 이민자와의 전쟁'(http://newsmaker.khan.co.kr/).

중앙일보(2009.06.25).

한겨레(2006.01.05). 프랑스 제국주의는 착했다고?(http://www.hani.co.kr/section).

한국일보(2008.11.03). '아빠 나라' 떠나는 아이들.

SBS(2011.06.06). 다문화 청소년, 교육 이탈 현상 심각해…왜!(http://news.sbs.co.kr /section_news/news_read.jsp?news_id=N1000925960).

인터넷사이트

결혼이민자가족지원센터(http://gimhae.go.kr/etc/popup/20080124_more1.html)

경기도다문화교육센터(http://www.cme.or.kr)

교육과학기술부(http://www.mest.go.kr)

교육과학기술부(http://www.mest.go.kr)

교육부(http://www.moe.go.kr)

국가지표체계(http://www.index.go.kr)

다문화가정(http://kwfamily.or.kr/ko_family/family_01.html)

법무부(http://www.moj.go.kr)

보건복지부(http://www.mohw.go.kr)

여성가족부(http://www.mogef.go.kr)

전라북도교육청(다문화가정지원센터 http://onnurian.jbe)

초등 다문화교육. 국제결혼 이주자 현황 및 국적별 국제결혼 이주자(http://cafe.naver.com/emce/67)

출입국 외국인정책본부(http://www.immigration.go.kr/)

출입국 · 외국인정책본부(2008). 통계연보(http://www.immigration.go.kr/)

통계청(http://www.kostat.go.kr)

통일교육원(http://www.uniedu.go.kr)

통일부(https://www.unikorea.go.kr)

평택대학교 다문화가족센터(http://www.mcfc.or.kr)

한국교육개발원 교육통계서비스(http://kess.kedi.re.kr)

행정안전부(http://www.mopas.go.kr)

행정자치부(http://www.moi.go.kr)

www.destatis.de/DE/Startseite.html.

www.Nationaler-Integrationsplan.de

www.refugee.ru/

검색 자료

British Embassy Moscow. (2010). "Russia Visa Application Form"(http://ukinrussia.fco.gov.uk/en/help-for-british-nationals/living-in-russia/new-visa-application-form, 2010년 11월 30일 인출).

Cohen, Ariel. (2007). "Domestic Factors Driving Russia/s Foreign Policy," Heritage Foundation (http://www.heritage.org/Research/RussiaandEurasia/bg2084.cfm, 2010년 05월 19일 인출).

Cornelius, Wayne A. and Takeuchi Tsuda. (2004). "Controlling Immigration: The Limits of Government Intervention." In Controlling Immigration: Global Perspective, eds. Wayne A. Cornelius et al. Stanford: Stanford University Press.

Facchini, Giovanni and Mayda, Anna Maria. (2009). "The Political Economy of Immigration Policy," United Nations Development Programme Human Development Reports Research Paper, Vol. 03 (http://mpra.ub.uni-muenchen.de/19179/1/MPRA_ paper_19179.pdf, 2010년 06월 08일 인출).

Human Rights Watch. (2009). "Are You Happy to Cheat Us?: Exploitation of Migrant Construction Workers in Russia".

INDEM (undated). "Scope, trends and perspectives of immigration, instruments of legal and social adaptation of migrants." Информатика Для Демократии Фонд (http://www. indem.ru/Ceprs/Migration/Masshtabi.htm, 2010년 05월 22일 인출).

International Labour Organization (ILO) and European Bank for Reconstruction and Development (EBRD). (2009). "Preventing forced labour exploitation and promoting good labour practices in the Russian construction industry" (http://www.ilo.org/wcmsp5/groups/public/ ---ed_norm/---declaration/documents/publication/wcm_041904.pdf, 2010년 05월 27일 인출).

International Labour Organization (ILO). (2006). "Russia needs migrant workers to support economic growth," (20 July 2006) (http://www.ilo.org/global/About_the_ILO/Media_and_ public_information/Feature_stories/lang--en/WCMS_071244/index.htm, 2010년 05월 18일 인출).

IOM. (2003). World Migration 2003: Managing Migration - Challenges and Responses for People on the Move. International Organization for Migration.

Kogai, Victoria. (2008). "러시아, 외국인 노동자 고용쿼터 증가" 『동향자료』, KOTRA (2008. 11. 14)(http://www.globalwindow.org/wps/portal/gw2/kcxml/04_Sj9SPykssy0xPLMnMz0vM0Y_ QjzKLd423CDQASYGZAR76kehiXiYIsSB9b31fj_zcVP0A_YLc0IhyR0dFAHPA0Kw!/delta/ base64xml/L3dJdyEvd0ZNQUFzQUMvNElVRS82X0VfOEw1?1=1&workdist=read&id=2053617, 2010년 10월 21일 인출).

Pain, Emil. (undated). "Russia and the Muslim World: Specifics of Integration of Islamic Population in Russian Society" (https://sange.fi/norface/files/s1-pain-2.doc, 2010년 05월 19일 인출)

Rahmonova-Schwarz, Delia (2006). "Destination Russia: Migration Policy Reform and Reality," (http://www.

core-hamburg.de/documents/yearbook/english/06/Rahmonova-en.pdf, 2010년 06월 12일 인출).

Re:locate Magazine. (2010). "Russian immigration explained (part two)" Re:locate Magazine (http://www.relocatemagazine.com/index.php/international-destinations /russia/665-russian- immigration-explained-part-two, 2010년 05월 09일 인출).

Ria Novosti. (2010). "Russia's upper house tightens control over foreign workers" (http://en.rian. ru/russia/20100513/159000764.html, 2010년 06월 03일 인출).

Russia Today. (2007). "Interview with Elena Tyuryukanova,"(http://www.russiatoday.ru/guests/detail/239, 2010년 05월 09일 인출).

Russian Visa Services. (undated). "The Decree of the President of the Russian Federation 'On Streamlining State Management in the Sphere of Migration Policy" (http://visalink-russia.com/decree-president-russian-federation-streamlining-state-management-sphere-migration-policy.html, 2010년 06월 09일 인출).

Rybakovsky, Leonid and Sergey Ryazantsev. (2005). "International Migration in the Russian Federation," United Nations Expert Group Meeting on International Migration and Development (http://www.un.org/esa/population/meetings/ittmigdev2005/P11_Rybakovsky &Ryazantsev.pdf, 2010년 04월 10일 인출).

Schenk, Caress. (2010). "Open Borders, Closed Minds: Russia's Changing Migration Policies-Liberalization or Xenophobia?" Demokratizatsiya (Spring, 2010) (http://www.demokratizatsiya.org/issues/spring%20 2010/schenk.html, 2010년 11월 30일 인출).

United Nations Development Programme. (2008). "Demographic Policy in Russia: From Reflection toAction,"(http://www.undp.ru/index.phtml?iso=RU&lid=1&cmd=publications1&id=73, 2010년 05월 23일 인출).

Voronina, Natalia. (2006). "Outlook on Migration Policy Reform in Russia: Contemporary Challenges and Political Paradoxes," pp. 71-90 in Roger Rodriguez Rios (ed.), Migration Perspectives: Eastern Europe and Central Asia. Vienna, Austria: International Organization for Migration (IOM).

Workpermit.com. (2008). "Russia to issue 1.8 million work permits in 2008" (http://www.workpermit.com/news/2008-01-10/russia/russia-one-point-eight-million-work-permits-2008.htm, 2010년 11월 30일 인출).

World Bank. (2008). "Outlook for Remittance Flows 2008-2010: Growth Expected to Moderate Significantly, But Flows Remain Resilient," Migration and Development Brief, No.8 (2008) (http://siteresources.worldbank.org/INTPROSPECTS/Resources/334934-1110315015165/MD_Brief8.pdf, 2010년 05월 23일 인출).

World Bank. (undated). "Migration and Remittances Factbook 2008," (http://econ.worldbank.org/ WBSITE/EXTERNAL/EXTDEC/EXTDECPROSPECTS/0,,contentMDK:21352016~isCURL:Y~menuP-

K:3145470~pagePK:64165401~piPK:64165026~theSitePK:476883,00.html, 2010년 04월 02일 인출).

Zhukava, Nadzeya. (undated). "The Russian Federation: New Immigration Pole in Eurasia," European University Institute, Florence School on Euro-Mediterranean Migration and Development Second Session (2006)(http://www.eui.eu/RSCAS /Research/SchoolOnEuro- MedMigration/2006pdfs/Paper%20Zhukava.pdf, 2010년 05월 26일 인출).

찾아보기

기타

저자소개

김경식 경북대학교 교육학박사
경북대학교 교육학과 교수

김춘경 독일 아헨대학교 철학박사
경북대학교 아동학부 교수

이광석 영국 뉴캐슬대학교 사회정책학박사
경북대학교 행정학부 교수

이채문 미국 미네소타대학교 사회학박사
경북대학교 사회학과 교수

이현철 경북대학교 교육학박사
고신대학교 기독교교육과 교수

임지영 미국 오하이오주립대학교 철학박사
경북대학교 아동학부 교수

정정희 미국 남일리노이주립대학교 철학박사
경북대학교 아동학부 교수

조현미 일본 오차노미즈여자대학 사회과학박사
경북대학교 지리학과 교수

이 저서는 2011년도 정부재원(교육과학기술부 사회과학연구지원사업비)으로 한국연구재단의 지원을 받아 저술되었음(NRF-2011-330-B00118)

다문화사회의 이해 (2판)

2012년 6월 20일 1판 1쇄 인쇄
2012년 6월 25일 1판 1쇄 발행
2018년 3월 10일 2판 1쇄 발행
2018년 9월 10일 2판 2쇄 발행
2019년 9월 10일 2판 3쇄 발행
2020년 9월 10일 2판 4쇄 발행

지 은 이 김경식 김춘경 이광석 이채문 이현철 임지영 정정희 조현미
펴 낸 이 최용구
펴 낸 곳 도서출판 신정

주 소 (04316) 서울시 용산구 원효로 89길 19 (원효로1가)
전 화 02)3211-4782, 0266(영업부), 3211-4783(편집부), 3211-4784(팩스)
이 메 일 shinjeong72@naver.com
홈페이지 www.sjbook.co.kr
등 록 2001년 5월 11일 제13-702호

기획마케팅 최용구 장만동 최충구 진소희
책임편집 석기은 황가연
표 지 SDY

ISBN 978-89-5912-443-5 93330

정가 16,000원